制度经济学

Institutionenökonomik

[德]斯蒂芬·沃依格特 ○著

史世伟 黄莎莉 刘斌 钟诚 **译**
冯兴元 史世伟 **统校**

中国社会科学出版社

图字：01-2015-7041号

图书在版编目（CIP）数据

制度经济学/（德）沃依格特著；史世伟等译.—北京：中国社会科学出版社，2016.5（2020.1重印）

书名原文：Institutionenökonomik

ISBN 978-7-5161-7896-6

Ⅰ.①制… Ⅱ.①沃… ②史… Ⅲ.①制度经济学 Ⅳ.①F091.349

中国版本图书馆CIP数据核字（2016）第063153号

出 版 人	赵剑英
责任编辑	李庆红
责任校对	陈义敏
责任印制	王 超
出　　版	中国社会科学出版社
社　　址	北京鼓楼西大街甲158号
邮　　编	100720
网　　址	http://www.csspw.cn
发 行 部	010-84083685
门 市 部	010-84029450
经　　销	新华书店及其他书店
印　　刷	北京明恒达印务有限公司
装　　订	廊坊市广阳区广增装订厂
版　　次	2016年5月第1版
印　　次	2020年1月第4次印刷
开　　本	710×1000 1/16
印　　张	16
插　　页	2
字　　数	271千字
定　　价	59.00元

凡购买中国社会科学出版社图书，如有质量问题请与本社营销中心联系调换
电话：010-84083683
版权所有　侵权必究

走向演化制度经济学

——校译者的话

制度经济学（institutional economics）在中国有其特别重要的地位，这与中国经济所处的阶段不无关联。目前，中国正处于转型期，对转型理论有着特别的需求。这也决定了中国经济学界对制度经济学非常着迷。所谓"转型"，就是体制变革，其实质就是制度变迁。而新制度经济学代表人物之一、1991 年诺贝尔经济学奖得主诺思的理论贡献中，最为重要的一项就是其制度变迁理论。"转型"不同于"过渡"。两者的出发点均是中央计划经济，但"转型"的方向是可能变化的，并非必然从中央计划经济走向一个既定的目标体制，比如市场经济体制。"过渡"则特指从中央计划体制朝着市场经济体制的转变，其目标是确定的。

经济理论对中国经济转型的影响是深远的，尤其体现在新古典经济学和新制度经济学方面。这并不是说这两种经济学理论就没有缺点，尤其是所谓"新古典综合"理论中的凯恩斯主义宏观经济学部分，其所倡导的宏观经济政策，只强调总量管理，对市场经济国家经济过程的扰动和私人产权的破坏很大。但是，在刚进入转型期的中国，新古典经济学和新制度经济学这两种理论可以为其经济转型提供很多借鉴。改革开放以来，新古典经济学的兴起为中国经济运行的成本收益计算提供了工具。20 世纪 80 年代中后期，新制度经济学在中国开始传播，并得到经济学界越来越广泛的重视、研究和应用，为研究中国经济转轨的成本收益计算提供了分析工具和方法论，对中国经济改革施加了虽间接但持久的影响。

可以说，中国最初实用主义风格的经济改革，把中国带入了经济学家引领改革政策、舆论导向的时代。随着中国从功利本位时代逐渐朝权利本位时代过渡，经济学家的地位虽然仍然高居不下，但是法学家的地位却在快速上升，以至于人们往往误以为经济学家地位下降了。

新制度经济学在中国的发展，集中体现在 2015 年林毅夫研究组（由林毅夫、蔡昉、李周组成)、张军、樊纲因过渡经济学理论研究成果而共同获得第七届中国经济理论创新奖。除了这些学者之外，还有吴敬琏、张曙光、张维迎、周其仁和盛洪等著名学者，也在过渡经济学理论方面有过重要的研究成果。所有这些学者对过渡经济学理论的发展，使中国从计划经济向市场经济平稳转型，减少经济转轨成本，以及保持经济稳定发展，做出了重要贡献。

值得关注的是，这些学者在早期掌握的主要经济学工具就是新古典经济学和新制度经济学。其后，这些学者的研究各有侧重，"八仙过海，各显神通"。比如，林毅夫提出"新结构经济学"，带有德国历史学派没有抽象理论，只有经验分析的影子，但没有该学派演化分析法的踪迹；张维迎在自己的工具箱里增加了博弈论、信息经济学，以及奥地利学派经济学，最近还推出了自己的教科书《经济学原理》，把他所推崇的奥地利学派经济学理论装进自己的经济学框架。但是，所有这些学者所掌握的理论根基仍然是新古典经济学和新制度经济学。

德国斯蒂芬·沃依格特教授（Stefan Voigt）的著作《制度经济学》是有关制度经济学的一本通俗读物，以教科书的形式撰写，每章之后包括一些尚待探讨的问题、总结和思考题。全书面向广泛的读者群。作者斯蒂芬·沃依格特在书中力求使用浅显易懂的语言，从开阔的视角呈现制度经济学的基本内容，有侧重地反映该学科的部分研究前沿。本书循序渐进，分为四大部分：制度经济学的理论基础、给定制度的作用、制度发展的经济学解释以及经济政策影响。这种结构体现了德语国家国民经济学家的一般治学习惯：先理论，后政策。[①] 虽然全书包括了一些新制度经济学（new institutional economics）的内容，但是超越了新制度经济学的理论框架，纳入了很多有关制度的演化经济学分析视角，也就是演化制度经济学（evolutionary institutional economics）的视角。

斯蒂芬·沃依格特教授出生于1962年，是德国著名的制度经济学家和宪则经济学家，现任汉堡大学法律与经济学研究所所长、经济学教授，曾任马堡制度经济学研究中心（MACIE）主任、秩序经济学教授。他也

---

① 比如德国著名弗莱堡学派创始人瓦尔特·欧肯最著名的两部著作分别为《国民经济学基础》和《经济政策的原则》。参见 Eucken, Walter 1989, Grundlagender Nationalökonomie. Berlin: Springer – Verlag, 以及 Eucken, Walter 1952, Grundzüge der Wirtschaftspolitik. Tübingen: J. C. B. Mohr (Paul Siebeck)。

是著名的慕尼黑经济研究中心（CESifo）研究集团研究员，《新政治经济学会议》主编，《法律与经济学评论》主编之一，以及《公共选择》与《宪则政治经济学》杂志编委。

沃依格特教授先后出版了《宪制变迁的解释》（1999）、《宪则政治经济学》（2003）、《从秩序理论到制度经济学：马堡研究计划的回顾与发展选择》（2008）、《制度经济学》（2002、2009）以及《宪制的设计》（2013）等书作。

迄今为止，国内引介出版了较多有关新制度经济学方面的译著，但是有关演化制度经济学译著较少，而且缺乏有关演化制度经济学的教科书。因此，本书部分弥补了译著中的空白，同时与其他现有译著形成较好的互补。

制度经济学是把制度作为研究对象的一门经济学分支。它研究制度对于经济行为和经济发展的影响，以及经济发展如何影响制度的变迁。制度经济学的得名源自沃尔顿·H. 哈密尔顿（Hamilton）1919 年在《美国经济评论》第 1 期发表的《对经济理论的制度处理方法》一文。[①] 他强调，其为推行"制度经济学"的呼吁，"并不意味着对其他经济思想流派的真理性或者价值的攻击，而是对其他思想体系以'经济理论'自居的否认"[②]。他认为只有"制度经济学"能算作"经济理论"[③]，因为只有它才能满足"经济理论"所应具备的五大特征[④]：（1）经济理论应该统一经济科学；（2）经济理论应该与当代的控制问题相关；（3）适宜的经济理论论题（subject–matter）是制度；（4）经济理论关注过程；（5）经济理论必须基于一种有关人的行为的可接受的理论。

按照一般的、尚有缺陷的划分，制度经济学分为老制度经济学（old institutional economics）和新制度经济学。[⑤] 之所以说这种划分有问题，是因为它是后向的，只代表对历史的总结，但缺乏前瞻性，似乎框定了制度经济学的发展。比如沃依格特教授的《制度经济学》的主要框架属于演

[①] Hamilton, Walton H. (1919), "The Institutional Approach to Economic Theory", American Economic Review, 9 (1), Supplement, pp. 309–318.

[②] Ibid., P. 309.

[③] Ibid., P. 311.

[④] Ibid., P. 312ff.

[⑤] [英] 马尔科姆·卢瑟福：《经济学中的制度：老制度经济学和新制度经济学》，陈波、郁仲莉译，中国社会科学出版社 1999 年版。

化制度经济学，属于对老、新制度经济学的超越，难以简单归属到老制度经济学或者新制度经济学。

老制度经济学主要发源于美国，或多或少为演化论者。其创始人是凡勃伦（Veblen）、康芒斯（Commons）和米契尔（Mitchell）等。比如，凡勃伦的经济学思想就是建立在批判主流经济学理论的基础上的。1898年，凡勃伦在美国《经济学季刊》发表了《为什么经济学不是一门演化科学》一文，系统阐述了他对主流经济学的批评。[①]他认为主流经济学没有提供一个动态和演化的框架来分析人类社会的经济活动，而只是运用一些静止的和先验的固定模式来研究，其结果只能是与实际社会生活相脱离。凡勃伦的《有闲阶级论》一书，开了制度经济学分析之先河。[②]

旧制度经济学的研究纲领比较繁杂。主要存在两大研究纲领：以凡勃伦为代表的研究纲领，以及以康芒斯为代表的研究纲领。[③]凡勃伦的研究纲领强调区分制度和技术的两分法，或者说礼仪与工具两分法。[④]该纲领聚焦于"考察新技术对制度安排的影响，考察既定社会惯例和既得利益者阻碍这种变迁的方式"[⑤]。而且，制度无须完全适应现成的手段，判断的标准通常是某种"工具价值"观念，而这种观念又反过来以意义较宽泛的"服务共同体的能力"为基础。[⑥]凡勃伦认为："制度实质上就是个人或社会对有关的某些关系或某些作用的一般思想习惯"，"制度必须随着环境的变化而变化，因为就其性质而言它就是对这类环境引起的刺激发生反应时的一种习惯方式。而这些制度的发展也就是社会的发展。"

以康芒斯为代表的研究纲领，聚焦于研究法律、产权与组织，三者的演变以及对法律和经济权力、经济交易和收入分配的影响。[⑦]具体见康芒斯的《制度经济学》和《资本主义的法律基础》等书。[⑧]康芒斯最初把

---

① Veblen, Thorstein, Why is Economics not an Evolutionary Science? *The Quarterly Journal of Economics*, 12 (4), 1898: 373–397.

② Veblen, Thorstein, The Theory of Leisure Class, New York: Macmillan, 1899.

③ ［英］马尔科姆·卢瑟福：《经济学中的制度：老制度经济学和新制度经济学》，陈波、郁仲莉译，中国社会科学出版社1999年版。

④ 同上。

⑤ 同上书，第3页。

⑥ 同上。

⑦ 同上。

⑧ ［美］约翰·R. 康芒斯：《制度经济学》，商务印书馆1997年版；［美］约翰·R. 康芒斯：《资本主义的法律基础》，商务印书馆2003年版。

"制度"定义为"集体行动控制个体行动"。① 他在后来把"制度"定义改写为"控制、解放和扩展个人行动的集体行动"。按照该研究纲领,"制度很大程度上被视为正式和非正式冲突解决过程的结果,其成功的标准在于制度是否产生了解决冲突的'合理价值'或'切合实际的相互关系'"。②

康芒斯把"交易"(transaction)作为经济活动的研究单位。"交易"涉及所有权的移转。他把"交易"分为"买卖的交易"、"管理的交易"和"限额的交易",其中,"买卖的交易"涉及法律上平等的人讨价还价的交易;"管理的交易"涉及上级对下级的管理关系(比如工头对工友),表现为用法律上的上级的命令创造财富;"限额的交易"涉及有权力的那几个参加者之间达成协议的谈判,这几个人有权力把联合企业的利益和负担分派给企业的各个成员,因此这种"交易"表现为由法律上的上级指定、分派财富创造的负担和利益。③ 康芒斯在其1931年的一篇论文中,指出制度经济学关心的最小分析单位就是"交易",而不是商品或者个人。在他看来,个人行为实际上是交易,而不是单个的行为或者商品"交换"行为。④ 上述朝着"交易"的分析单位转换实际上就意味着一场革命,为此后的新制度经济学的诞生埋下了伏笔。

新制度经济学的奠基人为芝加哥大学罗纳德·科斯教授。他因其1937年的论文《企业的性质》和1960年的《社会成本的问题》而获得1991年诺贝尔经济学奖。⑤ 两者均采取了新古典经济学的最大化范式。在《企业的性质》一文中,科斯想说明两个问题:一是企业产生的原因,二是企业的边界问题。对于第一个问题,科斯的回答是:在一个专业化的交换经济中,通过形成一个组织,并允许某个权威(一个"企业家")来支配资源,就能节约某些市场运行成本。当存在企业时,某一生产要素(或它的所有者)与企业内部同他合作的其他一些生产要素签订一系列的

---

① [美]约翰·R.康芒斯:《制度经济学》,第81页。
② [美]马尔科姆·卢瑟福:《经济学中的制度:老制度经济学和新制度经济学》,第3页。
③ [美]约翰·R.康芒斯:《制度经济学》,第77页及其后。
④ John, R. Commons, " Institutional Economics", *American Economic Review*, Vol. 21 (1931), pp. 648 – 657.
⑤ Coase, Ronald H., The Nature of Firm", *Economica* 1937, 4: 386 – 405; Coase Ronald H,. The Problem of Social Cost," *Journal of Law and Economics*; 3: 1 – 44.

契约的数目大大减少了，一系列的契约被一个契约替代了。对于第二个问题，科斯的回答是：企业的扩大必须达到这一点，即在企业内部组织一笔额外交易的成本等于在公开市场上完成这笔交易所需的成本，或者等于由另一个企业家来组织这笔交易的成本。

科斯本人并没有在其1937年论文中提到"交易成本"（transaction cost）这样一个新制度经济学核心概念，但已经阐明了这样一类利用价格机制的成本的存在，这些成本是"通过价格机制组织生产的，最明显的成本，就是所有发现相对价格的成本"、"市场上发生的每一笔交易的谈判和签约的费用"及利用价格机制存在的其他方面的成本。也没有证据表明科斯在其后首次使用"交易成本"概念。迄今为止，新制度经济学家当中谁最先使用该术语，仍无定论。不过科斯在其1960年的论文里提到了"市场交易的成本"（cost of market transactions）。无论如何，老制度经济学家康芒斯所引入的"交易"概念，在新制度经济学中也作为核心概念被接受。

新制度经济学的内核是新古典经济学的最大化范式，以此区别于老制度经济学。不过新制度经济学家当中也有两位经济学家对后来发展壮大的演化制度经济学做出了贡献：其一为新制度经济学创始人之一阿尔钦（Alchian），其二为道格拉斯·诺思。

阿尔钦于1950年发表的著名论文《不确定性、演化与经济理论》用演化的视角为新古典经济学的利润最大化理论辩护。[1] 该文认为，也许不是所有的厂商有意最大化利润，但是市场中的竞争性的价格机制会淘汰那些不这样做的厂商。这样一来，作为演化的优胜劣汰过程的结果，在长期只有利润最大化者会存续。

新制度经济学的代表人物之一、1991年诺贝尔经济学奖得主道格拉斯·诺思（Douglass C. North）教授在其一生中实现了从新古典经济学家到新制度经济学家，再到演化制度经济学家的转变。他将新古典经济学与计量经济学引入对经济史的分析与研究，创建"新经济史学"。其后，诺思不断引领和带动新经济史学在这个第一层次基础上继续发展和升级：在第二层次，他把新制度经济学的分析方法纳入经济史研究中；而在第三个

---

[1] Alchian Armen, "Uncertainty, Evolution and Economic Theory", *Journal of Political Economy*, 58 (3), 1950: 211-221.

层次，他转向把演化经济学的制度分析方法纳入经济史研究中。诺思朝着演化制度经济学的方法论转向，可从他在诺贝尔奖颁奖典礼中题为"时间进程中的经济绩效"（Economic Performance through Time）的演讲内容中见其端倪。[1] 在该演讲中，诺思勾勒了演化制度经济学的制度变迁理论研究纲领。这一演化制度经济学的制度变迁理论架构体现在其2005年出版的《理解经济变迁过程》（Understanding the Process of Economic Change）一书中，作为"新制度经济学的一种非常实质性扩展"[2]，而其具体应用之高峰则为诺思、瓦利斯（John Joseph Wallis）和韦格斯特（Barry R. Weingast）2009年出版的《暴力与社会秩序》（Violence and Social Orders: A Conceptual Framework for Interpreting Recorded Human History）一书。[3]

诺思的著作以及沃依格特教授一书中所展示的演化制度经济学及其分析应用，很难被老制度经济学和新制度经济学的经典范畴所概括。简单地把它们归入旧制度经济学是错误的，也无法将其归入新制度经济学。正是这个原因，我们需要把诺思这种新的研究范式称作演化制度经济学，而不是简单归入老制度经济学。在国际上，一些凡勃伦和康芒斯的追随者在1958年成立了"沃德曼小组"，1965年该小组改名为"演化经济学学会"（AFEE）。20世纪80年代后，欧洲的经济学家成立了"欧洲演化经济学会"（EAEPE），会员人数不断增加。之所以如此，也是为了强化有别于老、新制度经济学的研究纲领认同。

沃依格特的《制度经济学》一书反映了演化制度经济学的进路。演化制度经济学属于演化经济学的一个分支或维度。作者放弃了"理性人"假设，而取而代之以"有限理性"假设。"理性人"假设也叫"经济人"假设。在此假设下，"理性人"或"经济人"均为"个人效用最大化者"。"有限理性者"则不一样，追求满意目标。该书第一章把制度定义为"众所周知的规则，借助于它不断重复的互动行为得以结构化，它带有实施机制，在违反规则的情况下可以实施制裁或威胁制裁"。作者把德国国家文献中比较成熟的制度分析成果也纳入书中，比如在定义规则时强

---

[1] North, Douglass C., "Economic Performance through Time", Lecture to the memory of Alfred Nobel, Nobelprize.org, December 9, 1993, http://www.nobelprize.org/nobel_prizes/economic-sciences/laureates/1993/north-lecture.html.

[2] [美] 道格拉斯·诺思：《理解经济变迁过程》，中国人民大学出版社2013年版。

[3] [美] 道格拉斯·诺思：《暴力与社会秩序》，上海三联书店2013年版。

调规则的一般性,从而认为这种规则是"人的行为的结果,但不一定是人为设计的结果"①。这与1974年诺贝尔经济学奖得主哈耶克有关自发秩序的思想一脉相承。哈耶克把自发秩序(包括自发演化的规则)定义为"人的行为的结果,而非人为设计的结果"。比如市场就属于一种自发秩序。沃依格特把制度分为内部制度和外部制度。其中内部制度包括传统、道义规则、风俗,以及正式的私人规则,而外部制度涉及实体法规则。沃依格特还在书中采用了波普尔的批判理性主义方法论。批判理性主义认为,真理不能绝对把握,但可以通过试错接近。②

仁者见仁,智者见智。相信不同背景的读者,能从沃依格特教授的《制度经济学》一书中找到自己的兴趣点和兴奋点。也希望有更多的演化制度经济学新作能够面世。科斯教授生前常常希望中国的经济学家能够创造一种"中国经济学"。也许演化制度经济学的研究进路更容易接近甚至实现这一愿景!

为了简化版面,本书在中文版中删去了原版中的边注。有些表格的数据已根据作者的意见进行了更新。比如世界经济自由指数得分数据更新到2008年。全书由史世伟教授、钟诚、黄莎莉和刘斌翻译,冯兴元和史世伟负责校对。冯兴元、中国人民大学公共政策研究院执行副院长毛寿龙教授以及九鼎公共事务研究所黄爱丽博士为全书的翻译和出版做了大量协调工作。中国社会科学出版社李庆红、李海莹等同仁也为编辑出版与版权联系等工作付出了很大的努力。我在此对以上所有同仁表示衷心的感谢。

冯兴元
中国社会科学院农村发展研究所研究员
2016年1月3日于北京颐源居

---

① Hayek F. A. 1973. Law, Legislation and Liberty: Rules and Order (Ⅰ). Chicago: The University of Chicago Press.

② [英]卡尔·波普尔:《历史主义贫困论》,中国社会科学出版社1998年版。

中文版序

新制度经济学的发展历程虽然短暂，但它却是一部成功史。虽然其存在的年份并不长，但这一年轻的分支学科已经吸引了一大批经济学界的代表人物。他们中有的人已经借此获得了诺贝尔经济学奖的殊荣。

二十多年来，中国发生了令人吃惊的变化，同时也经历了一场前所未有的制度变革。相信本书的许多读者不仅对制度的功能有着自己的独到见解，同时也能获得对制度的相应体验。如果本书能深化读者对制度方面的思考并提高制度对中国经济发展重要性的认知，我将感到万分欣慰。希望读者通过阅读本书能系统地思考各种制度的概念和特点，进而批判地分析本国制度的发展状况。

我特别要感谢的是德国维藤大学教授——布里格·普里达特（Briger Priddat）先生，正是他首先向我提出了撰写这部小书的建议。他希望能看到一本有棱有角而又富有特色、与众不同的书。带着这个想法，我做了个大胆的尝试——用尽可能通俗易懂的言语、从非常主观的角度来描述这个经济学分支的现状。

对于本书能以中文的形式呈现给各位读者我感到十分高兴。其实，将本书译成中文的灵感是在汤姆·帕尔默（Tom Palmer）博士讲述其中国经历时产生的。冯兴元教授当时听了这个想法后备感兴奋并积极热情地组织和协调了翻译工作。在此，我衷心地感谢这部书的所有中文译者，当然还有帕尔默博士以及冯先生。

斯特凡·沃依格特（Stefan Voigt）
汉堡，2011年4月

第二版序

自本书首次出版近七年来，新制度经济学的成功故事一直在继续着。这不仅指在研究方面，最近涉及制度经济学领域的研究论文不断增加；而且也指教学方面，一些院系将制度经济学专业纳入其学士学位计划。在马堡大学，甚至为新生安排了制度经济学入门课程。我试图将此入门介绍编写得简单易懂，使其非常适合学士学位阶段。制度经济学教学的成功也发生在国外。我很高兴地看到，这本教材现在已推出了捷克文版，并在推出中文版本。

这一版本的"新"首先体现在采用了更大的开本。它添加了一些表现形式，诸如旁注、介绍材料（希望能够做到一目了然）。我感谢芬克（Fink）出版社迪特哈德·萨维特斯基（Diethard Savitsky）先生关于改用较大开本的建议。

现在越来越多的教科书辅之以网站，提供练习题、幻灯片以及相关链接，等等。这本书也不例外，通过网址 http：// www. mehr – wissen – utb. de 可以下载相关材料。

与第一版相比，新版内容仅略有不同。不过，仍然有数以百计的微小改动，这些改动都是与我的同事们经过详细讨论的结果。这些同事包括：马蒂亚斯·道纳（Matthias Dauner）、诺拉、埃尔－比亚利（Nora El – Bialy）、亚历克山特拉·高斯（Aleksandra Gaus）、耶尔格·古特曼（Jerg Gutmann）、桑－敏·帕克（Sang – Min Park）、雅尼娜·萨策尔（Janina Satzer）和卡塔琳娜·史特平（Katharina Stepping）。我衷心地感谢他们在多次深入讨论中的投入，同时也感谢他们在收集材料以及提供图样等方面的具体帮助。最后，要提及的是我的同事安德烈·施密特（André Schmidt），他为这本书的完善提出了好的建议。

2009 年 1 月于马堡

导 言

为什么世界上只有少数几亿人的人均收入非常高，而几十亿人营养不良或正在生存收入附近徘徊？为什么从其他非常成功的地方输入的宪法却往往没有产生预期的效果，如带来繁荣和稳定？为什么世界银行和国际货币基金组织带有最大诚意所实施的发展方案，却常常不能够有助于达致所期望的可持续发展，最贫困者的情况有时反而恶化？个人自由和人均收入之间是否存在某种关系？前社会主义国家的改革是否真的只有尽可能充分和迅速地推行私有化这一条道路？对于这些问题，还有许多其他问题，不仅仅是制度经济学家感兴趣，制度经济学家甚至不认为能够完全回答这些问题。不过，制度经济学家主张对这些问题做出不同于传统经济学的更全面的解释。

也许制度经济学的中心假设是：增长和发展关键依赖于相应的有效制度。产权保护是强化专业化能力、深化劳动分工、形成长期资本投资意愿的关键。正如我们将会在以后的章节中看到的，财产权利是对制度加以经济分析的核心组成部分。财产权利的内容和贯彻这些内容所必须支出的费用，以及当别人侵犯了我的财产时我能够伸张自身权利的成本，被认为是解释增长和发展的关键因素。由于在制度经济学领域的开拓性工作，1993年获得诺贝尔奖的道格拉斯·诺思（Douglass North，1990a，54）写道："……社会无法建立有效的和低成本运转的合约实施机制，是造成历史上增长停滞以及当前第三世界不发达状况的最为重要的原因。"

另一位制度经济学的先驱曼瑟尔·奥尔森（Mancur Olson），提出为什么一些国家富裕而另一些国家贫穷的问题（1996）。在对通常的疑点（如在获取知识方面的差异、进入资本市场的差异、人口与土地或自然资源比例的差异，以及在具备市场能力的人力资源的配置方面的差异，等等）进行检查后，他的结论是，它们的说服力都很小，并继续指出（同上，19）："对于在国家的富裕程度的巨大差异剩下的唯一可能的解释是，各国制度及其经济政策的品质的差异。"

特别是对于非经济学家而言,制度的相关性似乎如此不言自明,以至于他们很难理解,为什么某个研究机构将其作为它的中心任务,甚至还冠以"新"的前缀词。理由是:在经济理论内部这个假设并非不言自明。举例来说,增长理论的代表长期试图解释不考虑制度因素的经济增长(通过一个国家在劳动、资本,近来也包括人力资本方面的配置)。

近年来,越来越多的研究人员从事对于制度在经济发展中的作用的研究。宽泛地讲,也可以将诺贝尔奖获得者肯尼思·阿罗(Kenneth Arrow)、罗纳德·科斯(Ronald Coase)、弗里德里希·冯·哈耶克(Friedrich von Hayek)、道格拉斯·诺思(Douglass North)和赫伯特·西蒙(Herbert Simon)包括在内。这表明,制度经济学比外人所理解的范围要更广。如果人们看到制度经济学目前正在多么经常地被引用,就会毫不怀疑制度经济学的发展是一个成功的故事。

这一简短的介绍不仅为具有经济学知识的读者所写,而是以更广泛的读者为对象。许多非经济学者认为经济学背后是无情的、冷酷的科学,它忽略了活生生的人的本质。其他社会科学家常常责备经济学家,对于一个决定或行动的情境分析不够。可以认为新制度经济学做出了有价值的努力,试图认真对待上述责备,同时不放弃确实有助于获取惊人知识的经济学方法。简言之,为了解释个体行为,经济学家们一直在分析人类行为的约束因素。传统上除了自然规律以外,它首先还包括预算约束。制度经济学的代表人物现在明确宣称,准则和禁令会对个体行为做出引导。其中包括国家批准的禁令(如最高限速)以及为社会认可的准则和禁令("去维也纳歌剧院必须穿燕尾服")。规范、习俗、传统和惯例可以起到如同法律的行为引导作用。虽然法律可以由议会一夜之间从根本上改变,社会认可的准则和禁令被刻意改变的可能性极小。这引出了新制度经济学第二个中心假设:政治上促进增长和制度发展实施的可能性,受到各个社会的文化背景的制约。这里再次引用道格拉斯·诺思的话(1990a,6):"虽然正式规则可能作为政治决策或司法判决的结果被一夜之间改变,但是与习俗、传统和行为准则相连接的非正式约束,在实际中是不受经过筹划的政治所左右。"如果增长和发展确实既受正式规则又受非正式规则的影响,那就不但有必要对其影响进行孤立的分析,而且必须对不同类型规则的关系加以明确考虑。一般假设是,正式规则实施的可能性最终依赖于它们与各个有效的非正式规则的兼容性（Weingast, 1995; Voigt, 1999, 第五章）。对于经济政策制定者和他们的顾问，这可能是一个令人沮丧的结论：对于一个必须在百天之内实现的增长和稳定的计划，制度经济学家持怀疑态度。这里，经济上的计划乐观主义让位于对持续渐进式改善的谨慎希望。

这本小册子尚不能太多满足对新制度经济学进行深入探索的胃口。传统的教科书仅限于用成熟的教学法对（或多或少）确定的知识进行传授，而我们却毫不隐瞒地说，我们对于有关制度作用的知识是有限的。因此，在以下所有的章节中都包含"悬而未决的问题"一节。这不仅是因为知识分子的耿直，也是为了激发读者去研究那些悬而未决的问题。如果这本书能有助于使读者感到制度经济学是一个非常令人兴奋的研究纲领，它的目的就达到了。

也许这里还要谈一下文献和文献提示：在文中注列出相关的出版物，这是科学著述的惯例。为了首先在总体上忠实于特定的主题，文中提到的文献有时可能过于技术性。各章末尾的参考文献是按两项指标进行选择的：尽可能列出关于各个题目的概述性书籍和文章。在这里，德语出版物比英文刊物优先考虑。在书末参考文献中，无论是被引用的文献还是相关文献均被列入。

目 录

第一部分 问题、假设、方法：理论基础

第一章 基础知识 ·· 3

第一节 经济学行为模型及新制度经济学对其的一些修改 ········ 3
第二节 制度：功能、类型和关系 ································ 7
第三节 研究的问题 ·· 12
第四节 工具 ·· 14
第五节 类似的研究纲领的共同性和差异 ······················ 20
第六节 悬而未决的问题 ·· 22

第二部分 给定制度的作用

第二章 简单交易 ·· 27

第一节 在简单交易中外部制度的重要性 ······················ 28
第二节 与简单交易相关的内部制度 ···························· 33
第三节 在简单交易中外部制度和内部制度关系的相关性 ····· 35
第四节 交易成本的估算 ·· 40
第五节 悬而未决的问题 ·· 43

第三章 反复和长期性的交易——在给定制度下对治理结构的选择 ··· 46

第一节 引言 ·· 46
第二节 从黑箱到合约组合：作为团队的公司 ················ 48

第三节　信息不对称产生的问题：委托代理理论 …………… 50
　　第四节　交易成本经济学 ………………………………………… 52
　　第五节　内部制度的重要性 ……………………………………… 57
　　第六节　悬而未决的问题 ………………………………………… 59

第四章　制度与集体行为 ………………………………………… 61
　　第一节　引言 ……………………………………………………… 61
　　第二节　在现有制度规范下的政治家行为的解释 ……………… 64
　　第三节　内部制度下集体行为的解释 …………………………… 70
　　第四节　内部制度与外部制度相互关系对于集体行为的重要性 … 75
　　第五节　悬而未决的问题 ………………………………………… 76

第五章　制度对经济增长与经济发展的重要性 ………………… 79
　　第一节　引言 ……………………………………………………… 79
　　第二节　外部制度对经济增长与经济发展的重要性 …………… 80
　　第三节　内部制度对经济增长和经济发展的相关性 …………… 98
　　第四节　外部制度与内部制度之间的比例关系
　　　　　　对于经济增长和经济发展的相关性 ………………… 101
　　第五节　悬而未决的问题 ……………………………………… 101

第三部分　制度发展的经济学解释

第六章　关于外部制度变迁的解释 …………………………… 107
　　第一节　导言 …………………………………………………… 107
　　第二节　产权的起源与变更——一个"幼稚"的理论 ………… 108
　　第三节　建立在政治经济因素权衡基础上的产权起源与变迁 … 110
　　第四节　关于政体形式演变的解释 …………………………… 114
　　第五节　制度竞争导致制度变迁？ …………………………… 117
　　第六节　制度变迁一般理论的组成要素 ……………………… 121
　　第七节　悬而未决的问题 ……………………………………… 127

第七章　关于内部制度变迁的解释 ······················· 130
　　第一节　导言 ·· 130
　　第二节　经济术语问题 ··· 131
　　第三节　规范产生的假设 ·· 134
　　第四节　内部制度与外部制度的相互依存性 ················ 144
　　第五节　悬而未决的问题 ·· 146

第四部分　经济政策影响

第八章　关于规范性理论必要性的解释 ····················· 151
　　第一节　导言 ·· 151
　　第二节　什么是规范性理论？规范性理论的方向是什么？ ········ 152
　　第三节　两种相对的规范性理论 ································ 154
　　第四节　规范性理论的制度经济学要求 ······················ 158
　　第五节　悬而未决的问题 ·· 161

第九章　制度经济学对经济政策理论的影响 ··············· 163
　　第一节　导言 ·· 163
　　第二节　传统而天真的经济政策建议 ·························· 164
　　第三节　通过国家行为激活内部制度？ ······················ 168
　　第四节　经济政策理论遭遇的危机 ····························· 172
　　第五节　决定论的困境 ··· 174
　　第六节　实践中的经济制度改革：以新西兰为例 ·········· 176

第十章　展望 ··· 185

参考文献 ··· 191

人名索引 ··· 213

术语索引 ··· 223

第一部分
问题、假设、方法：理论基础

第一章 基础知识

为了能够着手处理一个新的研究纲领的具体研究问题并获得首批成果，本章必须介绍一些基础知识。它有五个部分：第一节简要介绍当今为大多数经济学家使用的经济行为模型。同时对新制度经济学的代表人物的贡献作简要介绍。第二节论述制度到底是什么的问题。略微介绍一下不同的定义。在这里，我们也提出自己的分类，这些分类将在所有后续章节中使用。第三节系统地介绍新制度经济学代表人物所研究的问题。因为本书的其他所有章节的结构来自研究问题的系统性，所以这里要对其做出解释。第四节介绍制度经济学家们为找到解决问题的答案所运用的工具和方法。本章的第五节和第六节是关于新制度经济学与其他研究领域的划分：首先将其与主导的主流——所谓的新古典——经济学相区分。最后，将对其与秩序经济学、政治经济学和法律的经济理论等类似研究纲领的共同点与差别加以说明。

第一节 经济学行为模型及新制度经济学对其的一些修改

如果你想解释和预测人类行为，需要一个行为模型。经济学家的行为模型（即经济人模型）便进入议题。许多人认为它太简单了。运用行为模式，太多有关行动的细节被忽略，只能给出不准确的预测。在此基础上提出的政策建议，往往是不充分的。在这一节中，在对经济学的传统行为模型即所谓的经济人模型简要介绍后，将阐述新制度经济学的代表人物对其进行的一些修正。但首先要做的是论述到底应该怎样理解经济学。

传统上，经济学的界定是根据其认识对象，也就是经济。然而几十年来，这个观点遭到排挤，经济学家改而按照其所采用的方法对经济学加以界定（特别见 BECKER，1976）。当经济学家按照所采用的某一特定方法对经济学加以定义时，就可以对任何由稀缺引起的选择进行分析。因此，在最近十年里，出现了婚姻和生育经济学、种族隔离和犯罪经济学，甚至出现了刷牙经济学。经济分析方法也可用于政治领域的选举和决策（今天主要被称作"政治的经济理论"，或公共选择）或法律领域（"法的经济分析"或法律与经济学）的分析。

那么，有哪些特别的经济学方法，可应用于在稀缺条件下的所有行动？一般假设，所有行为主体想要获得最大效用（至少达到可接受的效用水平）。经济学家认为，效用指一种物品满足需求的能力。但实现需求的手段是有限的。效用的概念不仅限于货币方面，还包括非货币方面。因此，被邻居欣赏完全可能提高效用。可以作进一步假定，行为主体的偏好是常数，而其行为的限制条件却可以改变。偏好是对竞争性产品或产品组合所作评价的表达。例如，A 相对于 B 是首选。有关约束，不仅包括自然规律和行为主体的可支配预算，而且包括国家认可的法律（它使非法行为代价"巨大"）。约束还包括社会认可的制度，如规范、习俗和传统（它们也引起某些非常规行为的代价"巨大"）以及时间约束（绝对不可能工作时间超过 24 小时）和信息或知识的约束（不了解某产品，也可能不会对其产生需求）。

经济学家在他们的模型中，假设行为主体在给定的各种条件下对更多效用的追求是理性的行为。这些假设也被统称为经济人模型。经济人指在既定偏好下理性的效用最大化者这是一个模型，因此不要求其对现实做到全面、准确的描述。模型有意地简化现实，从而有助于人们更好地了解现实的主要特征，但它使经济学家能够对人类行为做出解释和预测，说明当限制条件改变时，人类行为会发生哪些变化。行为的变化却从来不会反过来引起偏好的改变，因为这并不需解释，而只是问题的另一种提法。

经济学的进一步基础是方法论个体主义的假设。它认为，只有个人的行为，而没有公司的或国家的集体行为。如果我们观察集体层面的成果，该成果是个人行为相互作用的结果，而非来自某一行为主体的个人意愿，那么，社会科学家、经济学家的任务，就是解释它们是怎样通过个人行为的共同作用而无意地实现的。因此，经济学家的任务，不仅要尽力解释在给定约束条件下的个人行为，而且要说明作为个人决定的后果，在集体层面出现的结果。

上述行为模型和方法论个体主义得到大多数经济学家的赞同。那么，制度经济学的贡献，即制度经济学家并不与他们传统的同行分享的贡献是什么呢？差异表现在两个方面：

（1）认识对象；

（2）使用的假设。

关于认识对象，在认识对象方面，长时间以来，对相互作用的结构有至关重要影响的规则被束之高阁——在所谓的保护带里。换句话说，他们被假设为是既定的。然而借助于经济学的方法，规则的选择及其变化随着时间的推移也变得可分析。至于假设，制度经济学家针对传统观点有两点修正：他们主张有限理性，而不是全面或完备的理性。他们进一步假定，易货交易自身可以免费进行是一个误导。制度经济学家强调，在交易中发生信息、查询、谈判和执行的费用，其数额取决于各类适用的制度的性质。刚才提到的费用在经济学中被称为交易成本，并在新古典经济学中长期以来一直被人们假定为零。有限理性和交易成本是密切相关的。

从完备到有限理性

到目前为止，一般认为，个人以完备理性的方式争取效用最大化。这意味着，他们是能够预见到这个世界的每一个可能的状态，他们可以选择可用的行动，可以实现所承诺的最大效用。对于所有可能的行为后果，他们可以毫不拖延地和无偿地做出评估。克雷普斯（Kreps，1990，745）认为："一个完全理性的个人，有能力预见到一切可能发生的事件并能够在现有各种可能的行动之间做出无成本的最佳选择。"

作为一种状态的不确定性，是由弗兰克·奈特（Frank Knight，1922）引入经济学的。它是指，由于行为主体无法预见世界上所有可能的情况，因此他们无法计算预期效用。他区分了不确定性和风险。对于后者，行为主体至少能够列出有限数量的可能状态的不同概率。因此，行为主体能够根据风险计算出预期效用。这意味着，已经建立的决策理论是适用的。正因如此，人们在考虑不确定性而不是风险时，这是不可能实现的。

赫伯特·西蒙（Simon，1955）认识到，完备理性的假设在以不确定性为特征的环境下并不十分有用，因此在经济学中引入了有限理性的概念。他用所谓的满意取代了个人效用最大化假设。形成了对有限理性的个人现实的要求水平。只有这种要求也无法实现且有其他替代方案的情况下，人们才开始选择有别于常规的行为。这表明，在不确定情况下，可以合理利用规则作为人们在这种情况下行为的决策辅助工具（Heiner, 1983）。这种理性通常被称为"规则理性"。在一个没有不确定性的世界里，没有任何的规则和制度存在的理由，这正是因为行为主体能够无须耗费资源了解和评估世界的每一个可能的状态。因此（决策）规则被看作行为主体可以用理性对付不确定性的一种可能。

交易成本

交易成本是由科斯（Coase, 1937）引入经济学的。他将其定义为使用市场的成本。如果交易成本仍然被忽略（或者将它们明确地设置为零），那么这无异于假设一个有效率的和无成本运作的市场。但当市场免费（和有效率的）运作，那么就绝对没有企业存在的理由。公司内部的相互作用不是通过（如同市场上）自愿的交换关系协调的，而是通过命令指示。科斯通过对企业的观察得出结论，使用市场的成本（交易成本）在一些情况下高于使用内部等级的成本。交易成本（Dahlman, 1979）后来被描述为"搜索和信息成本、谈判和决策成本，以及监督和执行成本"。经验的交易成本假设与有限理性假设是密切相关的，因为完备理性假设意味着交易成本的缺失。一定是这样的，因为一个已经知道一切的人，不必为合约的准备、谈判和执行花费更多的费用。

在此期间，交易成本不仅对企业的存在，而且对经济发展已经变得具有很明显的意义。一般来说：交易成本越高，交易数量越少。交易成本的概念，现已扩大到对政治市场的分析，人们论及政治交易成本（North, 1990b, 1993）。其观点是：政治市场比普通产品市场承受大得多的效率低下的风险，因为政治市场更难以对交换货物量化和对各自的交易合作伙伴的交付承诺具有约束力。

因此，人们可以想象政治家及其选民之间绝对的交换关系：选票与有关实施某些政策的承诺进行交换。但是，选民几乎没有机会在选举后强迫政治家履行承诺（俾斯麦在19世纪对此已经作了十分清楚的表述："我们永远不会像在选举前、在战争期间和在狩猎之后撒这么多的谎"）。这里，作为交易成本一个方面的监测和执行成本也是很高的。

第二节 制度：功能、类型和关系

两辆汽车在如此狭窄的道路行驶，若不减速相让就会相撞。两车的司机都想知道对方会如何行为。两个陌生人想进行物品的交换，然而，各自的品质特征不能立即得到检验。在何种情况下他们将愿意进行交换？两名学生最终决定开办一家公司，如何确保每位对两个人负责，其中一位不会伤害另一位的利益？在这里，我们列举三个在战略不确定性情况下相互作用的例子。战略的不确定性总是存在于这种情况下，当一种行为的结果不仅取决于自身的行为，而且取决于至少一个其他行为主体的行为（它有别于参数不确定性，后者取决于自然事件的结果，例如是否下雨或下雪）。战略不确定性一个可能的后果是，某种交易行为根本不能进行。就刚才所举的相互作用的例子而言，某种物品的交换没有实现，或一家公司未能成立。

一旦两个人互动，就存在战略不确定性。一旦相互作用的个人不能形成对他人行为的预期，后果就是短期行为。交易行为被限定在主要是同期交易业务，那么劳动力的专业化和因此带来的劳动分工程度低，生活标准低下便是必然的结果。如果借助于适当的行为限制减少战略不确定性，上述一切是可以改变的。制度有减少不确定性、开阔行为主体的视野、激励专业化从而创造一个更高水平的劳动分工的功能——简言之：提高富裕的水平。

由此，我们对制度的功能有所了解。但如果我们对解释制度的起源有兴趣，我们就不应该犯功能主义谬论的错误。这是指企图通过说明其积极影响来解释某事实的存在。而一项法律的成立，并不是因为它有正面影响，而是由于某些行为主体期望通过一项法律的制定而面临更好的处境。在方法论个体主义的框架内，制度的出现说明了人们为其出现所涉及的行为者设立了明显的激励机制。

制度的定义

新制度经济学是一个新的研究方向。因此，毫不奇怪，人们尚没有提出已被普遍接受的定义。但仍然可以划分为两种方法：

（1）制度可以定义为博弈结果；

（2）制度可以定义为博弈规则。①

肖特（Schotter，1981）的定义可归类为第一种方法。他对制度的定义（第11页）是"……社会行为的某种规律性，该行为是被该社会所有成员接受的、经常发生的特定的行为，且既可以自身实施，也可以由外部权威实施。"

诺思（North，1990a）的定义属于第二种方法。他写到（同上，3）制度是一个社会的博弈规则。因此，制度是"……人类设计的人类互动的限制。因此，他们塑造了人际交易的激励形式，无论这种交易是政治的、社会的还是经济的。"

在本书中，我们建议采用的定义，同奥斯特罗姆（Ostrom，1986）所用的定义具有很大的相似性。我们认为制度总是由两个部分组成，这一点很重要。一方面是规则部分，另一方面是执法和制裁部分。制度可以被定义为众所周知的规则，借助于它不断重复的互动行为得以结构化，它带有实施机制，在违反规则的情况下可以实施制裁或威胁制裁。

规则的性质

这里根据奥斯特罗姆（Ostrom，1986，5）的定义，规则为"一组行为主体用于对重复性的互动行为做出规范的众所周知的规定。规则是一组个人为重复出现的情形建立秩序或稳定预期的显性或隐性努力的结果"。这一定义的两个特点需要特别加以注意：

1. 规则是被人一般（gemeinhin）熟悉的。但这并不意味着有关社会的每一个体都真正了解所有的规则，都能够罗列出其完整的内容。在这里，行为主体的局限性使其不可能对影响其互动行为的所有因素都能够认知。通过形容词"一般"要明确的是，那些对于其他社会成员并非必需的纯粹的私人规范，不是规则。

2. 虽然规则被认为是人类行为的结果，但不一定是人类设计的结果，因为它的起源即可以归结到个人之间企图规范相互关系的显性的或隐性的努力。

---

① 青木昌彦（Aoki，1998）曾提出建议，将制度定义为博弈中的博弈者。但此建议在本书中不继续作为议题加以探讨。

人类行为的结果，但不是人类设计的结果

规则可以是随着时间的推移，通过不同的行为主体的行为产生出来的，而并非只是某一个行为主体所努力的结果。语言的规则就一个实例：他们是通过人类的行为产生的，而非某些人的设计。第一个讲德语的诺贝尔经济学奖得主哈耶克（Friedrich A. Hayek）常常用"人类行为的结果，而不是人类设计的结果"来指自发演化的那部分规则。他常引用18世纪苏格兰道德哲学家亚当·弗格森（Adam Ferguson）的观点。在他的著作《对资产阶级社会的历史探讨》（1767/1986，258）中，弗格森甚至指出，这一表述源于法国红衣主教邓·雷茨（Den Retz）。

可以假定规则有两种根本不同的类型：（1）准许（Gebote），对特定的行为或一系列被允许的行为的规定；（2）禁令（Verbote），禁止一个或多个具体的行为。

监督的形式

到目前为止，我们只谈了规则，还没有提到如何对遵守规则进行监督的问题。我们在这里可以将不同的监督思路加以区分。第一，要记住的是，规则可以是人们在没有额外的处罚压力下，在一定程度上实行的自我实施。因为对于规则的破坏者而言，他破坏规则将意味着比他遵守规则处境更差。所以，他被鼓励遵守规则。在这类互动结构中，博弈理论为纯协调博弈，即对所有行为主体而言，遵守规则是占优对策。此处要提到最常运用的例子：在所有其他司机都是靠公路右侧行驶的国家，一个靠左侧行驶的司机不可能有更好的处境（除非他有自杀倾向）。

第二，规则的遵守可以通过行为主体"道义上的自我约束"来实现。这类监测与上述提到的不同，在这里行为主体没有必要盘算理性目标。相反，他们将若干道德准则内在化，产生遵循这些规则的内在动机，即使是违反狭义的自我利益。这里"内在化"是指"被个人有效接受的群体规范"（杜登外语词典）。换句话说，内在化的约束是——至少在某种程度上——排除成本收益计算。因为它们是文化传统的行为规则，它们要对应的是众所周知的规范。人们以共同信念和群体意见的形式、按照可观察到的规律行事，因此超越了纯粹的私人领域。以海滩游客为例，他肯定自己不会被任何人注意，也没有再次回到这个海滩的意图，但他仍不会将他用

过的空可口可乐罐留在沙滩上，而是会把它丢进最近的垃圾箱。①

不是每一个互动结构都会导致自我监督的规则或行为主体强烈的自我约束。因此，作为其他监督形式，需要一个来自其他行为主体的明确的约束力，从而产生了集体行动问题。集体行动问题的含义是：如果所有行为主体从某种政策受益，便往往没有人致力于这一政策，因为大家都将希望寄托于其他人。第四章将详细讨论这个问题。因此，当有人违反规矩行事对某个行为主体造成损害后，后者越不相信会再次遇到前者，他对前者进行惩治的激励就越小，如果他作为被损害者认为不大可能再遇到损害者，那么，一项制裁行为对他来说只是额外负担，他不能或只能在很小程度上将制裁的结果内在化。制裁的集体品问题首先出现在一个自发的社会监督情况下。

第三，自发的社会监督。无数的人通过非正式的控制对遵守社会规则进行监督——在极端情况下，是两个行为主体相互之间的监督。对违反规则行为进行制裁的可能形式的一个例子是，告知他人有关破坏规则的行为，从而损害破坏规则者的社会声誉。

就非正式控制而言，有两个由其他行为主体组织的不同监督形式。一个是有组织的私人监督，另一个则是有组织的国家监督。相对于私人而言，国家监督包含了私人行为主体服从于国家控制的等级秩序因素。

第四，有组织的私人监督。有组织的私人监控被用于如私人仲裁法院监控正式规则时。

第五，有组织的国家监督。按照法律规则的有组织的国家监督则是国家法院的任务。

下面的两点，可以使我们对制度的概念了解得更清楚：

（1）按照我们的定义，制度的第一个组成部分是规则。它始终限制着人类活动。相反，不是每个对人类活动的限制都是规则。例如，它可能是由于自然规律引起的限制。不过，即使将规则只理解为人类行动的结果（想一想诺思关于制度的定义！），第二种类型的限制，尽管它是人类行动的产物，但还是不应被描述为制度。这些限制归结于一些按照特定方式行为的意愿声明。这种类型的声明可能包含着遵守一种或多种制度的承诺，

---

① 行为及行为限制也会受到宗教信仰的激活与驱使。因此，海滨度假者有理由相信，当他把可乐瓶置放在沙滩边时，上帝对此看得一清二楚。此时的行为并非出于强制性的自我约束心理，而是行为者坚信，他应当根据超自然定律将自身的构想付诸实践。

但其本身不是制度，因为它没有满足对规则的要求，即一般被人们所熟知。因此，一个基于合作伙伴间意愿声明的合约，也不是制度［参阅威廉姆森（Willamson）的反对意见，1990，17］。①

（2）制度具有信息含量，从而减少了战略上的不确定性。虽然，其他现象——如报纸、广播或价格等——也含有信息，但它们没有必要减少战略不确定性。② 此外，在这些想象中既不存在规则，也不是监督系统，因此它们没有资格作为制度。

上述讨论归纳为表 1-1。然后有必要对制度作五种类型的区分。人们建议，对于那些执行起来不需要诉诸国家干预的制度，可以表述为内部制度。人们还建议，执行会导致诉诸国家的制度表述为外部制度。这项建议是基于国家与社会之间概念上的区分。对违规行为在社会内部加以认定的规则称为内部制度，而通过国家，即在社会之外加以认定的规则，则相应地称为外部制度。

表 1-1　　　　　　　　　内部制度和外部制度类型

规则	监督类型	制度类型	举例
1. 传统	自我监督	内部制度类型 1	语言的语法规则
2. 道义规则	命令式自我约束	内部制度类型 2	十诫，绝对命令
3. 风俗	通过其他行为主体的自发监督	内部制度类型 3	社交礼仪
4. 正式的私人规则	通过其他行为主体有计划的监督	内部制度类型 4	经济自主权
5. 实体法规则	有组织的国家监督	外部制度	私法与刑法

资料来源：Kiwit 和 Voigt，1995。

特别是内部制度类型 2 和类型 3 可能反映了一个社会大部分成员的价值观和标准。价值观已被定义为"……影响决策行为的理想化的观念，价值观与行为规范是不相同的。价值观是理想化的规范，它独立于具体情况。一种价值可以看作是众多具体规范的参数，具体规范则可以代表不同价值的同时运用"（《国际社会科学百科全书》第 16 卷，1968 年版，第 283 页）。例如，"公正"可能是一个共同的价值。确切地说，就是在具体情况下，"公正"是通过各个有效的（有关公正的）规范实现的。一个社

---

① 上述言论仅适用于私人领域以外、劳资双方或国家间所订立的合同。
② 反之，新闻所提供的信息恰有可能让人们发现新的行动机遇，从而进一步提升决策制定的复杂度。

会的公正规范能够导致行为主体的命令式自我约束（类型2），但也导致违反了某些公正标准的社会成员受到社会其他成员的制裁。

内部制度与外部制度的关系

正如我们刚才看到的，存在许多完全不同类型的制度。这不仅仅是指它得以实现的种类，而且指作为规则组成部分的准许或禁令。由于不同制度的规则组成部分可能有完全不同的来源，不同制度类型之间可能存在的关系是利益关系：似乎可以设想，外部制度的影响将通过内部制度得到加强，但也会由于它们被阻止或被完全抵消。内部制度和外部制度可以互相增强，但也可以互相削弱。制度降低不确定性的程度应当是非常重要的。下述外部制度和内部制度之间的关系在逻辑上是可能的：

（1）当它们不是受制于人类活动相互关联的领域时，外部制度和内部制度可以以中立关系为标志。

（2）当它们对人类行为以内容上类似或相同的方式加以限制时，并且既通过国家也通过私人对遵守规则加以监控时，外部制度和内部制度能够相互补充。

（3）当它们对人类行为以内容上类似的或相同的方式加以限制时，并且或者通过国家或者通过私人对遵守规则加以监控时，外部制度和内部制度是相互替代关系。

（4）当对内部制度的关注必然要与外部制度发生冲突时，外部制度和内部制度可能最终会相互抵消，反之亦然。

借助于简单的经济人模型对人类行为的预测，往往被证明是错误的。在经济学行为模式中，行为的变化是由于约束条件的改变，但假定偏好不变。如果想坚持这个观点，那么就要比迄今为止的通常状况更详细地关注约束。制度经济学家认为，如果涉及内部制度的约束条件——诸如习惯、传统、道德规则等比以前更完整地被重视，那么，预测的品质就可以大大地得到改进。

第三节　研究的问题

以下章节中将对下述两个层面做系统区分：

（1）在第一层面中，假定制度为外生，我们有兴趣知道，这些制度对经济学家所关心的变量具有哪些影响。外生变量从外部给定，内生变量则由模型给出。人们能够对各种制度进行比较，并且可以提问它们是否会系统性地导致不同的结果。前面已经指出，制度经济学家将有效制度安排中的巨大偏差作为解释不同增长率的核心变量。偏差用来描述分布离散的程度，例如增长率偏差。这本书的第二部分将致力于对这个层面的论述。

(2) 在第二层面中，制度不再被假定为外生变量而是被假定为内生变量。于是，我们感兴趣于解释其来源。为了能够解释现有制度的巨大差异，重要的是了解导致这些巨大差异的不同的初始条件。在本书的第三部分，将对目前所用的解释外部制度和内部制度变化的说法作简要介绍。

为有效区别上述外部制度和内部制度，我们做出一个简单的 2×2 矩阵，如表 1-2 所示：

表 1-2　　　　　　　　　确定研究领域

	制度的影响	制度的起源
外部制度	一	三
内部制度	二	四

这四个典型化的研究领域完全属于一个经验的研究纲领。这不是为了表示哪些制度对特定的国民经济是最好的，而是要解释为什么会产生特定的制度（第三、第四单元格），以及制度对其他变量有什么影响（第一、第二单元格）。在下面的段落中，将运用这个简单的矩阵对制度经济学家们研究的一些问题举例说明。

外生的既定外部制度的影响（第一单元格）对大量的相互行动情境是重要的：

(a) 有人问，制度是怎样影响私人行为主体之间自由达成的货物交易，以及哪些物品被交易，同意采用何种结算方式，等等。我们将在第二章中对此加以论述。

(b) 有人问，制度对私人行为主体重复交易行为的结构有着怎样的影响。对此问题的回答是第三章的重点。

(c) 还有人问，制度对采取集体行动的激励有着怎样的影响。在这里，国家代表的行为当然是最重要的。但人们也关注集体物品诸如清洁的环境在没有国家干预的情况下，被自愿地提供的可能性。这个议题将更多地在第四章中涉及。

(d) 最后的问题是，制度如何作用于增长和发展。到目前为止，有关的各种见解将见诸第五章。

解决研究领域（a）至（b）涉及微观经济层面的问题，而研究领域（d）可能是对既定宏观理论的挑战。这里融入了来自研究领域（a）至（c）的成果。

关于表1-2第二个单元格同样可以涉及刚刚提到的问题。这也是为什么在接下来的每章中都要对外部制度和内部制度的影响进行分析的原因。对第三单元格和第四单元格的分析构成了本书的第三部分。在第六章中，将提出如何用经济学的方法解释外部制度变化的问题。同时，在第七章——同第四单元格相应——将提出如何用经济学的方法解释内部制度变化的问题。

本书将结束于第四部分。我们已经指出，第二与第三部分反映出经验研究的关注。如果明显存在一个以上的行动可能性，就必然产生什么样的行动是应该采取的问题。为了回答这个问题将要求使用规范性理论。在第八章中，我们将介绍迄今为止的规范性理论的内容。最后，人们会问，新制度经济学的结论对经济政策的理论以及实际的经济政策有何影响。这个问题的答案在第九章中。这部入门著作将以第十章结束，这里将对新制度经济学的进一步发展前景做一些展望。

第四节　工具

我们已经在上一节将制度经济学家所研究的问题系统化，现在对他们用来获得这些问题答案的工具作简要介绍。在这里被简要介绍的工具是博弈理论、比较制度分析、实验，以及经济计量检验。

一　博弈论：一种用于分析战略互动情况的工具

上一节表明，制度具有方便行为主体处理战略不确定性的功能。现在并不是每一种有两个或两个以上的行为主体互动情况都有相同的结构：有可能是这两名行为主体通过适当的行为处境都得到改善（协调博弈），或者一方的所得是另一方的所失（零和博弈），或者是协调和冲突的结合（混合动机博弈）。博弈论已经将大量的互动情境简化为其核心要素，从而有助于做出对在特定情况下理性行为主体行为的预测。一方面，我们在这里不能对博弈论作简要的介绍；另一方面，博弈论已成为整个经济学的重要组成部分。因此，我们要在有限的情况下对两种博弈加以介绍，即一个是协调博弈，另一个是混合动机博弈。

一场博弈一般包括六个组成部分：

（1）博弈者。这里的区别是两种或多人博弈。我们首先限定在两个人的情况。

（2）规则。它们描述，那些博弈者、什么时间、采取什么行动。在一些博弈中，博弈者同时做出决定，而在另一些博弈中，博弈者按顺序决定。作为第一决策者是占有优势还是劣势，取决于博弈的结构。①

（3）策略。可想而知，策略就是对活动的完整说明，博弈者可以在任何可能想到的博弈条件下运用它。

（4）信息量。假设信息是完整的，于是假设博弈者对于博弈的规则、所有行为主体可用的策略以及所有可能的组合策略所产生的支付，都是熟悉的。当一个行为主体知道其他博弈者所有的特点，便可以说存在完备信息。

（5）支付函数。它表明博弈者如何评价一个博弈可能的结果。

（6）结果。（纳什）均衡的概念在这里具有特别重要的意义。用它将描述一种情况，即在其他博弈者保持自己的策略时，没有博弈者能够通过策略改变使自己的境遇变得更好。

建立博弈存在不同的可能性。在这里我们限定于简化形式，一种表示形式的选择，它突出作为博弈者联合行动结果的支付。第一个数字代表行选择者的支付，第二个数字代表列选择者的支付。

协调博弈

再次设想狭窄的街道上两个彼此相向行驶汽车的司机的例子。让我们且命名他们为迪克和多夫。当他们相遇时，他们要么偏到左侧行驶，要么偏到右侧行驶。两位的利益在于，本人的行为要与另一个行为主体的行为相协调，因为如果他们不这样做，就会发生两人都不希望出现的事故。此博弈有两个纯策略的均衡：两人同时向左或向右行驶避让（还有一个混

---

① 男女朋友间的约会时常会上演所谓"性别大战"的混合动机博弈。对于约会地点，他们有着各自不同的青睐对象。假设男友对足球场馆钟爱有加，而女友则更喜欢选择在迪斯科舞厅约会。那么，他们之中谁能成为做出首个有约束力的地点选择的人（"亲爱的，我已经买好票了"），谁就掌握了先进者优势。再设想一下，在"石头—剪刀—布"的儿童游戏中，参与者并不能同时而只能挨个做出决定。显然，在这种情况下，"首当其冲"的那个人势必要"吃亏"。

合策略均衡——两人具有同样的或向左或向右的概率——但在这里,我们不对此做进一步探讨)。如果我们只观察支付矩阵结构,那么说明不了两名司机将做什么。不过,如果他们事先相遇,就可以就向左(或向右)避让达成一致意见。一个这样的承诺是可信的,因为任何一方都不能由于行为偏差而使自己处于更好的境地。这种协调博弈解决方案,也称为惯例。惯例是自我执行的。惯例(至少在原则上)要求不通过第三方(比如国家)执行。作为协调博弈解决方案的惯例在前述制度分类学中归为类型1的自我实施的制度和内部制度。

表1-3 协调博弈

		多夫	
		左	右
迪克	左	0, 0	-2, -2
	右	-2, -2	0, 0

注:格中表示博弈者的代价。首先是横向选择的博弈者的代价(在这里是迪克),然后是纵向选择的博弈者的代价(在这里是多夫)。这里,数字越大,表明的效用水平越高。每一个均衡点用阴影表示。

混合动机博弈:囚徒困境

囚徒困境是运用博弈论进行分析的最著名的博弈。下面的故事说明了为什么它被称为囚徒困境:两名嫌犯——马克斯和莫里茨——被逮捕,并在不同的囚室被拘留。警方相信,他们犯下数罪,但没有足够的证据以惩罚他们。审讯官对两名嫌疑人说,他们有两个选择:招认或不招认。如果他们两个都不招认,他们会以某个小的罪名获得相对较小的惩罚。如果双方都招认,那么双方都将被严厉处罚,同时审讯官会向他们保证不会要求实施最高刑罚。若一人招认,而另一人否定事实,那么,招认的人会得到减刑("宽大处理"),而另一位将受到最高刑罚的威胁。从这个故事得到的代价矩阵如下:

表1-4-1 囚徒困境

		莫里茨	
		不招认	招认
马克斯	不招认	1年, 1年	10年, 3个月
	招认	3个月, 10年	8年, 8年

如果从在监狱服刑的长度来看，结果显示出，假若马克斯招认，在莫里茨不招认的情况下，他会因此而被监禁3个月。这一结果好于如果两人都不招认，马克斯将会1年身陷囹圄。此前所介绍的迪克和多夫之间的协调博弈有两个纯战略均衡点。囚徒困境的特色是，它只有一个均衡点：无论莫里茨做什么，对于马克斯而言最好的选择都是招认。如果莫里茨不招认，导致马克斯领受3个月徒刑（优于1年）；如果莫里茨招认，则马克斯要被囚禁8年（好于10年）。因此，招认是占优策略。该博弈有趣的是，个人理性的行为导致了集体非理性的结果：即如果马克斯或莫里茨都不招认，他们每人只获刑1年，但是，若都招认，他们将分别获刑8年。

下面显示了同样博弈的另一种表现形式：我们现在将监禁用序数支付的形式来表达在序数尺度上人们只关心排序，而在基数尺度上数值之间的距离也很重要。较高的值在这里代表了较高的效用。在这个——或者非常类似的形式中——你会发现囚徒困境一再被表现出来。现在可以很容易地看到个人理性行为导致集体非理性的结果：马克斯和莫里茨在这场博弈中只能得到的两个单位的效用。如果他们能够更好地协调自己的选择行为，他们则可以达到3个单位的效用水平。

二　支付矩阵：囚徒困境

表1-4-2　　　　　　　　　　　囚徒困境

		莫里茨	
		不招认	招认
马克斯	不招认	3, 3	1, 4
	招认	4, 1	2, 2

为什么此博弈在经济学中变得如此声名大噪？其实对嫌疑人的处理毕竟不是经济学家关注的重点。因为经济学家认为，人类交往的很多日常的情况，是以囚徒困境互动结构为基础的。还记得两个愿意友好交换的陌生人不能彻底检查物品的品质吗？如果我们假设，当他们确实以承诺的品质相互交换了货物，双方都能够得到更好的利益。现在，假如卖方用制作精良的仿冒品代替昂贵的照相机出售，便可以得到更多的利益。如果买方用伪钞或空头支票进行支付，他便得到更多的利益。囚徒困境的语言也可以这样来描述对双方的激励：对于双方而言，占主导的不是与对方合作，而

是向对方使坏。虽然我们从社会的角度来看，对于两个犯人的利益所在是双方都招认，我们在物品交换的很多情况下利益在于，对双方更为有利的是遵守约定，互不欺骗。制度经济学的经济政策任务之一是提出制度建议，这种基于囚徒困境的制度创造一种博弈，在这种博弈中遵守承诺对于双方而言是理性的选择。

制度经济学家对博弈论并非不加批判地作为一种分析工具使用。以上我们看到，完备理性假设受到许多制度经济学家的批评。然而，正是这个假设是许多博弈的基础。就此，制度经济学家指出，当事人采取行动的可能性往往不是外生的，它不仅取决于他们的文化背景，而且取决于他们自己的想象力。此外，支付函数也不是既定的。尽管存在这些问题，博弈论对于制度经济分析仍是非常有用的，因为制度分析针对的是采取行动的策略不确定性的情况，而这正是博弈论分析所开发的领域。

三　比较制度分析

比较制度分析（KIA）是试图对不同的制度安排对于经济学家感兴趣的各种变量的影响加以确定和进行比较。比较制度分析的表述显然是受科斯（COASE，1964）的影响。比较制度分析只对真实的制度与其他同样是真实的制度进行比较。制度经济学家对可以实施的制度感兴趣。比较制度分析有意识地与另一种在传统理论中被运用的分析方法相区别：后者常常用经验确定的结果与理论推导的最佳结果相比较。这样的比较常常很不符合现实，在这种比较的基础上往往会提出政府干预的要求。

新制度经济学的代表认可协调成本的重要性，它是由各种制度安排所造成的成本，以及对由制度安排所引起的结果感兴趣。一种衡量制度品质的可能性也就产生了，即衡量运用相关制度必须花费的成本。这就是上面介绍的交易成本。不同制度导致交易成本的高低不同，要对它进行相应的估价。

四　实验室的实验

经济人的行为模式是一个允许做出准确预测的非常简单的模型。因此，在实验室对这样的预测进行检验是有说服力的，因为那里的实验条件可以得到精确的控制。这其实是最近几年人们越来越多地尝试运用的方法。其结果是有些预测被证伪了：被测试者的行为经常与预测不同，这种不同至少在平均水平和持续时间上表现出系统性。这意味着，检验结果可以用来预测类似的决策行为（普洛特和史密斯于 2008 年对此类快速增长的研究方法的成果进行了最新的概述)。对于新制度经济学而言,这些实验是重要的,因为当人们明确考虑到诸如社会的共同规范等内部制度时,在实验室里观察到的行为很多是可以解释的。实验室实验可以被解释为用以确定内部制度相关性的方法。社会规范可能依赖于文化。因此,从新制度经济学的观点来看,有意思的是让来自不同文化背景的被测试者去参与形式相同的博弈,而观察到的行为差异可以追溯到社会规范的差异,也就是不同类型的内部制度的差异。

实验室实验可用于对新制度规则的效用在小范围内进行检验。这些规则是理论上的设计,但尚未经过实践的检验。因此,这种类型的实验,对制度比较分析具有补充作用。在实验室环境中,对从理论上看有用的制度创新进行检验,可使人们有可能对其在"现实中"的作用做出更好的预测,特别是作为科学根本没有想到的有关副作用。这种实验室实验的传统来源于波普尔(Popper, 1959)的批判理性主义。因为针对一个问题的新的解决方案的后果——在这里指一个新的规则和(或)一种新的惩罚机制——是不可以完全预期的,找出可能的消极的副作用就是实验室实验效果的积极影响。这里概述的方法来自波普尔所描述的"零星技术"和与此相关的试错法。实验室实验可以解释为识别和减少错误的可能性。实验室实验可以帮助避免代价高昂的错误。放弃一些基于实验室的假设,很可能是一种节约成本的社会实验方法。①

批判理性主义

以人类认知原则上的可错性为代表的认识论。它放弃了想获得经过核实的最终说法的目标。为了证实是否科学,观点必须是具有可证伪性,且在实践中可被推翻。在证伪中"幸存"的,即没有被推翻的假说,被暂时确认为有效。

五 计量经济学检验

计量经济学家尝试借助经济和社会统计数据来检验经济模型。如果你

---

① 人们有时玩一种"管理模拟博弈",其中应揭示了新法律的一些非预料的副作用。在《法律和管理条例准备工作手册》中对这一博弈的4个目标进行了描述:(1)评估有关组织方面及材料方面的法律后果;(2)实现法律透明度;(3)调查预期程序的实用性;(4)确定实施条例等细则(1992, 83)。

不仅能够识别制度和描述他们的性质，而且能够对它们进行量化并做出比较，那么你就打开了运用传统计量经济学方法的大门。于是，就有可能对外部的和内部的制度影响进行检验。例如，人们可以将投资总量或是人均收入回归到收入的确定性。具体关系将在第五章关于制度的增长效应案例中加以描述。

在前两节我们熟悉了新制度经济学的问题和方法之后，在下一节我们将对新制度经济学与其他类似的研究纲领加以区分，以便大家对其有更好的归类。

第五节 类似的研究纲领的共同性和差异

对于其研究纲领是否应保留在目前占统治地位的经济理论之内，而仅提出一些迄今为止经济理论没有提出的问题，抑或新制度经济学的研究纲领是一个与目前的主流理论完全决裂的新范式，对此，新制度经济学的代表（仍然）没有取得一致的观点。第一种观点是由那些主要对研究题目的扩展有兴趣的代表：不是强调将制度作为既定条件，并在既定制度条件下对行动选择进行研究；他们的兴趣是对制度本身的选择进行经济学分析。第二种观点的代表则相反，认为这是不够的，我们必须完全与目前经济学的普遍看法分道扬镳。这样或那样的对假设前提的修改只会导致"对新古典范式的缝缝补补"[①] 和模型不一致的风险（Richter, Furubotn, 1996, Kapitel10）。新制度经济学的创始人之一道格拉斯·诺思在过去的几年里从第一种观点转向了第二种观点。他的关于作为社会学习结果和制度基础的意向性（Intentionalität）的重要性的推定（North, 2005）似乎与占统治地位的经济学标准假设不相符。

相似研究

新制度经济学的形容词"新"意味着存在着新制度经济学的代表要与之保持距离的其他的制度经济学的研究方向。现在被称为老制度经济学的研究纲领在20世纪上半期曾经达到鼎盛时期，其最著名的代表人物有

[①] 古思（Güth, 1995, 342）在联系到博弈论理论家时使用了这一表述，这些理论家观察某种现象，然后尝试通过逐步修正其模型来实现一种事后合理化。

托尔斯坦因·凡勃伦（Thorstein Veblen）、约翰·康芒斯（John Commons）和韦斯利·米切尔（Wesley Mitchell）。新制度经济学的代表批评这种研究方法是非理论和纯描述性的（atheoretisch und lediglich deskriptiv）。主流经济学总是更多地向演绎的方向发展，相反旧的制度主义者提出了归纳方法。归纳法注重从个别推导出一般；演绎则与此相反。因此旧制度经济学表现出与德国历史学派存在一定的关系。近几年，旧制度主义出现了某些复兴［参阅霍奇森（Hodgson，1998）和卢瑟福（Rutherford，1994）关于新旧制度经济学的比较］。

无论是交易成本经济学还是产权理论可以作为新制度经济学的前身加以描述。交易成本经济学的代表探究有关交易成本的后果，特别是对公司的组织结构的研究。其最著名的代表是奥利弗·威廉姆森（Oliver E. Williamson）。在第三章中，我们将尝试更进一步地对这个研究方法给予解答。产权理论（也称为行为权或支配权理论）也可看作新制度经济学的先驱。其代表要探讨的是，不同的所有权会带来哪些不同的经济后果。他们用交易主要涉及的是产权交易的交换关系替代了交易主要是指货物的交易的观点。对这一点将在下一章中详述。

秩序经济学（也为秩序理论和政策）是德国的传统，且经常与弗莱堡学派相提并论。同新制度经济学代表共享的一个核心问题，就是不同的秩序形式带来的不同的经济后果。在这里秩序形式可以被理解为尽可能一致的一组制度集。

传统上，宪则经济学的代表主要关注国家和国家行为的理由。在这个问题上与秩序经济学有相当大的重叠［参阅范伯格（Vanberg，1988）和莱波尔德（Leipold，1990）的分析］。但在最近几年，宪则经济学得到了一个拓展：他们的代表现在也有兴趣利用经济手段来谈论：（1）在不同的宪则下各自的后果；（2）在不同情况下不同的社会选择不同宪则的原因［有关从制度经济学观点进行的概括，可参阅 Voigt（2008）的分析］。有了这个重点，宪则经济学也可以解释为新制度经济学的组成部分，即对特定的制度类型进行分析的部分，也就是分析宪则的那部分。

政治经济学理论使用经济学手段分析具有政治意义的行为主体的行为。与宪则经济学不同的是，政治经济学理论的代表通常认为，政治家们在其中活动的各种制度已经事先给定，因此，被视为外生的。类似地也可以提到法律的经济学分析，这是这个方法更加规范的重点体现。帕累托最优指这样一种状态，即一个人的利益只有在减少另一个行为主体的效用的情况下才能扩大。该论述是意大利工程师、经济学家和社会学家帕累托（Vilfredo Pareto，1848—1923）提出的。他们的代表经常问，规范的帕累托最优的理想是否和如何可以实现。在很长的时间，在新制度经济学中发挥重要作用的非正式规则，在法律的经济分析中却充其量起次要的作用。但是近一段时间，法律的经济分析正方兴未艾（参见 Jolis, Sunstein und Thaler, 1998；Korobkin und Ulen, 2000）。

尽管这些理论有很多相似之处，不同理论代表人物之间的相互交流却相对较少。他们在研究中不是强调共同的研究兴趣，而是往往突出其分歧。下面，我们将集中在新制度经济学，但也会适当地引用相近研究的方法。

表1-5　　　　　　　　　　相近的研究

研究项目	中心问题	与新制度经济学的联系
交易成本经济学	与交易成本的相关性 >0（近来也与政治过程有关）	前身及组成部分
所有权经济学	选择不同所有权特征的后果	前身及组成部分
秩序经济学	探寻适合人类的秩序形式	这里也要对各种规则的不同效果进行相互比较
宪则经济学	国家的合法性；选择不同宪法规则的后果	其规范分支是新制度经济学的补充；经验分支是新制度经济学的组成部分
公共选择	政治的经济分析	对由外部既定规则约束的交易促进因素进行分析
法律和经济学	法律的经济分析	对受外部既定规则约束的交易促进因素进行分析（主要在司法和刑法领域）

第六节　悬而未决的问题

经济学行为模型的核心假设是，偏好是既定的并且是持续的。但是，人们不是天生就有对尽可能大的骆绒帽或红色法拉利的偏好。一个尚未解决的问题（不仅是新制度经济学的问题）是怎样能够解释偏好的形成和变化。新制度经济学的代表特别感兴趣的问题是偏好的形成和变化在多大程度上依赖于背景及文化。

根据有限理性（和经验的交易成本）的观点，即认为不再是通过每个单一行为使效用最大化，而是通过一系列行为，并借助于规则（经验法则，见 Heiner，1983）使效用最大化可能是合理的。但是，如果我们只拥有有限理性，那么，为什么我们有足够的理性去理性地贯彻效用最大化的规则？最终与此相关的优化问题要复杂得多！这里必须要探究的问题有：学习起到了哪些作用，试错过程有哪些功能，以及关注适应性行为而不是理性选择有多大的意义（见 Vanberg，1994，Kapitel2）。

复习与思考

1. 为什么经验的交易成本的假设与有限理性假设密切相关？
2. 请以寻找住房和自己选择的其他例子为根据，阐释交易成本的概念。
3. 通过一个自己选择的实例，分清个人决策规则（如拇指规则）和作为制度组成部分的集体规则的区别。
4. 通过为每种制度类型列举一个实例，并列举每一个实例的规则和惩治条件来明确本章介绍的制度分类。
5. 请解释为什么私法合约不是制度，但其赖以建立的基础私法却是制度。

参考文献

1. 第一本德文版的新制度经济学综合教科书是由里希特和菲吕博滕所著（Richter und Furubotn，2003，3. Auflage）。由埃尔雷、勒施克和绍尔兰德所著的约 550 页的著作（Erlei, Leschke und Sauerland，2007，2. Auflage）也对新制度经济学做了非常全面的论述。
2. 过去十年中最重要的制度经济学著作是道格拉斯·诺思于 1992 年在图宾根莫尔（西贝克）出版社出版的德文书《制度、制度变迁与经济绩效》。
3. 格布哈特·克尔希盖斯纳（Gebhard Kirchgässner，2008）在经济

人专著中非常详细和易于理解地介绍了经济学行为模型。

4. 艾克哈尔特·施利希特（Ekkehart Schlicht, 1990）对于有限理性概念观点进行了批评性的深入研究。克雷普斯（Kreps, 1998）研究的指向是如果要将有限理性并入正规的经济学模型需要解决的问题。

5. 出色的经济学入门读物《选择的理论》（Hargreaves Heap, 1994）中"博弈理论"一章，对博弈论作了非常简要的介绍。两位美国经济学家迪克西特和奈尔伯夫（Dixit and Nalebuff, 1997）的著作《博弈论入门》已被译为一本通俗易懂的德文入门读物，甚至以平装书的形式推出。对于那些真的只想对新制度经济学获得第一印象的读者，加比施（Gabisch, 1999）的书可以参阅。

6. 一本有趣的、有关与新制度经济学方面有着重要关系的认识论的选集，由麦基（Mäki）、古斯塔夫松（Gustafsson）和克努森（Knudsen）所著的《合理性、制度和经济学方法论》于1993年出版。

第二部分　给定制度的作用

第二章　简单交易

在经济中，谁和谁交易、对哪些货物交易、以什么数量和频率进行交易，取决于能给双方都带来效用的交易行为。一项理论上可能的交易行为是否会被潜在的交易伙伴考虑，或者，如果他们考虑的话，是否确实会导致双方受益，这是由多种因素决定的。其中一些因素我们将在本章作为题目加以论述。购买一件物品对我是否有吸引力，取决于我买了这个物品后能够用来做什么：我可以对一座房子进行随意改动，还是有必须遵守的法律限制（例如纪念物保护的规定）？我可以拒绝别人享用该物品，还是必须允许他们使用（例如徒步走过我家草坪的游客）？是否在法律上可以排除他人使用，但在实际上要排除他人使用成本很高（比如路人从属于我的苹果树上采摘苹果）？

下面我们将主要论述简单交易。这里，我们愿将交易行为作这样的理解，它不是经常性的重复交易。这样，我们一方面将简单的交易与长期合约相区分（例如，在未来五十年的供水供电），在另一方面，则与一个系统内部的交易（如公司内部的交易）相区分（这将在下一章进行讨论）。

首先我们要引入所有权的概念。该概念与大家已从上一章中了解的交易成本概念一起，在本章的论述中起着核心作用。所有权具有哪些激励效应？我们假设，法律（外部制度），正如规范和习俗（内部制度）一样是既定的，并设问，它们是如何引导人们行为的。我们将进行如下论述：第一部分介绍所有权的概念。第二部分指出，内部制度如规范和习俗能够以哪些方式对简单交易的范围和强度发生影响。第三部分专门审查外部制度和内部制度对简单交易的范围和强度的影响方面会有什么不同的关系。在第四部分，我们介绍一项经验研究，试图在国民经济层面上对交易成本做出100年的发展预测。

第一节　在简单交易中外部制度的重要性

法律至少在三个方面影响货物的交换：
（1）关于人们购买一种物品的权利和义务的范围（私有财产）；
（2）关于与他人交换物品的可能性与局限性（契约自由）；
（3）关于如果对方不履行合约义务时，实施其自身权利所需成本（程序权利安排）。

人们传统上将交易行为理解为实物的交换（或实物产品与货币的交换，借此人们可以购买其他实物）。自20世纪60年代开展的一项研究，将交易作为行为权和使用权的交换，提出了"Property Rights – Ansatz"，常常翻译为产权分析法。自此以后，物品的价值便取决于有关财产权的具体特点。传统上，这里有四个组成部分：

（1）物品的使用权（usus）；
（2）物品的处分权（abusus）；
（3）由于物品的使用而产生的收益权（usus fructus）；
（4）将物品的使用权转让给他人的权利（venditio）。

这些权利的独占性越强，在其他条件相同的情况下，某种产品的目标价格越高。

通常情况下，法律以种种规定为形式，限制契约自由。国家禁止某些产品的贸易（如可卡因）或禁止在星期日及公众假日的交易行为（店门关闭法律）。凡不遵守此禁令者，必将受到制裁。对某些产品的交换行为是否值得将取决于违反规定而受到惩罚的可能性和在此情况下支付罚款数额的高低。[①] 国家通过这些限制抬高某些产品的交换成本。换句话说，有意提高交易成本。经济学家认为，较高的交易成本会降低相应产品的交换频率。

交换关系的优点还取决于当合约被合约的一方违反时打赢官司的成本

[①] 对于许多毒贩来说，显然从毒品贸易预期的得到的收益，超过可能受到惩罚的成本，否则他们不会从事毒品交易。许多经济学家认为，禁止毒品消费是毒品价格高的原因。他们建议毒品消费合法化，并希望以此改进交易毒品的品质和使贩运毒品犯罪率下降（例如Hartwig和Pies，1996）。

有多高：若一项诉讼既费用高昂，需要时间又长，那么对事先签订合约就没有吸引力。冗长和昂贵的法律程序可能会阻碍贸易。如果法院判决不能立即执行，对人们的用处就不大，就可能产生同样的后果。高昂的交易费用可能会严重限制贸易的幅度。对宏观经济层面上交易费用的经验估计，将在本章的第四节中进行。

一篇在一起使用原始产权和交易成本概念的文章，是对法律进行经济分析的核心：这就是罗纳德·科斯在1960年关于社会成本问题的文章。如果货物的交换是无成本的（即交易成本为零），则行为主体所有权的初次分配与经济学家所称的帕累托最优是无关的。帕累托最优是意大利经济学家和社会学家帕累托（1848—1923）提出的标准。如果某人福利的增加不可能不减少任何其他个人的福利，就达到了帕累托最优。换句话说，所有权的存在是必要的，但只要交易成本为零，其在行为主体间的分配就不无关乎资源最优配置。这种认识在经济学文献中可能被引用最多的这篇文章出版后被称为科斯定理。下面将用一个例子说明该定理：

科斯定理

一个警报器工厂（A）为了测试它的设备"生产"的噪声令一个住在附近的退休者（R）感到极受干扰，从而降低了他的房子的居住价值。尽管他一再提出减少噪声的要求，但厂方并没有改变自己的行为，因为降噪涉及额外费用，例如：需要添置噪声滤波器。行为主体A的效用水平通过行为主体R的行为提高（或降低），而这种变化并没有伴随行为主体A向R进行支付（或R向A支付），经济学家称之为外部作用或外部性。有正外部性和负外部性之分。一个积极的外部性消费，当我接近一个露天音乐会并可以免费听音乐，我便消费了正外部性。但如果我不喜欢音乐，因为演唱会使我不能入睡，那么同一个演唱会对我的影响是负面的。报警器工厂降低了退休者的效用水平，从而产生负的外部作用。福利经济学长期以来一直要求通过所谓的"庇古税"（英国经济学家阿瑟·庇古，1877—1959）对这类外部因素加以规范。负外部性的生产者必须付税的额度，相当于其活动的私人和社会成本之间的差额，而正外部性生产者应当得到相当于两者差额的补贴。这应该可以纠正纯粹市场方法所带来的分配不当。尽管它不太可能可靠地确定有关具体活动的每项社会成本和社会收益，政治家们还是一次又一次地试图将此理念付诸实践。例子有幼稚工业保护税、研发资助以及战略性贸易政策。

对外部性的存在使税收或补贴形式的国家行为成为必要的观点，科斯提出了质疑。比方说，警报器生产者期望在一定时间内从警报器生产中得到的盈利为1.5万欧元（经济学家也称之为现金价值）。在开始生产前，退休者的房屋值15万欧元，现在它的价值已经下降到12万欧元。从整体经济角度看，由于警报器的生产，价值受到损害：没有生产时，房子值15万欧元，测试警报系统，总价值为警报器生产厂家的赢利加上房子的价值等于13.5万欧元。假如没有报警器的生产，在国民经济方面（至少在这个地方）将是有利的。让我们进一步假设，没有任何法律禁止警报器生产者（A）进行生产。这样我们必须考虑A进行了生产。那么，退休者（R）可以做些什么？他可以尝试向A支付一定的数额补偿，此数额至少使他在进行警报器生产时与没有进行生产时处于同样的处境，例如，支付1.6万欧元。这应该会使双方处于更好的地位：对于A，由于补偿高于其利润；对于R，由于它的房屋的价值为15万欧元，但现在必须扣除1.6万欧元，但13.4万欧元仍然超过12万欧元，后者是一旦警报器投入生产后该房屋的价值。

我们现在假设，由于需求的变化，A能够获得5万欧元利润。将此加到（减少）的房子价值上，总值（17万欧元）则高于没有生产时房子的价值。因此在整体上看生产是有利的。不过，现在有严格的噪声法，这将使R可以对A采取法律行动，迫使他停止生产。对于A而言，可能值得做的是对R给予补偿，使其不再投诉：A将愿意支付R一笔钱，这笔钱大于3万欧元（12万欧元与15万欧元之差），但不超过5万欧元（是其利润额）。因此，科斯定理的一个重要的启示是，不管所有权如何界定，资源永远被引向更有使用价值的地方。

图2-1和图2-2表明，科斯定理不仅适用于解决离散案例（生产与不生产），也适用于连续案例（较少或较多生产）。在图2-1对应的案例中，A对其所造成的损害（R的效用损失）不承担责任。现在，首先假设，效用损失的大小取决于警报器生产厂发出的噪声量，其次假设，噪声排放量减少的幅度越大，减少噪声排放的成本越高。如果A不承担责任，这显然是正的噪声排放（图形上OA）。噪声水平下降也对应朝向原点的移动。

如果人们想将损害幅度由NA降低至ON，则R将幸免QNAB的损失额。A可以从PNA的费用中避免这一损失额度。收益（更低的噪声）从而超过了降噪的成本。这里很可能使R和A都得到好处：R将向A提供一个数额，它超过了A的规避费用，但小于它（R）自身从A减少损失而得到的收益盈余。人们若在阅读经济图表时稍加练习，将立即看到，"最优"的噪声量位于0E，从这一点向左，（边际）规避成本高于（边际）噪声导致的损害。

假设R和A实际上对噪声量在0E点达到一致，且R向A对避免的每个损害单位按价格CE支付，那么与基线OA相比，A实现了幅度为AFC的收益增长（它从R收到的总额为CEAF，从中它必须扣除防止噪声的费用CEA，其余则为AFC）。R也得到数量为CFB的好处（CEAB减去CEAF补偿金）。

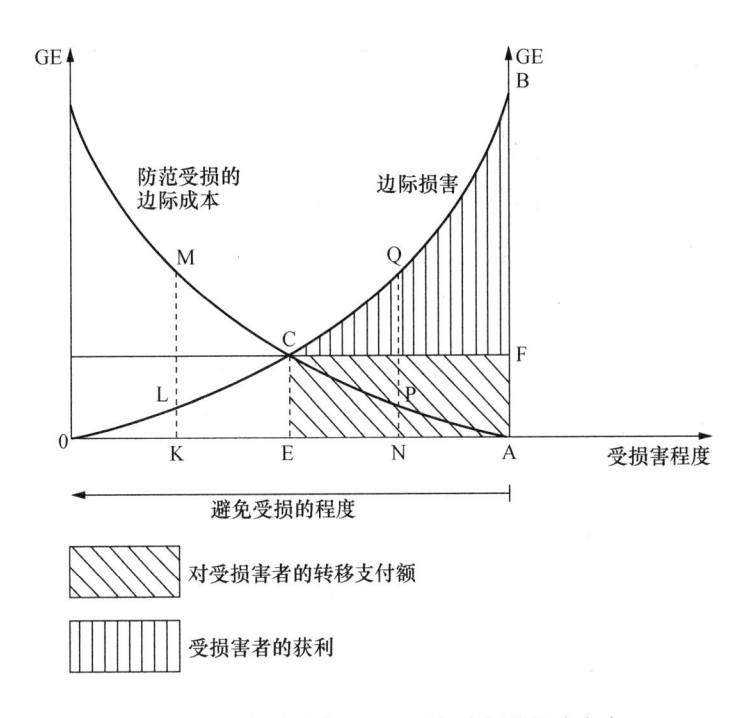

图2-1 初始状态下A不承担责任的解决方案

资料来源：弗里奇、维恩与尤尔斯（Fritsch, Wein und Ewers, 1996），第135页。

第二个案例是完全可以类似解决的。因而我们将只限于显示相应的图表。

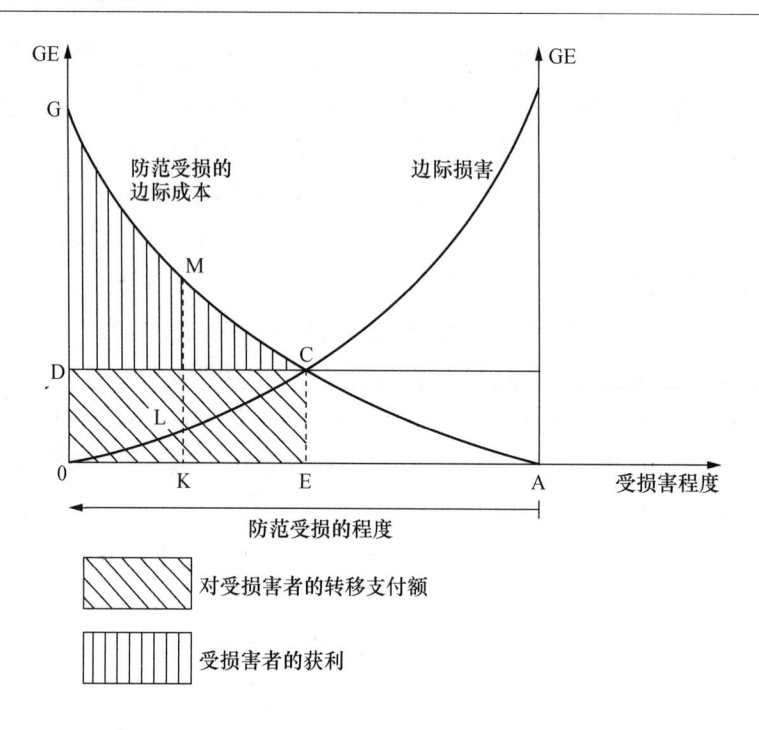

图 2-2 在初始状态下 A 承担责任的解决方案

资料来源：弗里奇、维恩与尤尔斯（Fritsch, Wein und Ewers, 1996），第 136 页。

在没有交易费用的情况下，所有权的形式与分配无关！如果科斯定理是有效的，那么即使没有政府行为，资源的优化配置仍将成立，然而真正的问题在于，假设交易或谈判成本等于零是否现实？

事实上交易成本几乎总是正的。交易成本为零似乎不太可能。早在我们的例子中，仅有两名行为主体互相谈判，已经需要一定的谈判时间。另外，这些行为主体要花费一定的成本，以检查另一方是否遵守协议。让我们设想一下，警报器工厂设在一个居民区中，有 200 个家庭受到噪声的干扰。然后，这 200 个家庭将不得不组织起来，这也同样需要成本。试想，法国发电厂燃煤排放的粉尘向东部传播，所有生活在德国的人都受到负面影响。在这里，采取集体行动的存在的问题是，似乎不太可能对个体的具体问题通过谈判达成私人解决方案。

由此得出，产权的界定是非常重要的。因此，科斯定理的主要内容是，在零交易成本以及足够具体的和可交易的所有权有保障的情况下，有效的资源分配可以与初始分配无关。根据这些假设，产权的具体分配根本无关紧要的。作为新制度经济学的一部分，产权之所以发展成为一个自身的理论，并提出不同产权界定的不同分配后果，正是由于在一般情况下，交易成本不是正好为零。由于权利不可以免费交易，因此它的具体化是非常重要的。

科斯定理至今仍有争议。这里仅提到遭受批评的两点：

（1）科斯忽略了行为主体的策略行为。据此我们的警报器工厂可以在投产前宣布，将产生大量的噪声，以实现对"减少噪声水平"尽可能高的支付。甚至有人可能认为值得特意宣布新工厂的建设，然后不建而捞取更多的补偿金。

（2）科斯强调，产权的具体分配与资源配置无关。而其后产生的分配当然取决于某人原本是否有权发出噪声。但这意味着，科斯定理只有当分配的结果对预期资源配置并无反作用时才有效。

第二节　与简单交易相关的内部制度

上一节讨论的外部制度——特别是国家实施的产权——对日常交易的性质和程度有很大影响，这应是显而易见的。但是，内部制度的重要性也是显而易见的：在一个组群内适用这样的规则，必须遵守合约，对违反合约者将给予惩罚，即将其违反合约事件告知本组群其他所有成员，使违反合约者很难再找到合作伙伴。

但规范的作用不仅关系到合约能否得以实现，而且也关系到它们的内容。可以想象某些合约的内容和形式根据外部制度完全可以接受，但会被该社会的内部制度所不容。可以设想在一个穆斯林社会里由于其外部制度来自某个殖民势力，所以可能存在酒店或猪肉店。在后文中，我们不试图全面系统地总结内部制度影响合约内容及其形式的各种可能性，而只是举两个例子。

示例1　合作规范：最后通牒博弈

这一最后通牒博弈是由古思、史密特布格和施瓦茨（Guth, Schmittberger und Schwarze, 1982）提出的，并导致对经济学的基本行为假设热烈的讨论。该博弈有关蛋糕的分配，这里的蛋糕可以理解为一种比喻，通常指博弈者们可以进行分配的货币总额。第一个博弈者有权提出对其他博弈者的分配建议，第二个博弈者可以接受或拒绝这项建议。如果他接受，蛋糕将按照建议进行相应的分配；而如果他拒绝，那么，两个博弈者都得不到蛋糕。由于在这种情况下，对于第二个博弈者而言，有一点点蛋糕比没有蛋糕要好，因此人们会借助于经济理性的假设向第一个博弈者提出建议，给第二个博弈者只要分配很小一部分蛋糕即可。

在最后通牒博弈中，经济人的预测没有得到确认。在这里不可能用大量篇幅对这一博弈进行概括总结。应当强调的只有一两个与新制度经济学特别有关的方面：在实践中我们可以观察到，人们往往提出按 50∶50 分配蛋糕，而且，那些提出给第二博弈者只有 1/3 或更少比例的建议往往遭到拒绝。如卡麦隆（Cameron，1999）指出的，这一情况从补助金中已经可以观察到，他曾与印尼学生做分蛋糕博弈，蛋糕的大小大致相当于三个月赡养费的平均价值。

这些观察常常被人们用行为主体的正义或公平的概念加以解释，虽然这种解释并非被普遍接受。然而，我们设想，人们可以借助内部制度或其赖以建立的基本价值和规范来解释这种行为。在不同的文化环境中进行这种正式的相同博弈将是非常有趣的。亨利希（Henrich，2000）和恩斯明格（Ensminger，1998）朝着这一方向迈出了第一步。亨利希对亚马孙地区的自给农民进行了最后通牒博弈实验，结果发现，他们建议切蛋糕的份额大大小于较发达的国家，且对此也几乎从未被拒绝。由此，恩斯明格（1998）推断，正义或公平的概念是制度发展的结果（而不是它的原因）。

示例 2　公平的概念和定价

刚才提到的认识尽管很令人兴奋，但仍然有一个缺陷：它是实验性的证据。我们不能肯定，半经验的实验室证据在实验室以外是否依然是有效的。因此，作为内部制度可能相关性的第二个示例，我们描述几个在现实世界中可以观察到的价格形成情况。我们传统地假设，消费者的支付意愿恰好等于他希望获得产品的边际效用。高峰负荷定价是厂商应对需求强烈波动的策略：在极高需求的时候高价格，在较低需求时相应较低价格。这一经济上完全合理的战略却遭到许多消费者的谴责：比如在狂欢节或复活节滑雪缆车的价格上涨，节假日鲜花价格上涨等，这些一般不被众多顾客所接受。有时，消费者甚至愿意以不惜付出代价的行动来表达自己的不满：当大品牌加油站在主要节日期间提高了价格，人们有时会看到所谓"免费"加油站外面大排长龙。消费者显然愿意以时间上的损失承担高（机会）成本，尽管每升汽油仅节省两三分钱（有关进一步的举例说明，可参阅 Frank，1988，以及 Kahnemann，Knetsch und Thaler，1986）。

这两个例子都表明，汇率及其他的契约内容也会受到公平和正义概念的影响。这会影响行为主体的行动。如果在例如价格形成过程的分析中没有注意这些因素，就有可能导致错误的预测。通过对内部制度的关注，可以提高预测的品质。

第三节　在简单交易中外部制度和内部制度关系的相关性

在导言里，我们提到了外部制度和内部制度之间可能存在的 4 种关系：

（1）中立；
（2）互补；
（3）替代；
（4）冲突。

本节将要涉及的问题是：存在可以左右简单交易结构的外部制度与内部制度吗？如果存在，它们是怎样对简单交易施加影响的？对于外部制度和内部制度之间所存在的中立关系的后果，在这里将不予以讨论。

一　冲突关系的内部制度和外部制度

当某种经常性互动的行为根据外部（内部）制度是允许的，甚至是必要的，而同时根据内部（外部）制度却是被禁止的，那么，内部制度和外部制度便处于一个冲突关系中。不管行为主体决定保持何种制度类型，它必须始终考虑会受到惩罚。

当殖民统治者试图将其外部制度的结构在没有大的改变下，强加给其殖民地的时候，经常会出现冲突性的制度关系。制度冲突导致的在增长和发展方面的后果是显而易见的。它常常表现为有利的、秘密的或不公开的行为。它对企业的发展可能有一些不同的消极影响：优化经营规模无法实现，市场营销活动难以进行，某些项目由于外部融资困难而成本昂贵，等等。

二　内部制度和外部制度的互补关系

当内部制度与外部制度以同样内容的或相似的方式对人类行为加以制约时，它们不仅对国家而且对个人遵守规则加以监督，我们就将它们解释为具有互补关系。例如，一个杀人犯常常不仅要受到国家的制裁，也要受到社会的惩罚。通过国家采取附加的制裁措施，实现外部制度对现有的内部制度的补充，也从实践上体现了这一点。互相补充的制度减少国家的制裁费用。如果内部制度受到来自外界的改变不像外部制度那样容易，且两者正是由于互补关系很大程度使其稳定预期的功能得以实现的话，一个外部制度成功转型的可能性将受到很大限制。因此，人们认为，内部制度和外部制度的互补性对于一个经济体系在经济上的成功只是必要条件，还不是充分条件。作为形式标准的互补性并没有涉及其内容。因此，如果内部制度和外部制度是相互补充的，但两者却都不利于经济增长，这里的发展前景必然是有限的。

三　内部制度和外部制度的替代关系

在替代关系中，规则以内容上相似或同样的方式限制人类的行为，无论由私人还是国家来监督规则的遵守。我们将只限于挑出两个显得最合适的内部制度与外部制度的组合来说明这种关系，即类型3的内部制度与外部制度之间，以及类型4的内部制度与外部制度之间的关系（提示：有关制度类型，参阅表1-1）。

一个例子

我们设想一种情况，行为主体之间因出现违规行为而导致冲突常常存在三种可能结果：

（1）在双方领域内部的冲突规则作为使用类型3内部制度的特例；

（2）付诸与使用类型4内部制度相联系的仲裁法庭；

（3）国家法院的参与。

对冲突双方行为主体范围内部的冲突规则而言，一个陌生人的加入会彻底改变冲突规则的特性，因为冲突行为主体的主观领域是不会允许外人进行主体之间的全面核查的。因此，对于外人来讲，将很少能够考虑案例的个人因素。在法庭上，也常常是那些在一个复杂的听证程序中能够起到保证作用的因素才会在一个案件的审判过程中加以考虑。最后，一个局外人的诉求会改变冲突规则的情感特征。争论各方在双边监督条件下实现对谈判程序的直接控制的同时，第三者的介入则无法带来对自身事务的控制。此外，一个处于冲突之外的第三方的判决可以为将来冲突各方的和解铺路，因为他们没有参与规则的共同制定。

第4类内部制度和外部制度的替代关系大部分正好适合于弱化形式的描述。在付诸仲裁法庭情况下，尽管离开了在冲突中直接行为主体的领域，但同时冲突的解决仍停留在私人领域，从而他们不直接受到国家的强权胁迫。还有一点不同是，仲裁员可用其特殊的专业知识解决争端，并做出通情达理的决定。仲裁员也对各种纠纷的调解特别感兴趣，因为仲裁中的任何失败都会影响他们的信誉。由于纠纷的调节最终总是以和解为特点，它使得有关各方在普通的法院程序前可以保住面子。

以上陈述可能造成这样的印象，国家的监督总是不如私人监督。这个印象是有欺骗性的，它不仅仅因为在某些情况下，国家法院可以有优势，而且特别是由于外部制度的影响力远远超出了司法程序的狭隘框架（Galanter，1981）。虽然法官仅对具体争端进行裁决，但也同时提供作为副产品的信息，这些信息可以在私人领域解决冲突中发挥作用（同上，13）。由于仲裁法庭的裁决一般不加以公布，他们不提供这方面的详细资料。换句话说，在私人领域，谈判解决的结果不会不影响到行为主体对于民事法庭所作判决的期望。不仅如此，还可能在将案子提交法庭之前，行为主体愿意先坐在一起，商量一个内部解决办法，以避免法律诉讼的费用。如果这样，所有冲突中由国家法庭裁决的只占有相当少的比例，但这并不说明它不重要。

国家的司法程序和私人纠纷调解机制之间的关系也有相反的一面：私人争端调解反过来影响国家的司法（Galanter，1981：24）。对法律概念的模糊解释，在极高的程度上基于文化偏见。它导致可能直接影响到众多个人对于什么是冲突的公正解决办法的看法。

内部制度类型4同外部制度之间的替代关系，可能会导致那些希望尽可能经常地被冲突行为主体召唤的行政机构之间的竞争关系。私人仲裁应该对此有兴趣，因为每项额外的案件都是与额外收入相联系的。当行政机构试图通过变更来达到竞争优势时，这种竞争可以导致制度变迁。我们将内部与外部制度之间替代关系的理想化类型的描述，抽象为内部制度和外部制度类型间的相互依存关系。我们的例子也表明，冲突各方尽管愿意选择在自己的领域内解决问题，但它们不能避免国家法律在这一领域的间接影响。这也适用于可以影响到国家法律领域的私人纠纷调解。

在我们借助于有说服力的观点，提出了外部制度和内部制度之间不同的关系可能产生的影响的一些想法以后，现在我们要对有关这个问题的一些经验研究作简要说明。

四　关于外部制度和内部制度之间关系的经验研究结果

我们假设，行为主体可以选择是运用正式的法律（即外部制度）还是运用习惯（即内部制度）来解决冲突。如果我们对于行为主体在什么情况下实际会选择何种制度安排进行分析，我们便能了解到各种制度的真正重要意义。埃里克森（Ellickson，1986 und 1991）正是作了这项经验研究。埃里克森想知道，著名的科斯（Coase，1960）案例，即一名牧场主和一名粮农之间发生的冲突是否确有实证意义。科斯曾经认为，以何种方式调解牧场主和粮农之间的冲突——其牲畜进入粮农的田地，并部分地摧毁了收成——是由法律制度的具体形式决定的。联系到我们前面所举的例子：即产权的形式影响着警报器生产发出噪声量的大小。埃里克森（1994）则认为，这个假设在所有邻居们实际上经常走动的农村地区是错误的。[①] 作者实际考察了发生在加利福尼亚州莎斯塔县牧场主与农民之间的冲突。之所以选择这一地区，是因为牧场主只在几个县内对他们的牲畜在自身田地以外造成的损害负责。在该州的其他地区，粮农自己对保护他们的庄稼地负责。埃里克森指出，由邻里选择的争端解决方式，与各个地区的现行法律无关，也就是说，法律对于已选定的解决争端方式没有影响。这项研究还表明，在一定条件下（这里指反复的互动）内部制度仍然能够始终消除外部制度的影响，即使在经济高度发达地区，如加利福尼亚州。

另外在由斯通、利维和帕雷德斯（Stone，Levy und Paredes，1996）研究中，涉及的是外部制度和内部制度在两个不同的国家，即巴西和智利，对于生意人的重要性。巴西被描述为调控到细枝末节的超常干预式的管理，而智利则是采取系统性的改革以实现以市场遏制国家以及增强竞争法的调节作用（同上，100）。斯通等（1996）分析了私营工商界人士与政府代表的互动的两种情况（企业的初创和公司的规制），工商界人士与客户互动的两种情况（预订和贷款营销），在圣保罗（巴西）地区和圣地

[①] 细心的读者会在这一点上反驳到，这个例子根本不属于本章范畴，它讲的是"简单交易"，而这里涉及的却是反复交易。在这一方面是正确的。而另一方面，农民既没有签订长期合约，也没有建立新的和持久的等级制度，因此在这一点上，此例子也是有其理由的。

亚哥（智利）地区总共与来自 42 个纺织公司的代表进行了访谈。这项研究的结果令人惊讶：尽管在巴西注册一家新公司要困难得多，但在对巴西纺织业界代表的采访中却没有听到抱怨。研究报告的作者用 despachante（处理行政手续的专职人员）的职业来解释这种现象，它是复杂的法律结构和过度官僚主义的结果。①

企业创始人甚至根本没有试图自己将成立企业所需的不同文件整理到一起，而是将这项工作委托给处理行政手续的专职人员。在巴西，新建一个企业的总费用为 640 美元，而在智利为 739 美元。注册所需的总的时间，在巴西是 1.6 个月，在智利需要 2.0 个月。

关于贷款营销，斯通等（1996）所代表的观点是，这种类型的营销对于整个行业运作是必要的。但是，单个交易往往只是少量的，所以运用纳入外部制度的冲突解决机制既昂贵又费时。由此，信贷交易应运而生。向新客户提供信贷的企业通过两种方式审查客户的信誉：推荐和信贷代理。广泛的初始信息避免了需要回过来寻求冲突调解机制的必要性。虽然在巴西也建立了这样一种程序，但在智利有关费用似乎显得更低一些（同上，122）。这项研究告诉我们，对事实上的制度，而不是法律上的制度进行分析是多么重要。如果我们将分析限制在正式有效的法律上，得出的结果将是，智利的制度明显优于巴西的制度。而实际上，基于对事实上的制度分析——差别根本没有那么大。

于是，这些关于外部制度与内部制度关系重要性的研究，得出了令人吃惊的结论：埃利克森指出，可能存在这样的情况，即内部制度比外部制度更为重要；而斯通和他的合著者表示，不足的外部制度至少能够部分地由有效的内部制度加以补充。

一种稍微不同的、确定内部制度和外部制度相对重要性的方法，可以通过以下思路来表达：假设不同行为主体群体处理其互动行为的外部（内部）制度是一致的，但人们仍然观察到诸如人均收入、增长率等结果变量方面存在着显著差异。在这种情况下，我们不妨设问，这种变化与内部（外部）制度的差异是否相关，以及这些变化甚至是否就是由这些差异引起的。国家之间的差异可能是由不同的内部制度造成的。意大利对于

---

① "despachar"，西班牙语，指处理、完成。"despachante" 指专职人员，专门负责处理行政程序，如获取许可证，等等。

人们尝试利用这种方法显然是十分合适的。在那里外部制度——至少在形式上——在全国是相同的，与此相反，其规范人们互动行为的方式却强烈取决于互动发生的地区。在此，人们特别注意到北部地区和南部地区之间存在很大差别。也就是说，内部制度差别很大。这在一定程度上，也适用于说明德国北部地区与德国南部地区的差别。

罗伯特·普特南（Robert Putnam, 1993）并未打算为新制度经济学做出贡献。但他研究的许多问题，以及他所选择的方法却带有强烈的新制度经济学色彩。意大利是一个典型的例子。普特南指出，意大利人从19世纪末开始拥有的自愿加入并且内部没有等级划分的协会（唱歌或体育俱乐部，但不包括天主教会）的数量，是当今对于在全国不同地区的地方政府品质评价的最佳指标！普特南认为，自愿组织不是一个理想的利他主义的标志，而是互惠原则的实际运用，以便在一个瞬息万变的社会中务实地减少风险。在这里他高度重视社会凝聚力的组织结构，他绝不认为，该国南部是中立的或反社会的。但是，南部地区在公民性（civicness）的运作方面成绩显著较低，这是由于它的社会结构相较北方地区更加垂直化。但是，垂直的组织结构是依赖和剥削的象征。普特南认为，横向关系，如同他在北方所看到的，有利于团结的形成。

普特南通过引用路径依赖的概念对该国两个地区不同的发展进行了追踪（同上，177—180）：在北部地区，已经形成了具有高度合作、信任、互惠等的社会平衡，而且比较稳定。相反的是在南部地区则形成了另一种平衡，占主导地位的行为策略是背叛、不信任、机会主义等，然而也同样是稳定的。我们不在这里对路径依赖的概念做全面论述，在第六章中我们还将对此做进一步分析。

第四节 交易成本的估算

必须用于某一特定交易的成本，直接成为评价一种制度品质的指标。可以通过确定在不同国家为了实现某种互动必须付出的交易成本，来确定制度的品质。对不同交易成本水平的比较，可以用于对不同的制度设置品质的比较。

长期以来，新制度经济学的代表人物根本没有试图对交易成本进行

（实证性）量化。该概念仅起到一个构想的和启发性作用，缺乏实践可检验性根本不被认为是个问题。人们在启发下了解寻找新见解的方法指南。不过，在此期间人们已经发表了对交易成本量的估计。在罗列这样一些结果之前，我们应该首先对这项工作所固有的困难进行讨论。本海姆和本海姆（Benham und Benham, 1998）提出了一直仍只有少量的经验研究的四个原因：

（1）对于如何准确界定交易成本没有达成共识；

（2）交易成本的估计是困难的，因为它们往往和转化成本结合在一起，必须先将它们分开；

（3）当交易成本过高时，交易根本就不会发生，所以交易成本也不会发生；

（4）"一价定律"不适用于交易成本，因为它们是行为主体特有的，也就是说，它涉及的是难以客观反映的主观成本。

这里所提到的转化成本应该理解为，将资源及投入转化为产品及产出所付出的所有费用。这一系列成本也常常被表示为生产成本。

由此我们明白这样的趋势，即相同产品的价格——考虑到运输成本——总是同样的。当价格出现差异时，就会诱发套利业务，它又导致价格的趋同。

本海姆和本海姆（1998）对实现具体交易必须花费的成本进行比较。在20世纪90年代初，他们比较了在不同国家要得到商业电话所必须支出的成本：在两个星期内安装一部电话设备的价格，在马来西亚为130美元，在阿根廷需要6000美元。本海姆和本海姆的想法是，在不同国家的研究小组对该国实现重要交易的成本进行量化。

瓦利斯和诺思（Wallis and North, 1986）的兴趣则在于，依据随着时间累计的总水平来确定交易成本的变化。但是，他们当然也知道，交易成本是非常主观的组成部分。因此，它们不衡量一个交易发生的交易费用的总额，而是去考虑他们所谓"交易部门"的大小。瓦利斯和诺思计算这些部门的各种业务活动，包括通过市场进行的货物及服务的交换，以及诸如律师或房地产公司等交易活动。这些交易部门与转化部门有根本区别：转化部门包括主要从事产品生产的部门以及以转化部门的空间位置为特征的交通运输部门。按照瓦利斯和诺思的观点，交易部门包括三个组成部分：

（1）交易行业，其主要目标是使交易成为可能。上述作者也称该行业为中间人，他们包含在金融、保险、房地产、批发和零售等领域所消耗的全部资源。

（2）即使在转化产业中，很多员工也投身于原料采购、产品分销、信息处理以及类似活动。这些业务同样也可归类于交易部门。他们包括企业所有者、经理、业主、主管、领班、检察员、律师、会计师、法官、公证人、警察和保安人员。由于对他们劳动成本的估计而将他们归入了交易部门。

（3）由公共部门执行的许多任务是为了保护私有财产的权利。由此，它们形成了广泛的劳动分工。瓦利斯和诺思在这里将在国防、教育、交通和市政等方面的预算也包括了进来。

他们预计，美国经济的交易部门在1870年大约占国内生产总值的26%，到1970年，已经上升到54.7%，在100年内增加了1倍多。因此，交易部门和经济的发展似乎正相关。

从这个纵向分析中，人们不应该得出美国的有关制度的品质在过去100年里持续下降的结论。与此相反，分析表明，更高程度的劳动分工与更大比例的雇员数量有关，而后者是为了处理更多的交易业务。在此期间成倍增长的人均收入表明，转型部门及运输部门的生产率应该有了非常大的提高。

非正规部门规模预计

经济中的非正规部门，是指那些在正式规定以外的、不包含在公共统计的业务活动内的工作。黑工也是非正规部门的一部分。常见的另一个词是影子经济。我们现在假设，非正规部门的规模是外部制度相对品质的良好指标：借助于外部制度规范互动的成本越高，利用内部制度来规范互动的比例就越大。重要的是要记住，这是一个涉及制度相对品质的量。它与外部制度及内部制度设置本身的品质无关，而是涉及它们之间的关系。同样重要的是，这里不要暗含地给定外生交易的数量。如果外部制度以及内部制度都不适合用来大幅度减少不确定性的程度，那么交易量就会总体偏低。

在这方面最有影响力的经验研究是德索托（de Soto, 1990）对秘鲁经济三个非正规部门的研究：非正规的住房、非正规贸易和非正规的人员流动。德索托认为，当内部制度和外部制度互不相容时，地下经济便蓬勃发展。德索托推测，外部制度与内部制度越不兼容，非正规部门的规模越大，或者用他自己的话说（1990，12）："我们可以说，当法律规则的实施越过了社会公认的规则框架；当它的期望、抉择和偏好被拒绝在规则框架之外，不被赏识；以及当该国没有足够的执法权力，非正式的活动便会萌发。"如果将德索托的话翻译成我们的语言，那就是，只要由国家设置的外部制度与行为主体的内部制度不相符合，非正规部门就会兴盛起来。可以从这个结论得出的经济政策后果是，如果人们不想引发全盘非正规部门的风险，外部制度就应该全部完整地与内部制度相互兼容。

尽管提高福利水平的交易仍在进行，尽管非正规部门具有良好的结构而非无政府状态，但德索托避免对非正规部门所取得的成就加以美化。关于非正式交易，他指出，大多数企业不得不放弃实现可能的规模经济潜力，因为若发展到一定规模以上将不可能保持它的非正式性；很多公司资本不足，因为它们的资金不是出于安全从银行得到，它们根本不可能利用某些市场如股票市场或博览会，并且它们的交易总是与大量的信息成本有关。进一步而言，长期投资一般是不可能的。这意味着，假设其他条件不变，非正规部门的投资率可能会比正规部门低。

第五节 悬而未决的问题

借助于实验室实验所取得的最后通牒博弈的很多成果，与经济学家们一直沿用至今的理性假设不相符。尚不清楚的是，哪些结论应当用于对人类行为的建模努力：这是不是仅仅几个特例呢？它不过表明经济学家使用的行为模型必须被做得更为一般化。或者它表示以往的行为模型具有根本的不一致性，以至于必须要建立新的行为模型呢？（第二种观点在德国主要是由演化经济学家所主张）

如果交易成本的确如制度经济学家所认为的那样，有如此重要的意义，那么随之而来就必须考虑国民经济账户的修改，这确实是道格拉斯·诺思15年以来一次又一次提到的想法。但是迄今为止并没有开展从条件到结果的全面系统的修改工作。

复习与思考

1. 如果你认为行为主体的行为能够具有策略性，科斯定理的结论会改变吗？

2. 考虑一下内部制度和外部制度之间关系的四种不同的可能性的其他例子！这些关系在何种程度上会影响到交易的方式和规模？内部制度和外部制度的冲突关系在何种程度上对一个社会的发展产生消极影响？

3. 我们在第一部分中已经详细谈论了所有权问题。在这种情况下，你将如何对人权进行归类？（它们同所有权的共同点是什么？区别在哪里？）

4. 艺术作品的生产只是稍微受到有关产权（版权等）具体特点的影响。同意此假说的根据是什么？反对这种假说的根据又是什么？

5. 科斯定理只适用于对于分配作用不具追溯作用的资源配置。思考这样的追溯作用可能如何发生。

6. 在对科斯定理的介绍中，我们只是对违法者不承担责任的案例做了详细描述。图2-2却是关于违法者承担责任的案例。请尝试用类似于第一种情况的方法来处理它。

7. 瓦利斯和诺思（1986）报告说，美国国民生产总值中交易成本所占比重，在过去100年中增加了1倍多，而同一时期的人均收入怎样可以数倍增长呢？

8. 人们常说，现代通信技术的快速发展导致了交易成本的下降。这体现了瓦利斯和诺思（1986）所描述的趋势逆转的意义。请列举出对这一猜想的赞同意见和反对意见。

参考文献

1. 对产权理论的早期论述可以追溯到埃里克·菲吕博滕和斯韦托扎尔·普乔维奇（Eirik Furubotn and Svetozar Pejovich, 1972）。德阿莱西（De Alessis, 1980）的概括论述首先也是实证研究。普乔维奇（Pejovich, 2001）编制了《批判著作国际图书馆》两个选集，集中了最重要的原创文献。艾尔弗雷德·席勒（Alfred Schüller, 1983）发表了德语版的原创文集。

2. 弗里奇、维因和尤尔斯（Fritsch, Wein und Ewers, 1996）对科斯定理做了很到位的描述。

3. 在一个著名的实验中，罗伯特·阿克塞尔罗德（Robert Axelrod, 1984）请求博弈论者就如何在不断重复的囚徒困境中行动提出策略性建议。然后他让提交的策略各自演示。其中所谓的针锋相对策略显示出优于其他所有策略。它包括，在初交往时合作，并且在所有的后续过程中与相应的交往伙伴采取同样的行为：只要他合作，我们就进行合作。在某些条件下（再次相遇的大概率和不太高的现时偏好）针尖对麦芒的策略可能关系到稳定均衡。

4. 卡默勒和泰勒（Camerer und Thaler, 1995）对最后通牒博弈的结果做了概述。最新的概述来自奥斯特贝、斯鲁夫和范·德奎伦（Oosterbeek, Sloof, van de Kuilen, 2004）。亨利希等（Henrich et al., 2005）对15个小型非工业社会的博弈结果做了概述。他在这里证实了前面所述结果：社会的市场一体化程度越高，亲社会行为的程度就越高。

5. 施奈德和恩斯特（Schneider und Enste, 2007）在他们的著作中对非正规部门的规模做出了不同的估计。这本书还包含了对76个国家的非正规部门规模的估计。

6. 马瑟尔（Massell, 1968）指出，例如在一些20世纪20年代还是苏联一部分的伊斯兰国家，它的居民不再将被认为是不合法的内部冲突诉诸国家法律。

7. 米格尔等（Miegel et al., 1991）对德国南部和北部之间的经济差异和工作文化差异进行了描述。

8. 福格特（Voigt, 2009）提出这样的问题：当对国家法庭的感觉不好时，商界人士是否会选择非国家的争端解决机制。有趣的是，是否使用国家法庭的决定性因素，不是做出决定的速度或其使用成本，而是他们做决定时的前后一致性。

第三章 反复和长期性的交易——在给定制度下对治理结构的选择

第一节 引言

在上一章中，我们关心的问题是，给定制度对于简单交易会有什么样的后果。本章的问题涉及给定制度对于长期反复发生的交易会产生怎样的影响。

科斯在1937年提出这样的问题：若市场像传统理论的代表人物经常强调的那样有效，为什么还存在着企业。你已经知道他的答案是：因为即使是市场也不能免费发挥功能，而是存在着交易成本，企业存在的原因有可能是，通过层级结构对交易行为的协调比通过市场（横向运行）更便宜。但即使这样也不是免费的：在企业内部的协调成本也称为组织费用。由此可以推导出一个关于企业规模的观点：企业的扩张将会一直到将一个额外活动内部化的边际收益正好等于边际成本。交易成本理论表述为：企业最佳规模取决于组织和交易成本。当节省的交易成本比额外花费的组织成本低时，企业便停止扩张。

当一个人将资源拿出来和一个好朋友一起共同生产并多赚钱时，这可能涉及一个长期合约。对企业而言，确定注入产品中的各单项业绩的价值通常是非常困难的。通常情况下，也很难观察他人是否像你本人一样努力，或者他人在损害你利益的情况下使自己更加富裕。进一步可以设想的情况是，你遇到了一个大买主，他请求你提供对你来说数量非常大的你所生产的产品。你将很愿意承接这项任务，但有一个问题：你若想确实能够提供如此大数量的产品，必须首先扩大你的生产能力，也就是大规模的投资。但如果一年后你的买家决定购买另外更便宜的产品，你还必须偿还你的投资,那该如何办呢?

所有这些问题便是本章要讨论的题目。企业不是制度,而是组织。公司没有制度,而是组织。他们的代表与其他企业和组织(如国家)互动,但也与个人互动。不同的股东成立企业所作出的协议,只要不涉及众所周知的规则就不是制度,因为众所周知的规则是我们对于制度已立下的标准。股东协议的内容,以及雇主和雇员之间的劳动合约,通常并不广为人知,因此他们不属于我们关于制度的定义。另外,公司法和劳动法是非常好的制度:它们规定,股东协议和劳动合约的结构与内容应当是什么(或者哪些段落绝不许被包括进来)。一家企业是不是有限责任公司,或其股东是否对全部资本承担无限责任,这是一种信息,它不仅与股东内部关系相关,也影响到例如该企业的债务成本。

早在导言中,我们已将组织与制度区分开来,但未给组织下定义。依据诺思(1990),我们对组织下的定义是,基于共同的目标正式联系在一起的个人团体。制度可以被表述为博弈规则,组织则是博弈的(集体)行为主体。[①] 组织的成立也受到限制条件——与此相对应的是机会——的影响,这些限制性条件指博弈规则提供给潜在的组织成员提高他们(个人)利益的条件。制度不会从天上掉下来,而是集体选择的结果。如果制度的代表对当下实行的制度类型不满,那么他们有可能修改制度及实施制度变迁。但这是第六章再讨论的主题。

对于竞争不仅包括产品(或企业)层面的竞争,而且还包括制度层面的竞争:如果某些制度在各方面优于其他制度,我们就会期望,更高效率的制度随着时间的推移会排挤掉更低效率的制度。这个想法尽管今天正在被许多经济学家在诸如"制度竞争"、"辖区竞争"或"体制竞争"等字眼下使用,但它具有非常特别的前提条件:至少在方法论个体主义的框架内必须指出哪些行为主体可以预期通过制度的改变得到更多的利益。此外,要能列举出一种低效率的制度被更有效的制度所取代的选择机制〔关于制度竞争的潜力和界限见基维特、沃依格特(Kiwit, Voigt)1998年的著述以及本卷第六章〕。

事实上,我们注意到:(a)今天在给定制度下我们观察到合约有极

[①] 在第一章中,您已经接触到方法论的个体主义。具体而言,根据方法论的个体主义观点,组织不是行为主体,个体才是,个体为了达到某些特定目的而团结在一起。

大差异，我们也进一步观察到：（b）在给定制度下人们使用完全不同的合约选项。因此，马上想到的问题是，是否不存在一个优于其他所有制度的最佳制度，而是不同的制度，它们针对出自不同的方式考虑的不同问题。再者，是否也不存在一个最佳合约利用方式，而是有多种合约形式，它用不同的方式方法照顾到不同的需要？

传统微观经济学区分家政理论（提供生产要素，购买及消费产品）和企业或公司理论（购买生产要素，生产及提供产品）。作为一种生产函数的公司呢？公司在这里传统上被表述为生产函数的形式：即反映生产要素的投入和生产结果之间的关系。在公司内部发生的过程，由不同的薪酬制度引起的不同的激励机制，由不断增加的劳动分工引起的越来越多的信息问题——对所有这些问题，传统的公司理论完全没有涉及。因此，所谓公司"理论"的提法就有些夸大其词。当今的批评者认为，这样的公司好比一个黑箱：生产要素在其中转化为产品，但具体过程究竟如何，微观经济理论至少到目前为止谈论得很少。

你已经预料到，作为新制度经济学的一部分，交易成本经济学正是要处理这个问题。现在你可以说，这并不是太新的东西了，毕竟，企业经济学正是一直对这些问题感兴趣。在这一点上你当然是对的。制度经济学家分析激励机制也包括公司内部的激励机制。新制度经济学的许多代表会向您指出，传统的将经济学区分为国民经济学和企业经济学是多余的。最后，两个分学科的代表都在处理同一个问题：如何通过激励对行为进行调节，或至少施加影响。

本章其余部分结构如下：在以下三节中，我们介绍以制度经济学为基础的公司理论的不同方面。在第五节回答与重复交易和长期交易有关的内部制度的重要性。第六节致力于悬而未决的问题。

第二节　从黑箱到合约组合：作为团队的公司

阿门·阿尔钦（Armen Alchian）和哈罗德·德姆塞茨（Harold Demsetz）于1972年在一个基本文献中将公司描述为"契约的网络"，并由此使公司理论脱离生产函数的概念而转向组织结构的方向。按照阿尔钦和德姆塞茨的观点，一些要素与资源的所有者将他们的资源聚集起来，是因为联合生产的产出比单个生产可能的产出数量要高。由此也将公司视为团队。但是,这样的团队系统地带有一个特定的问题,先有联合生产,然后是面临确定或衡量团队每个成员(边际)贡献的困难。这些衡量难题对于所有团队成员来说都带来了麻烦:每个团队成员都愿意减少实现共同目标时个人付出的努力,却希望所有其他团队成员全力以赴。每个团队成员希望搭免费班车。这种激励机制问题不仅只适用于一个团队成员,而是适用于所有团队成员。细心的读者当然早就认识到,这里所提及的互动结构体现的是一个如在第一章中介绍的囚徒困境的情境。

在这种情况下,我们假设你不是与一位而是与众多行为主体进行博弈。为了尽可能简单地描述,我们使用一个简单的方法。我们假设,所有其他行为主体有相同的行为选择,并用一个行为主体代表他们。那么,您作为行选择者,而其他行为主体作为列选择者。

表 3-1　　　　　　　　　　　矩阵

		其他所有行为主体	
		努力	不努力
你	努力	3, 3	1, 4
	不努力	4, 1	2, 2

对您来说,最有利的是,当所有人都努力工作,而您却养尊处优。但如果别人也不努力,您自己也得不到多少利益。因为所有团队成员都受到同样激励机制支配,因此结果是无人努力工作。

这意味着,个人理性行为导致次优的结果。如果能够对整个团队建立一种机制,它鼓励所有团队成员积极努力,用博弈论的语言讲即不再拆台,而是合作,那么,每个团队成员都可能得到更大利益。阿尔钦和德姆塞茨(同上)这样设想解决问题的办法:团队成员委托一人作为他们的活动协调人。此人的任务不仅是监督其他的团队成员,而且还负责增聘新成员和解雇现有成员。因此,"简单"团队成员的激励问题就会得到解决。但是,为什么协调人不会犯懒呢?这当然指的是,不受监督的团队成员可以继续偷懒。因此,接下来需要解决协调人的激励问题。解决问题的办法是:协调人有权从团队工作中获取剩余收益。剩余收益是一种剩余;是公司的收入支付了所有合约协议要求的支付——包括工人的工资、薪水——后剩余的部分。其较好的德语表述为"利润"。因为对于协调人而言，高额的（公司）利润与增加的利益相联系，所以他有积极性去尽可能好地协调小组成员的活动。

关于作为契约网络的企业理论的两个方面，我们要特别加以说明：

（1）协调人——我们也可以称其为企业家——与所有团队成员签订双边协议。这是一个节省合约（谈判）费用的机会。如果团队规定的每一项变化都必须与所有现职团队成员进行新的谈判的话，显然会导致高昂的重新谈判费用。①

（2）对投资品越是小心维护，它创造收益的时间就越长。由于企业家具有控制能力，他有积极性去关心相应的投资品。一旦企业家带来了团队中使用的物质资本的很大一部分，他获得对此类物品的监督权是合理的，因为他有关心这些物品的积极性。

由阿尔钦和德姆塞茨提出的企业理论在随后几年里受到许多作家的批评，并得到进一步发展。其中也有德姆塞茨，尤其是阿尔钦自己的贡献（例如，Alchian, 1984; Alchian, Woodword, 1987）。巴泽尔（Barzel, 1987）用他提出的测量成本方法解释了测量企业家作用的困难，企业家投入的衡量和量化必然产生高成本。他的观点是：对团队贡献最难衡量的那个人就是企业家。

在我们对以制度经济学为基础的企业理论的起源有了简略的了解后，我们现在要提到一个问题，它在许多公司中——而且也在其他方面的关系中——起着重要的作用：即上级（一般而言是委托人）与其下属（一般而言是执行者）之间存在着的信息不对称问题。

第三节 信息不对称产生的问题：委托代理理论

迈克尔·詹森（Michael Jensen）和威廉·麦克林（William Meckling）在1976年发表了关于企业理论的文章，后来成为委托代理理论的主要基础。不过，这一理论成果的应用不仅限于企业。选民和政治家之间的关

---

① 工人自主管理的企业，以及许多合作组织效率低下的一个原因，有可能在于，许多决定是集体做出的，这自然造成高的决策成本。

系，政府部长和其下属官僚之间的关系，债权人和债务人之间的关系等也可以借助该理论加以说明。它涉及协议伙伴之间的信息不对称可能造成的后果。委托人委托代理人执行某些任务，当出现问题时，他不能完全（或免费）监督代理人的行为，或者说，代理人的情况是如此复杂，以至于对其涉及相关目标的行为进行明确的评价是不可能的。因此代理人享有一定的行为空间，他可以将自己的利益——而不是委托人的利益——最大化。因此，委托代理理论的首要关注点是在信息不对称假设下做出最优合约设计。

一个典型的例子是股份公司。股东作为委托人，拥有与董事会成员——即股东的代理人——不同的信息。这里的问题是，与董事会成员的合约是这样规定的，委托人的预期值要在下述假定下实现最大化：

（1）代理人会采取行动，使自己的预期值在每个合约允许的范围内最大化。

（2）代理人在上述前提无法满足的情况下也会接受合约，只要条件不至于差到他根本不愿意再做代理人（在契约理论中所谓参与条件或"参与约束"）。

由委托代理理论的委托问题而产生的成本，也被称为代理成本。它指委托人所付出的、限制委托人追求其自身利益行为的成本。

假设委托人和代理人之间充斥着信息不对称。为了避免高测量成本，委托人有时会付诸一些可观察到的变量，以在此基础上对可能的代理人的能力或绩效做一个把握。但事实上，委托人感兴趣的变量往往是观察不到的，或者——例如，雇用新雇员——不可完全事先预测的。委托人原本感兴趣的和实际上可观察到的变量不可能完全符合，这就出现了将要讨论的"道德风险"和"逆向选择"两个问题。我们现在简要讨论这两个问题。

（1）当委托人能够合算地对代理人行为的适当性而不是代理人或其提供的产品品质进行评价时，逆向选择的委托代理问题便会发生。这种情况往往可以用"隐蔽的特点"这一概念来描述。这个问题出现在合约之前，当您在考虑想和谁签订合约的时候。在公司中，这个问题特别是在招聘新员工时出现。新员工往往对自己的长处和短处有充分的了解，而公司则不得不用费时的和昂贵的程序尽可能准确地将其找出，或付诸成本较低的可观察的变量，它们可能很好地反映出所需的品质，比如一个经过艰苦努力得到的好大学的学位。如果一个公司在录用大学毕业生的程序中只看分数的消息不胫而走，那么那些分数相对好却不具备那些分数反映不出来的素质的人就会乐于去应聘。通过这种选任方法，该公司引发了一种——显然它并不打算引发的——逆向选择。

（2）当委托人了解其所委托的代理人的能力（所以不存在信息不对称），其行为的成功不仅取决于代理人本身，也取决于代理人所不能施加影响的其他因素时，便出现"道德风险"问题。逆向选择问题出现在合约签署之前，与此相反，道德风险是合约签署之后的阶段出现的问题。在这种情况下，股东们往往不能顺利地对于其公司不能令人满意的经营业绩做出评价，即这是由于管理不善所致，还是因为"不可预见的外部冲击"使管理目标的努力遭受挫折，外部冲击是指外生变量不可预测的变化。一个例子是自然灾害，某种产品的大部分收成遭到毁灭——从而导致价格上涨。另一个例子是令人惊讶的技术创新，它可能影响到对自身产品的需求。代理人当然了解问题出在哪里，因此就出现了道德风险，以外来冲击作为"理由"来为其努力不足做辩护。人们在解释道德风险时常常一方面将其与"隐蔽信息"，另一方面与"隐蔽行动"相区别。隐蔽信息指的是，委托人因为缺乏专业知识，没有能力来判断代理人的行为。隐蔽行动所说的是，委托人不能观察到代理人的行为。两种类型的信息不对称都可能导致道德风险。

有几种可以通过制度的适当运用限制与信息不对称相联系的缺陷的方法，我们将在下一节来探讨。

第四节 交易成本经济学

由奥利弗·威廉姆森提出的交易成本经济学比方才提到的方法更直接触及科斯在1937年提出的问题，即公司到底为什么存在。由威廉姆森在过去30年发展的学说，不仅仅探讨为什么某些交易——作为交易成本经济学分析的中心目标——通过市场而另一些交易通过科层制度实现的原因（见于1975年第一次出版的题为"市场和科层制度"的文集），而且致力于对所谓的"混合合约形式"如合资经营或特许经营的研究。威廉姆森探讨了交易的各个方面（有关行为主体行为、某些投资的专用性、交易的频率等的假设）对于选定的合约类型的重要意义。

第三章 反复和长期性的交易——在给定制度下对治理结构的选择

威廉姆森假定,在上述讨论的范围内,行为主体的行为是有限理性的。他还假设,行为主体的表现是机会主义的。如果他们能够使自己更好,即使这样会牺牲他人,他们通常也会去做。如果合约伙伴不能运用或发展制度机制,使投机行为没有吸引力,那么许多有用的交易合约根本不可能订立。这再次表明,在市场经济中,足够的制度框架对于交易的程度是多么重要。当产品必须只是为某一特定交易而生产时,便可能产生投机行为:在生产前买方有各种理由向卖方申明其偿付能力和需求愿望。而一旦产品被生产出来,他便知道,对于生产者来说次优用途的价值大大低于协议的价值。威廉姆森将其理解为资产的专用性(或专用的投资),这可能会涉及某种产品的财产或人力资本,但也可能涉及生产地点。

设想一下一个客户对迁移铁路网的要求。如果交通运输不再使用该铁路,那么人们可将钢轨再次从地上拆除并移动到其他地方,甚至将其再次熔化,以重新炼钢。钢轨的这种重新利用需要一大笔费用。供应商——例如通过销售零件——不能以货币收回的一部分成本,也被人们称作"sunk costs"(沉没成本)。产品——这里为工厂——的最优和次优利用可能性的区别——也称为准租。买方有积极性试图获得准租尽可能大的部分。[①] 尽管理性是有限的,许多行为主体还是会对准租进行预测,因此,许多对自身有益的交易根本不会实现。回想一下在本章开始时所举的例子:客户从供应商那里订购了大量的某种产品,供应商只有极力扩大自己的生产能力,即进行全面投资,才可能保证供应。而一旦供应商扩大了生产能力,买方却有试图向供应商压价的欲望。如果供应商对此早有预料,他将根本不会去进行一项本身有意义的投资。一个可能解决问题的办法是,将供应商和客户进行一体化的合并。这样,在共同利润最大化的驱使下,这里概述的投机行为后果会被克服。

有限理性、机会主义和专用投资三个行为假设中的变量,如何对一个公司最佳合约类型发生影响,可以从表3-2中反映出来,它引自威廉姆森的著作。

[①] 这种情况也被称为 hold up(直译为"劫持")。在这个例子中,买方试图"捕获"供方很大一部分的准租金。

表 3-2　　行为假设的变化对每一种适当的合约类型的影响

假设

有限理性	机会主义	专用投资	隐含合约形式
-	+	+	计划（机制设计）
+	-	+	承诺
+	+	-	竞争
+	+	+	"治理"

资料来源：威廉姆森（1985：31）。

表 3-2 中的加号表示存在着相应的假设，减号则表示它们不存在。当人们假定完全理性以及机会主义、专用投资同时存在，那么行为主体（充分）运用理性，事先预料到所有可能发生的事件，并将对这些问题的处理纳入合约。于是，合约——换句话说，是完善的，对它们的正确解释从来不会发生事后纠纷。

假设行为主体是有限理性的，所用产品必须借助于专用投资进行生产，但行为主体不具有投机行为，那么所签订的合约虽然是不完善的（因为有限理性带来不完全的预测），但如果合约双方承诺只追求共同的利益，也就足够了。在不存在机会主义的情况下，这样的合约将自行执行，这意味着合约的执行将不需要第三方。

第三种假设为，行为主体是有限理性的和机会主义的，但不要求专用投资。因为产品可以在任何时候重新部署，市场可以像新古典经济学经常强调的那样发挥作用：竞争在这个假设条件下导致有效率的结果。

最后，是在前三个行为假设都存在的情况下的第四个假设，有关合约缔约方不采纳前面提到的三种类型合约的任何一种，而是建立一个自身的治理结构。在德语表述中，治理结构被称为"控制和监督系统"（例如 Williamson，1990：35）。在这里，我更喜欢原版的英文表述。除了建立自身的治理结构外，还可以在有限理性、机会主义和专用投资存在的情况下，设想两种进一步的可能性。第一，没有交易。或者第二，有一个交易，但不通过市场，而是在一个组织内部进行。以工厂的厂房建造商为例，这意味着其委托人（如汽车制造商）必须事先将其兼并。建立治理结构的第三种可能性涉及针对投机行为的额外保障协定。

我们假定，有限理性和机会主义行为，以及最低水平的专用投资的假设是适当的,那么,上述思路的结果是,有关行为主体试图建立一个保障交易安全的自身治理结构。下一个问题几乎自然产生:有关交易的最佳治理结构的选择依赖于哪些因素? 我们现在讨论这个问题。

威廉姆森将交易区分为三个方面:

(1) 所要求的专用投资的力度;

(2) 不确定性的程度;

(3) 交易发生的频率。

根据威廉姆森的方法人们假设,任何这里感兴趣的交易都存在相当程度的不确定性,那么就可以用一个简单的矩阵表示其余的两个方面。表3-3是一些例子。

表3-3　　　　　　　　　　不同交易类型举例

		投资品的性质（以及投资的专用性程度）		
		非专用的	混合的	异质的
频率	有时	购买标准设备	购买为客户生产的专用设备	工厂建设
	定期	购买标准材料	购买为客户生产的专用材料	工厂特殊转换所用的中间产品

资料来源:威廉姆森(1985:73)。

"有时"和"定期"交易之间的区别,本身很清楚。关于资本物的特性(或所要求的投资的专用程度),也许要附带解释几句。非专用资本的次优使用的可能性,将几乎与最优一样好,沉没成本几乎可以忽略不计。那么,让我们看一下表格另一边的异质投资品。《杜登外语词典》将异质的人表述为"敏感的、充满难以克制的反感"的人,并将该词列入医药类。但在威廉姆森的头脑中并不是这个意思。他在这里只是指资本品的单一性质。因此,与专用投资的关系是明确的。异质产品可能会以定期的大规模专用投资为特征。

表3-3是用来说明上述两个方面可能的组合。而表3-4则包含适合于各种功能组合的治理结构的一些一般性描述。需要进一步解释的首先是图中的不同合约的概念。威廉姆森使用的定义可以追溯到麦克尼尔(Ian MacNeil)1974年的一篇文章。根据他的观点,古典合约概念的特征是合作伙伴强烈依靠外部制度和正式文件。人们尝试将所有可能性,即所有可以想象到的可能在未来发生的情况都列入合约,其结果将导致长期合约的

合约安排成本飞速上涨。而由于有限理性，人们实际上不可能预测到所有可能的情况，并将其纳入合约。

新古典合约概念可以被解释为位于以下两方面之间某个位置的中间：一方面是勇于面对空白，另一方面是试图完全掌握所有未来的可能性。这里的解决方案是，建立仲裁机制，并在需要时确定能得到所有合约各方的信任的仲裁人。

关系合约的概念基于这样的理念，个别交易总是由大量交易组成的持续业务关系的一部分，后者的规模和频率无人可以事前指定。在这样一个情况下，为单一交易行为的支付斤斤计较就不再是必要的。在这里，交易的一方可能先得到一些好处，因为有着长期的业务关系，另一方将有机会得到补偿。

表3-4包含了对适合于各种交易情况的合约概念的概述。

表3-4　　　　　　　　　　有效的治理结构

		投资品的性质（以及资产专用性程度）		
		非专用的	混合的	异质的
频率	有时	市场治理 （古典合约概念）	三方治理（新古典合约理念）	
	定时	^	双边治理 （关系	统一治理 合约）

资料来源：威廉姆森（1985：79）。

在这一章中，我们一直是在阐明公司、委托代理理论以及交易成本经济学的制度经济学理论的基本方针。我们的主要问题之一是，不同的制度安排和法律形式各有何能够让企业家选择的优缺点。当我们看到，不同的法律形式存在下来（即企业创始人不只是面对一种被反复选择的形式，而是面对不同的形式），那么可以推定，一些制度安排比其他安排更加适合特定的企业目标。由于篇幅所限，这里对此问题只提出一些一般性的意见。埃格特松（Eggertsson，1990：177-188）从制度经济学的观点对不同类型的法律形式的优缺点进行了非常扼要的比较。该问题在经济学教科书（见Woehe，2008：221-253）的基础知识中被综合性地加以介绍——但是当然没有制度经济学的具体重点，另外也可以在有关经济私有权的导论中（例如Fuehrich，2008）找到相关的论述。

法律形式的选择，当然在很大程度上一方面取决于成本最优的生产技术，另一方面取决于不同法律形式的不同税收待遇。一项具有高固定成本的资本密集型的生产，只有在非常高的回报率下才值得进行，因此是很难想象采取独资形式的。

对于所有者承担独立和无限责任的独资企业与合伙关系的各种形式（民法企业、无限贸易公司，两合公司）为一方和以公司（股份公司、有限责任公司）等为另一方之间的区别，估计大家已有了基本的了解。出于特定目的，合作社或基金会的法律形式也在考虑范围之内。法律形式的差别很大，是与有关的责任后果联系在一起的。另外，责任后果影响到融资可能性及其成本。

具有员工激励作用的法律形式。不同的法律形式——这方面这里是指基本的关系——对于公司员工而言与不同的激励相关联：这不仅涉及他们愿意投入一切现有的人力，而且指他们愿意投资于自身的人力资本和进一步向专业化方向发展。在这方面存在着一种事后机会主义的危险：一个高度专业化的工人对于公司有极大的兴趣。由于他的专业知识在公司以外的次优利用价值明显较低，于是他的雇主有由于其专业化的结果而降低他的工资的不良企图！工人将对此有所预期，而当雇主在制度上不提供在雇员进行专门针对企业的专业化后向其支付更多报酬的机会时，雇员也不会进行可能提升生产率的自身人力资本的投资。

在上一章中，我们简要地讨论了衡量交易成本的困难。然而，本章描述的一些概念倒是可以成功度量的。交易成本经济学对于竞争政策而言可以有深远的后果：垂直合并（即企业间在不同生产阶段的合并）传统上总是遭到激烈的批评，因此，使用交易成本经济学，人们可以对此重新评价：当垂直合并（预期）带来的交易成本节约高于（预期的）其他组织的成本，那么对这种合并的禁止将阻碍一个更有效的企业结构。从现实的竞争政策看，只有当交易成本确实能够被测量，这些研究结果才能得到实施。

第五节 内部制度的重要性

我们在上一章中已经看到，在简单的交易处理中，内部制度可以是一个相关的限制条件。现在我们要指出，它们也会反复发生并对交易产生长期性影响。同样，我们不会试图尽可能完整地描述内部制度可能的影响，而只是举一些例子来说明，内部制度也可以具有很高的配置重要性。

例1　薪酬制度的僵化

阿克洛夫（Akerlof，1980）描述了一项在许多公司实行的标准："同工同酬！"它通常意味着，老同事拒绝培养年轻同事，因为这项工作所得到的报酬较少。起初，这似乎是很动听，这一准则似乎符合我们的正义观念。其严格的应用却不论给个人，还是给集体都带来了问题。如果这项制度得到严格的执行——例如雇主想实行不同的工资结构，但工人拒绝与雇主合作——那么，在一个公司工作的人数可能比没有这个制度的人数要少。因此，一个公司的增长也取决于内部制度。这种制度的存在就意味着经济学家所说的工资刚性的存在：存在工资刚性，就意味着工资不能向下调整。即使在经济上本来要求其向下调整，它也会保持在其一度达到的水平上。从国民经济的角度看，这些僵化导致更高的失业率。

例2　企业结构——企业内部互动的协调

在企业内部，员工们用许多方法与其他同事打成一片。类似在第一章我们所举的迪克和多夫博弈（Dick，Doof）的例子，他们也经常设法协调他们的行为。企业员工所使用的、用以协调他们行为的"一揽子"行规，被克雷普斯（Kreps，1990）称作一个公司的"企业文化"。"我们一直是这样做的"，这是在每个公司中，对企业文化还不熟悉的新人经常听到的教导。企业文化不一定局限于"一揽子"规则（即制度类型1），也可能包括其他的制度类型：如果员工违反了规则，将受到其同事相应的谴责（类型3）。在这里，也能导致自发出现的行为规则，这种规则只能在一些情况下由掌握权力的高层以非常高的成本加以改变，或者根本不能改变。企业所有者当然对企业文化的内容感兴趣：有这么一些标准，会导致那些试图"顺手牵羊"的员工会受到同事们的谴责，由此正式花费的控制费用就会相应降低。另外，所有者的最大兴趣在于，"取消"那种会使"工作太积极"的同事遭受惩罚——比方说没有人会再愿意与他们谈心——的规矩。

近年来，人们已观察到前所未有的并购浪潮。理论上确认的协同效应如何在实际上得以实现是个难题，在此期间已被人们熟知。关于不兼容的企业文化有可能是一个核心障碍的假设，自然是容易被人们所接受。但对此仍然很缺少实证研究。从对公司合并的研究赢得的见解也可以应用于其

第三章　反复和长期性的交易——在给定制度下对治理结构的选择　·59·

他领域：在各国际组织内部的不同的行政部门合作的方面也确实面临不同的（企业）文化。在布鲁塞尔的欧盟有时也会由于受各国影响的行政传统导致协调失灵。一般而论，这个观点似乎也对整个社会或国家的"合并"适用。

第六节　悬而未决的问题

在本章中已提出了数个假设，对于它们迄今为止还几乎没有任何实证研究。关于互联网对治理结构的影响至今根本还无法估计。而虚拟企业的代理与度量成本，同样是远远尚未加以探讨。

复习与思考

1. 请您再次认识制度的定义：a. 股东协议，b. 劳动协议，c. 公司法和劳动法是制度吗？
2. 阿尔钦和德姆塞茨在解决"普通"的团队成员和协调人（企业家）的激励问题方面提出了什么样的方法？
3. 请您明确一个火灾险被保险人的道德风险问题。
4. 请您根据保险公司的案例，再次重复逆向选择问题的博弈：出售汽车保险，并在精算值基础上确定保费。
5. 请您描述合作社组织结构的一些激励问题。这里您特别要关注，您在公司作为"契约的网络"一节中已了解到的内容。
6. 人们可以在多大程度上用威廉姆森的方法来解释外包决策？
7. 请您想象一下，本章表3-1若包含额外的一行，其出发点既不是有限理性，也不是机会主义或专用投资。那么，什么是与这样的行为假设组合相适应的合约类型？

参考文献

1. 保罗·米尔格罗姆和约翰·罗伯茨（Paul Milgrom und John Roberts，1992）撰写了从制度经济学的角度阐述企业理论的可读性很强的教科书。对这个问题更早地做出了全面、基础性贡献的是德国经济学家维克多·范伯格（Viktor Vanberg，1982）。

2. 皮考（Picot，1992）将科斯的著作和人物介绍给了人们。
3. 施威茨尔（Schweizer，1999）的教科书对合约理论作了概述。法夫和茨维费尔（Pfaff und Zweifel，1998）研究了委托代理理论。
4. 乔治·阿克洛夫（George Akerlof，1970）著名的论文《柠檬市场》对逆向选择作了论述。他指出，不对称的信息甚至可能导致市场崩溃。"柠檬"在这里并不是指水果，而是低品质的汽车。该论点适用于所有的、对于潜在买家来讲其特质并不能立即显现的产品。此外，阿克洛夫已因这项工作在2001年获得诺贝尔经济学奖。
5. 法夫曼（Pfaffmann，1997）提出了关系合约的概念。
6. 世兰斯基和克莱因（Shelanski und Klein，1999）发表了概述文章，对公司交易成本进行了实证预测。由马赫尔和里奇曼（Macher und Richman，2008）的观点不仅更新，也更广泛。在这里，预测也被在公司以外的领域关注，如在法律、卫生或农业政策领域。
7. 关于企业文化主题的德语教材是由海能和范克（Heinen und Fank，1997）编写的。

第四章 制度与集体行为

第一节 引言

或许从政治家诞生的那天起，人们就已经开始对他们进行批判和咒骂了。"狡猾"的政治家们似乎对他们所管辖的广大民众的福祉并不在意，他们只关心自己的利益。当然对于这一点，经济学界早已见怪不怪，只是这中间反映出一个简单的基本经济学理论，即行为人总是试图在所有可能的限制条件下实现自身效用最大化。因此，仅仅依靠"诅咒"、"痛斥"恐怕难以令政治家们从此洗心革面，痛改前非。在上一章中我们提到过一个理论：如果把一个社会的全体成员比作股东（即委托人），把政府及政府代表比作董事会成员（即股东代表），那么尽管民众对政治家有种种不满，但是在两个群体的"委托代理合同"中并没有哪一项条款规定了政府官员在谋求自身利益最大化的同时——哪怕并非刻意为之——也必须对公民的个人利益同样增进负责。这促使相当数量的人站出来支持变动这份"委托代理合同"（此处的合同可指国家宪法）。但是一些问题也由此而来：首先，全体委托人必须有能力起草一份更好的合同并对该合同架构达成一致。要做到这一点，必须以克服集体行为的困境为前提。而另一方面，集体行为困境的存在，恰恰就是国家产生的根本原因。除此之外，只有委托人达成一致意见还不够，代理人对于该合同的认可也同样是必不可少的。

在之前的讨论中我们一再重复一个相同的问题：既然通常的观点认为，生产要素和产品可以在市场作用下"自发"地流向可以使它们的用途得以最佳利用的地方，那么究竟为什么会出现企业呢？我们已经知道，市场发挥作用并不是"免费"的，市场（水平调控）或企业（垂直调控）问题的答案取决于不同调控类型的成本高低。既然市场运行得如此顺畅，那么我们为什么还需要国家呢？在这一章中，我们将顺着这个被反复提及的问题把思路进一步延伸下去：如果市场及市场中大大小小如同岛屿一般的企业都运转得如此高效，那么国家为什么还能存在呢？对这个问题，传统的观点可能认为是由于某些产品的存在，通过消费这些产品，一个国家的大多数（甚至全部）居民都可以过上更好的生活，但是基于这些产品的特殊属性，却没有私人愿意提供这些产品。在经济学中，这些产品被称为公共品。公共品有一个共同的特点，即它们一旦存在，则所有人都被纳入它们的消费群，没有人能排除在外。公共品的这一特性被经济学家们称作非排他性。公共品的另外一个特点是：个体享用某一公共品时，不会降低其他个体从享用该产品或服务中获得的效用。这一特殊属性被叫作非竞争性。设想一下，假如一条大河上建了一座水坝，这座水坝可以保护所有在坝下生活的居民免受洪水的威胁。公民受到水坝的保护，与他们是否参与承担了建设水坝的费用完全没有关系，这是水坝的非排他性。而其非竞争性就是指居民 A 受到水坝的保护，并不妨碍居民 B 受到同样的保护。公共品供应的结构问题可以借助"囚徒困境"理论进行解释。

上一章中我们已经提到过可以用一个简单的办法解释多人囚徒的困境。在这里我们依旧假设，行为人甲和其他所有行为人面临着完全相同的行为选项，可以将其他所有行为人看作一个整体。那么在表 4-1 中，甲作为第一列，其他所有行为人作为第二列。

表 4-1   "囚徒困境"——多人博弈

		其他所有行为人	
		合作（K）	对抗（D）
甲	合作（K）	3, 3	1, 4
	对抗（D）	4, 1	2, 2

这里的"合作"是指行为人自愿参与某一公共品的供给，例如主动参与上面例子中的水坝建设，而"对抗"则指行为人不愿意参与建设水坝。选择对抗的行为人当然也希望除自己之外的人都能自愿参与水坝建设，这样一来，即使他们没有参与，水坝也能成功建成，意味着即使他们并没有参与承担水坝建设的成本，也同样可以受到水坝的保护。然而，这

个看似聪明的做法背后却隐藏着一个问题：如果其他所有行为人都和甲有完全相同的行为选择，因此很有可能出现一种情况，即所有行为人都选择"对抗"，那么想要在自愿参与的基础上建立起一座新水坝的愿望就变成了泡影——尽管人人都知道，如果水坝真的建成会使所有人都受益。恰恰是这个原因，我们才需要国家。现在国家越来越多地被看作一个趋利避害的组织，它能够避免双方对抗（D，D）的糟糕结果出现，而追求促使双方合作（K，K）。而国家之所以能够供应公共品，是因为它有向所有公民征税的权力。

上一章中我们了解了团队生产的问题：仅仅授权某个成员监督团队中的其他成员工作，并不足以确保整个团队的高效运作，正确的做法是在赋予权力的同时，同样给予制约，以促使他切实有效地履行监督职能。诚然，经济团体和政治组织之间，企业与国家之间存在很大区别。但是也不可否认两者之间有着一系列相通的结构联系：我们可以将一个社会中的成员设想成团队队员，他们当中的一小部分人被授权提供某些产品或服务。这里或许几乎不需要对其他成员行使监督职能，因此他们的任务变成了解决其他成员的纠纷，等等。当然，这部分成员同样应当受到约束，只不过现在说的不再是企业家，而是政府代表——民主推选出他们，赋予他们特殊的权力（垄断强制力），但同时民众也必然担负着他们有可能滥用权力的风险。

这些获得授权的行为人参与提供公共品，同时又受到一定的限制。如何对他们的行为进行解释，正是本章所要探讨的主题。政治家行为也可以用制度解释。我们假设，全世界的政治家都追求自身利益的最大化，同时政治家行为范畴十分宽泛，那么从经济学角度推测，解释不同政治家行为的关键并不在于他们追求的目标不同（因为我们假设他们的目标都是实现自身利益最大化），而在于他们受到不同制度的约束。

宪则经济学是制度经济学的一个分支，在宪则经济学中，通常把立宪层面和后立宪层面区分开来。涉及国家，立宪层面一般指的是一国的宪法，后立宪层面则是指在现行宪法基础上颁布的其他各级法律。想要找出之前讨论的问题的答案，则需要把宪法理解成为当前已有的制度架构，之后再弄清楚在现有制度限制下促使政府官员做出不同行为选择（如颁布某些法律）的动因是什么？我们的出发点始终在于，一个制度同时包括规则和惩罚两个部分。此外还有一个有待讨论的问题，即政府官员如果违背了其应当遵守的行为规范，他们会受到怎样的处罚？

第二节　在现有制度规范下的政治家行为的解释

一　前言

事实上，我们在这里提到的这些问题就是过去几十年里政治的经济理论领域的领军人物们的主要研究对象。在民主国家中，"连选连任"构成了一个非常重要的行为限制。当然，在这里不可能也没有必要全面详细的论述政治的经济理论（最好的论述版本请参见 Mueller，2003）。我们只需要讨论几个政治的经济理论领域的专家们始终在研究的问题，它们分别是：不同的决策规则（一致同意或少数服从多数）对预期效用会产生怎样的影响？选举行为能对政党的数量发挥什么作用？什么原因促使政党联盟的形成？政党联盟的存在依赖于哪些因素？中央集权或者联邦制的政体形式分别有怎样的意义？如果某国具备直接民主的可能性（例如选民可以通过投票行为直接惩罚政治家），这将会对政治家行为产生何种影响？怎么解释官僚主义行为？等等。

为了搞清楚政治的经济理论的基本逻辑，解释不同的制度架构将导致政府官员的行为的不同，我们看一下以下的这个例子：假设世界上有一个国家 A，该国法律的颁布必须获得议会多数票通过。而另外一个国家 B，法律颁布之前必须分别获得上议院和下议院的多数票通过，并且还需要经由直接选举选出的总统的亲笔签署才能生效（类似于美国的政治体制）。那么，只要上议院和下议院的议员不是同一组人，成功地颁布一项法律就很困难，或者说需要付出更加高昂的代价。因此我们可以推测，B 国的法律数量应当少于 A 国。

制约条件有时也会导致另外一种情况出现，即政府官员们得到某种激励，致使他们不再愿意投身于能增加民众福利的公共品的供应，而是采取了某些不当的行为，以增加自身利益，而全体公民的利益却因此而受到了损害。这里可以提出两个典型的例子：（1）寻租（Rent Seeking）；（2）政治周期。

二　案例一：寻租

"寻租"理论最早起源于美国经济学家安妮·克鲁格（Anne Krueger，1974）。借助这一概念，克鲁格描述了某种集团的行为：该集团中的成员试图利用政治进程获取特殊利益,例如进口竞争保护或者获取补助金等。用于为政治家谋求特殊利益的资金原本可以流入生产部门,因此政治家的这种行为导致了资源的浪费。"寻租"的可能性及界限与适用的制度息息相关。因为这个集团中的成员个体将资源用以操纵政治,直到通过该种行为获得的预期效用恰好等于产品生产的预期效用为止。如果某些集团能增加政治家们的自身利益,例如向他们提供政治资助,或者许诺在下次选举时投支持票,再或者行贿等,只要这些集团能够让政治家获益,政治家们就会给予这些集团一定的特殊利益。对特殊利益的需求和供给同样都深受这个国家制度结构的影响。假如只要有确凿证据证明某一政府官员确实收受了贿赂,就意味着其政治生涯的结束,那么可以预见该国的腐败现象应当比那些谋取特殊利益的途径更加广泛、惩罚更轻微的国家要少得多。如果政府官员因为惧怕受到惩罚而减少提供特殊利益,那么特殊利益的需求方也会随之减少,这是因为对他们而言,获得特殊利益的可能性变小了,因此预期效用也随之降低,这样一来,利益集团的代表从一开始投入获取特殊利益的资源也会减少。在这里,我们暂不对"寻租"理论的福利经济学价值做评价,并且经济学界尚没有对该问题达成一致意见,例如奥尔森(Olsen,1982)主张层出不穷的利益集团行为是国家衰退的原因之一,而贝克尔(Becker,1983)则强调众多利益集团之间都存在相互竞争的利益诉求,诉求越多,他们之间相互抵消或中和的情况就越普遍,也就是说,竞争原则在这里也同样发挥作用。"寻租"并不会必然导致国家的衰退。布坎南和康格尔顿(Buchanan und Congleton,1998)曾设想通过适宜的制度架构(这里指宪则)有可能减少或降低特权和歧视情况的发生——这两者都是"寻租"产生的结果。他们找到的答案基本上与法治国家的原则不谋而合,即规则普遍化的程度越高,"寻租"的潜在可能性就越低。因此他们特别强调一般规则的重要性。

三 案例二:政治性经济周期

经济学界始终坚持认为,保持经济稳定是国家的一项重要职责。一个过于软弱仁慈的政府是否有能力确保经济稳定,这个问题总是特别受到货币主义者的质疑。不过这一点在此我们就不详细讨论了。相反,令我们更为感兴趣的是政治家的动机。政治家是国家保持经济稳定职责的一个组成部分。下面这句话乍一看上去或许会令人相当惊讶:理性的政治家是经济周期的推手,因此即使他们不是这个问题的全部答案,但至少是其中的一个重要部分。

我们首先假设,一届政府连选连任的概率取决于选举前一段时间以及选举期间的失业率的高低。其次再假设,在较短时间范围内,财政政策措施的确能起到降低失业率的作用,但从中长期来看却会导致通货膨胀率升高。而在大多数国家,高通货膨胀率都是选民深恶痛绝的,他们不会为带来高通胀率的政府投票,这样一来,政府再次当选的希望就变小了。如果我们的假设成立,那么政府将竭力运用财政政策调节失业率,力求在选举前降低失业率以赢得选民的支持,而由此带来的物价上涨效应则要到选举结束后才凸显出来。为了确保当选的政府及其代表能通过创造这种形式的政治景气周期获得实实在在的好处,我们还需要再添加一个假设条件,即眼前的一个效用单位要比未来的一个成本单位得到更高的评价(也就是说,必须假设选民更倾向于眼前的状况)。或者换一个方式表达:对于选民而言,政府此时此刻的政绩要远远重于过去几年的政绩或者执政不利。

各种各样的政治性经济周期的存在已经不断地在实践中得到了验证,并且适用于不同类型的国家。[米勒(Mueller)曾在其2003年出版的作品中对有关经验研究进行了概述,见第430—436页]从制度经济学角度出发,我们不禁要问,之所以存在不同程度的政治性经济周期,这是否与政治家们处于不同的制度约束有关?在某些国家实施短期财政手段的可能性是否比其他国家要小?进一步问:出现不同政治性经济周期国家的央行相对于政府的独立性是否不同?

四 决策规则

众所周知,议会上的表决结果与其遵循的表决规则息息相关。一项政治的经济分析研究结果表明,人们在日常条件下会受制于表决循环:一个今天得到多数人表决通过的提议,如果明天重新投票,却几乎不可能依然获得大多数人的支持(Arrow, 1951)。不过困难的是,这种表决循环在现实中难以观察。长期以来政治经济学理论的代表们一直坚持这种周期是存在的,但是经验研究中却难以证实这一点。目前我们知道,某些国家制度会降低这种循环出现的可能性。比如在议会中推行委员会制度,其所做出的决定在全体会议上只可以做微乎其微的改动;或者给予议会主席控制表决议程的权力,等等。美国经济学家谢泼斯(Shepsle, 1979)在其著作中将这种制度导致的状态称为"结构引致的均衡"。

五　强大国家的两难困境

在前面两个章节中我们曾提到过一个问题：个体如何保障特定交易活动的进行，并且从中获利？在这里外部制度始终扮演着举足轻重的角色——不论简单或复杂的合同，原则上依靠外部制度和国家"看得见的手"都可实现结构化。在本章中我们主要研究国家及政府代表的行为动机。如果始终把国家视为一个不可分割的整体（例如视为一个独裁统治者，其身上聚集了所有的政府职能），那么想要依靠外部制度确保国家以市场行为人身份参与的交易活动顺利进行，显然是痴人说梦。这种交易活动可以是生产订单——政府不是亲力亲为，而是通过招标的方式修建水坝、道路；或者国家向私人发行国债以筹措资金。问题在于：国家既充当运动员，又肩负裁判的职责。说得形象一点，国家扮演着运动员和裁判的双重角色。在这种情况下国家往往很难找到其他愿意与之竞争的对手，或者换句话说，找到其他愿意与其交易的行为人。但如果国家仅是以裁判身份出现，同样也会产生问题：对其而言没有能够制裁其决策失误的"裁判委员会"，如此一来，还有其他什么因素能够激励它严格遵守裁判规则呢？

在市场经济条件下，国家和政府负有保护私有财产及其自由流动的职责。这一职责的有效履行以国家的强大实力为前提。正如我们刚才提到的那样，国家保护私有财产的权能也会成为麻烦的根源，因为这种权力可能导致国家（及其代表）无视私有财产，或者至少是淡化私有财产（Weingast, 1993）。如此就出现了一个两难的局面：一方面，市场经济的正常运作离不开一个强大的国家；另一方面，过于强大的国家却会阻碍市场经济的发展。这种局面就是经济界所谓的"强大国家的两难困境"。言之凿凿的许诺是必要的，但是要做起来却并非那么简单。倘若政府代表有能力在当选之后切实履行保护公民的私有财产不受侵害的承诺，那么所有参与者都能从中受益，这是因为有更多的个体参与者愿意把自己的钱拿出来投资，这必然会对经济增长做出支付。国家也可以更便利地筹集资金（以更低的利率成本）。此外，在其他条件不变的情况下，这也能帮助政府增加税收收入，同时为政府代表们赢得更大的行为空间。

当然，政府许诺未来保护公民的私有财产，也可以只是为了刺激更多的个体行为人增加投资为目的。一旦个体行为人增加投资，政府代表们就可能有动机试图将其国有化，或者稀释其价值。这样一来，理性的个体行为人就不再会相信政府官员那些冠冕堂皇的许诺，继而也不再会继续投资。因为他们知道，政府官员们总是在特定时间点上信口开河，承诺得天花乱坠，而在之后的某个时间点上又拒不承认其承诺。

理性的政府总是积极维持自身的信誉。在上述偏好结构下，政府有动机约束自己信守承诺。由此使得之后违背承诺的代价变得极其昂贵，因此违背承诺不再是对政府代表们有很大吸引力的行为选项。经济学的诸多文献中都曾深入探讨过针对个体行为人的"自我约束机制"（Schelling，1960）。其中许多可具推荐性的自我约束机制都以一个（独立的）第三方的存在为前提，该第三方能够对违背承诺的情况做出惩罚。然而当国家约束自身行为时，却恰恰缺少了能够监督、制裁其违约行为的第三方。因此，国家的自我约束能力必然是有限的。

分权是提高政府承诺信誉度的一种可能性。孟德斯鸠认为，可以把职能权力的分立解释为一种减少国家自我约束问题的尝试——立法机关颁布的法律，交由另外一个权力机构（行政机关）实施，并且还有另外一个权力机构（司法机关）负责对其进行解释，那么这些法律则更加令人信服。因此，三权分立可以被当作政府代表们理性的行为选择的结果，因为政府代表们清醒地认识到，（自愿的、可信的）权力限制反而能巩固他们的地位。这是对于职能权力分立的假设性解释，因而无须深究是否对其历史发展做了正确的描述。在涉及通常被视为垂直权力分立联邦宪法结构时也可以这么解释。

独立的第三方机构属于提高政府承诺信誉度的另外一种可能性。我们刚才讨论的政治家权力与利益的反作用力关系也同样适用于货币政策。政府在行使货币政策的权力时，有可能出现下面的一种情况，即政府为了推动劳资双方达成适宜的（名义上的）工资协议而承诺维持物价稳定。但是在协议达成以后，政府却可能违背承诺，扩大流动中的货币量，以降低（实际的）劳动力价格，从而提高就业率。由于劳资双方已经预见到这一点，因此在谈判时他们也将通货膨胀预期融入其中（"通货膨胀偏向"）。这样一来，货币政策就（以一种积极的通货膨胀的方式）引发了整个社会成本的升高，收益却没有因此而增加（Kydland und Prescott, 1977; Barro und Gordon, 1983）。因此即便是追求自身利益最大化的政府也有动机设立一个独立的中央银行，并将货币政策权力转移至该行，以此解决其货币政策在时间上达不成一致的问题。从这一点出发，可以十分合理地推断，包括政府代表在内的社会全体成员都倾向于建立这样一个负责维持物价稳定的中央银行。

到现在为止我们一共提出了两个旨在帮助国家减少自我约束问题的建议：(1) 通过狭义上（传统意义上）的权力分散；(2) 通过权力转移，也可以理解为广义上的分权。另外一个与此相关的可能性是加入某一国际组织，接受其规章制度的约束。如果政府的违规行为会受到来自国际社会的抗议，那么政府就不会轻易违规。不过对于大多数国家的政府而言，只有当国际社会的谴责会降低他们在国内的支持率时，才会成为一个阻止他们违反某些规则的理由。因此可以断定，中欧和东欧一些国家都是通过快速加入国际组织来减少他们的信誉问题（Voigt und Salzberger, 2001）。但是另一方面，以白俄罗斯为例，白俄罗斯政府的违规行为不仅受到欧洲议会的警告，甚至还被暂时剥夺了在欧洲议会的投票资格。如果我们看到这对白俄罗斯国内产生了怎样的影响，就可以得出结论，国际组织施加的压力似乎也是有限的。利维和施皮勒（Levy und Spiller, 1994）曾描述过一个关于强国困境的典型例子——电信网络的私有化。在一般情况下，在电信网络的最初建设阶段，政府代表们（特别是欠发达国家的政府代表）总是积极给予各种优惠承诺吸引外国投资者参与投资建设。一旦电信网络建立起来，他们就立即尝试着剥夺外国投资者的投资资金。由于理性的潜在投资者们预见到了这一点，因此他们在开始时也许完全不会参与投资，除非该国政府有能力证明自己能够履行之前的承诺。一旦政府这样做，那么所有的参与方——政府、投资者以及该国民众——都会从中受益；利维和施皮勒（1994）由此指出，资源的优化配置依赖于（外部生成的）制度。此外，在他们的分析中也明确考虑到了非正式的约束（这里我们将其称为内部制度）。他们还建议，如果国内制度并不具备足够的约束力，在这种情况下可以转向外部机构（例如世界银行）。另外一种可能的情况是电信网络的私有化导致股权分散在国内的民众中，那么如果政府要剥夺投资者的权利必然会遭受来自国内的强烈抗议和反对，因此可以预见，这样做的代价也是非常高昂的。

沃依格特、艾伯林和布鲁姆（Voigt, Ebeling und Blume, 2007）试图借助一个"仿真实验"验证加入某一国际组织是否真的能为国家带来益处。一些曾经是英国殖民地的国家在独立之后仍然将坐落在英国伦敦的枢密院司法委员会作为本国的最高法院，而另外一些国家则建立了本国完全独立的司法系统。即使或许还有其他的一些差别（例如地缘以及意识形态更接近英联邦),但是无论如何可以看到,仍旧听命于伦敦司法委员会的那些国家的确更容易吸引国外投资,在债务增加时需偿还的利率更低,其经济发展也更为迅猛。此外德雷赫和沃依格特的另外一项研究(Dreher und Voigt, 2008)旨在求证政府是否能通过加入某一国际组织"收买"额外的信誉度,并且证明了利维和施皮勒(1993)先前的理论假设。他们用事实表明,政府信誉度问题的压力不仅可以通过国内分权得以减缓(也可以理解为是将权力分散至不同的独立组织机构),还可以通过将决策权转移至外国以及国际组织的方式消除。

第三节 内部制度下集体行为的解释

一 非重复性博弈

到目前为止,我们已经提到,公共品供应在结构上与"囚徒困境"十分相似。而至少目前我们所认识的"囚徒困境"的纳什均衡点只有(D, D),由此可以得出结论,理性的个体行为人不会自愿参与公共品的供应,而国家能为他们提供公共品,因此国家的存在会让他们从中受益。现在我们还需要考虑另外一个问题,怎样才能借助不同的制度约束解释政府代表们在提供公共品过程中的行为偏离,此处假设制度约束(宪法)均为外生给定。

我们认为,均衡点(D, D)只适用于非重复性博弈。也许这个观点过于绝对,因为实际上许多相关的互动都是一再重复出现的。根据博弈论可知,可以有大量的博弈均衡点[这就是所谓的"民间定理(Folktheorem)"[①]]。图4-1阴影区域表示博弈中所有可能出现的均衡点。例如从图中可以看出,在(K, K)点也同样达到了均衡,(K, K)也是众多均衡点中的一个。而我们现在需要的其实是均衡点筛选理论,长久以来博弈理论家们一直致力于该理论的研究。他们的研究结果我们就不一一赘述了。让我们把目光集中到另外一个可能性上——每一种得以实现的均衡态势可能都取决于其所实施的内部制度。

---

① 民间定理又名"无名氏定理"。在弗登伯格和马斯(Fudenberg und Maskin, 1986)正式提出该名称之前早就有很多人提到过这一概念,以至于无法追溯其原创者,因此而得名。

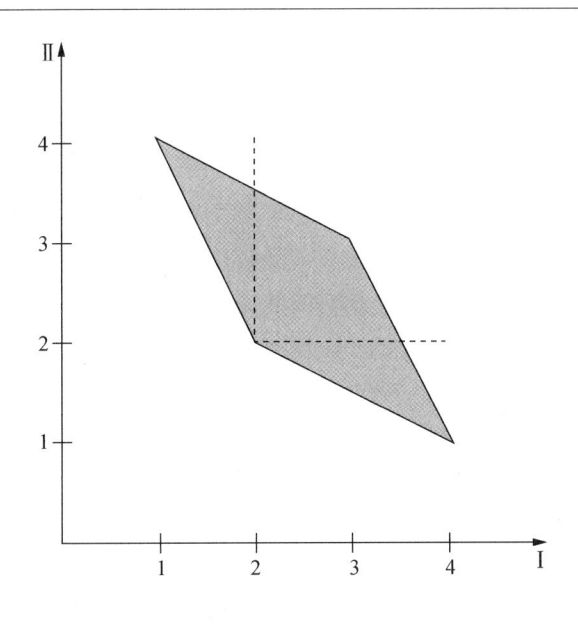

图 4-1 不重复博弈

注：图中的纵坐标指的是Ⅱ号博弈者的支付，横坐标指的是Ⅰ号博弈者的支付。该区域的交点表示可能出现的支付组合，这在非重复性博弈中已为我们所熟悉。现在由于博弈的可重复性，在阴影区域又有许多新的支付组合可能出现。如果一个博弈者在每一轮博弈中都选择对抗，那么他至少可以确保每个阶段效用单位的支付。因此，这种支付不属于均衡范畴。

现在我们把这些与公共品供应联系起来，此时（D，D）东北方向均衡点的存在表明，有时没有国家存在，公共品也可以供应。其转变成没有国家参与的集体行为的概率也许可以通过相应的内部制度进行解释。现实生活中自愿提供公共品的例子非常多：例如相当数量的民众积极参与选举投票，一些公民自愿作为陪审员参与审判流程，还有许多公民自愿纳税等。下面我们将首先介绍几个从实验室研究中获得的关于自愿提供公共品的理论，接下来再介绍几个能起到简化自愿供应作用的内部制度。

二　实验室研究

我们可以从（理论）博弈论中推导出一个结论——理性的行为人个体没有动机在像"囚徒困境"一样不可重复的博弈中参与公共品的生产，因此他们的支付率将是零。然而这个结论在博弈实验中却是站不住脚的：事实上即使在非重复性博弈中，参与者也会发挥一定作用，他们的支付率必然高于零。在实验室研究中常常进行所谓的"线性公共品实验"。在该实验中，参与者通常被设定为拥有一系列资源，他们需要决定将哪些资源投入公共品生产。假如一个参与者 A 愿意提供 10 个单位的资源，那么所有参与者（包括 A 本人）都可以各拿回 5 个单位资源。理性的个体行为导致集体只能获得次优的效用结果。与"囚徒困境"相同，理性的行为人总是不愿意参与公共品供应，而是寄希望于除自己之外的其他参与者能够主动提供，这样一来即使他本人采取对抗行为，也仍然同样可以从中受益［如果其他所有参与者都主动提供 10 个单位的资源，那么不提供资源的参与者获得的收益为（n－1）5］。可是对于整个集体而言，只有在全体参与者把他们的所有资源都支付出来时，集体才能获得最优效用结果。

美国经济学家奥斯特罗姆（Ostrom and 2000，第 140 页及其后）将上述结果总结为七点［戴维斯和霍尔特（Davis and Holt，1993）莱德亚德（Ledyard，1995）的叙述更为详尽］：

1. 在非重复性博弈中，参与者会将自己最初的 40%—60% 的资源投入到公共品的生产中去。这种情况也同样适用于无限重复博弈的第一轮博弈。①

2. 在接下来的博弈中，自愿提供资源的比例下降，但是仍然高于之前理论预测的"零"。

3. 寄希望于其他参与者主动提供资源的参与者，其支付率同样也会超出平均概率。

4. 博弈重复得越频繁，支付率下降的幅度越小。因此，奥斯特罗姆从中得出结论，参与者对博弈了解得越透彻，并不是像之前一直认为的那样会导致参与者之间的合作越来越少，而是相反，他们的合作会更密切。

5. 如果允许参与者直接交流沟通，那么整个博弈过程中的合作程度都会上升。因此不具有约束力的承诺，也就是所谓的"廉价磋商"，也许并不像人们想象的那么"廉价"。

6. 如果博弈规则允许，大多数参与者都愿意拿出资源惩罚那些支付率低于平均水平的参与者。

7. 除此之外，支付率的高低还会受到环境因素的影响，这其中包括

---

① 无限重复博弈的结果应当与非重复性博弈相同：无限重复博弈的最后一轮将重新回归非重复性博弈的逻辑，因此预期结果同样为（D，D）。倒数第二轮博弈的情况也是如此。这被博弈论理论家们称为"逆向归纳"。在博弈论中对此并非全无争议［埃斯特（Elster，1989a：4－8）就曾以一种通俗易懂的方式对此进行过批判；克里普斯、米尔格罗姆、罗伯茨和威尔逊（Kreps，Milgrom, Roberts, Wilson, 1982）也曾指出，在无限重复博弈中也可能出现理性的合作］。

例如博弈规则是怎样约定的（规则框架）。

如果要反对上面的结果，人们当然可以说这些都是在实验室里模拟得出的结论，而非来源于真正的现实生活。在实验室中，参与者愿意将最初的大部分资源支付出来，可能是因为他们认为这只是个博弈，钱也只是博弈的一部分，而不是在真实生活中辛辛苦苦赚得的钱，因此他们在这里的决策过程要比在现实生活中轻率得多。尽管如此，已有的这些结论依旧十分引人注目。接下来我们可以转向另外一个问题了：内部制度能对这些结论产生何种影响？（这里不涉及外部制度，因为只有在极少数情况下才需要由国家惩罚不支付的行为。）要回答这个问题，我们回到第一章的前言，通过几个与此相关的例子加以说明。

表 4-2　　　　　　　　内部制度与个人对集体行为的参与度

规则	监督种类	制度类型	举例
1. 传统规范	自我实施	内部类型 1	？
2. 伦理道德规范	强制性 自我约束	内部类型 2	公平、平等、次要美德
3. 习俗	来自其他行为人的非正式监督	内部类型 3	互惠原则，团结原则
4. 正式的个人规范	有组织的个人监督	内部类型 4	教会

在拥有两个或两个以上稳定的均衡点的博弈中，传统规范始终构成其中一个均衡点（例如所有车辆靠左行驶，或者所有车辆靠右行驶）。与之相反，在非重复性的"囚徒困境"中只存在一个均衡点，即（D，D）。而在可重复的"囚徒困境"中，（K，K）也称为一个均衡点。政治学家罗伯特·阿克斯罗德（Robert Axelrod, 1984）坚持认为，在所有竞争性策略中，有一个策略始终超越其他所有策略发挥作用，那就是所谓的"针锋相对"（Tit-for-Tat）（或译"一报还一报"），在德语中也叫作"以眼还眼，以牙还牙"。这个逻辑其实十分简单：在第一轮中参与者首先选择合作，在以后的轮次，参与者会参照对手上一轮的行为采取行动。只要对方选择合作，那么就能出现（K，K）均衡。然而无心或疏忽导致的对抗（或者原本是合作，却被错误地理解为对抗）将使博弈均衡点始终停留在（D，D）点，因此博弈理论家们对策略的这一点提出了批评。他们建议应当在博弈中给予更高的宽容度，即当对方连续两次都选择

对抗后，再考虑同样采取对抗行为。

阿克塞尔罗德认为存在能够简化"针锋相对"博弈的特定条件，其中包括：（1）较低的现时偏好（如果现时偏好很高，则意味着此刻较高的支付损失比未来所有时期支付的损失还要高）。（2）重新相遇的概率（其与参与人数的多少成反比）。另外，"针锋相对"策略能否在多人的囚徒困境博弈中发挥作用似乎也十分令人怀疑，毕竟参与人数非常多的博弈群也是我们关注的焦点。不过只要存在足够小的博弈群，或者较大的博弈群可以自然划分成一个个小的群体，就能与阿克塞尔罗德说的策略联系起来。

和其他几点不同，伦理道德对于促使人们主动参与公共品供给的重要性似乎更加容易理解。假设一个人在其成长过程中被灌输了一定的公平和平等理念和思想，那么他完全意识得到，如果他的支付率低于其心目中"公平"或"平等"的水平，那么他的个人效用就会减少。而假如在每个集体成员做出决策之前能够事先相互沟通，约定一个必须达到的基本支付率，并相互承诺为此提供资源，那也许出现了另外一个伦理道德要求，即信守承诺。这些通常也被称作次级美德（Sekundärtugenden）。

有第三方负责实施惩戒的习俗的重要性也同样容易理解。如果某个参与者没有达到约定的或者被视为"公平"的支付率，那么他必然会受到其他参与者的责罚，或者是遭受其他人的白眼，或者是将该参与者吝啬的行为公之于众，以令其颜面受损。通常来说，对不合作行为的惩戒与成本密切相关。首先我们假设存在合作原则，该原则可使全体参与者受益。那么全体参与者都有动机在以后的行为过程中始终继续坚持这一原则。如果违背该原则的惩罚与成本相关，则所有人都愿意有惩罚，但是同时又希望这个惩罚最好由别人来实施。换言之，实施惩罚本身也变成了一种公共品，因而也是不稳定的。惩戒职责划分得越明确，相关的道德、习俗规范越受到重视，对违反习俗行为实施惩罚的可能性就越大。

除了上面的途径，通过私人组织实施惩罚也是可行的。让我们联想一下教会捐款，信徒们为了某一公共利益而自愿捐助资金。假如教会颁布了一项规定，要求信徒们必须将收入的一部分（例如什一税）捐给教会。倘若某一信徒没有缴纳税款，那么私人组织代表（这里指教会代表）必然会以某种方式提醒他，不要忘记履行义务。

第四节 内部制度与外部制度相互关系对于集体行为的重要性

上文引用的埃莉诺·奥斯特罗姆的著作（Ostrom, 2000, 第 140 页及其后）中还透露出一点重要的信息，即内部制度与外部制度的相互关系。

"对世界上所有国家而言，可以想象的糟糕情况也许就是外部权威强加了一些规则，但却无法实施足够的监督和惩戒。在一个拥有强大的外部监督和惩戒的世界，各国没有发展内部制度的需要也能达成相互合作。而在一个没有强大的外部监督和惩戒的世界，则可以形成促进合作的规范。在一个介于上述两者之间的世界里，薄弱的外部监督阻碍了社会规范的形成，同时由于遭受惩罚的风险较小，也驱使一部分行为主体铤而走险，为了谋求个人利益不惜欺蒙他人、违反规则。"

奥斯特罗姆的这个结论无疑是引人注目的。其出现的前提基于对促进合作的规则的需要。显而易见，奥斯特罗姆认为促进合作的规则可以在相对较短的时间内建立起来。至于如何解释规则（内部制度）的出现，是第七章的研究主题，我们在这里就不再继续讨论了。

除此之外，对内部制度与外部制度的关系问题布鲁诺·弗雷（Bruno Frey, 1997）也曾有过论述。大卫·休谟（David Hume, 1777, 1987：42）曾说过：宪法制定的基本假设即是人性本恶，眼睛只看得见自己的利益。其原文是："In contriving any system of government, and fixing the several checks and controls of the constitution, each man ought to be supposed a knave, and to have no other end, in all his actions, than private interest."（在设计任何政府体系和确立宪法的监督和控制时，应当假定每一个人为无赖，假定他在所有行动当中除了私人利益之外没有任何其他追求目标）。弗雷在仔细研究了休谟的这一著名论断后指出，倘若委托人与被委托人在心中认定对方是"恶棍"，那么就不难理解，这种强烈的不信任感会引发对内在动机的挤出效应了。或许大家在提供国家信贷方面已经听到过"挤出"这个概念。它是指国家的信贷扩张需求能刺激利率升高，由此压抑个人的信贷需求。弗雷援引这一概念旨在说明，国家控制范围的扩展可能导致个人自愿参与公共品供给的意愿（或者说主动纳税的意愿）受到挤压。

让我们再次回顾委托代理理论：在这里，政府代表既是委托人又是代理人（这反过来也同样适用于公民）。一方面，公民相对于政府而言是纳税人，此时的政府可视为委托方。由于政府无法明确掌握公民应当交税的全部收入，因此出现了信息不对称的情况。另一方面，政府向公民提供他们所期望的公共品，此时政府又变成了代理方。这里的信息不对称是指，公民们无法监督政府是否在提供公共服务的过程中采用了正确合理的方式。假若政府不信任公民有自觉纳税的意愿，并且通过征收额外税收强化这种不信任，那么就可能有一些之前尚未产生躲避缴税想法的公民以此为动机避税或逃税。

此外弗雷（同上）还指出，挤出效应还可以从公民的角度进行理解：如果公民要求通过制定极为详细的宪法以及非常精确的行为约束的方式表达对政府及其代表的不信任，那么就有可能导致政府代表积极履行职责的内在动机下降。道理显而易见，内部制度与外部制度相互依存。如果在构建外部制度时没有充分考虑到这一点，那么即使是好意的外部制度改变也可能由于诱致的内部制度变化而导致出现负的净效用。

第五节 悬而未决的问题

在本章第三节和第四节的分析中大家或许已经意识到，我们目前对于内部制度对集体行为的影响以及内部制度与外部制度的依存关系仍然知之甚少，比对外部制度的认识少得多。

在这里我们着重研究两个问题系列：（1）"公共品"，这个概念指包含许多不同种类的产品和服务的总和；（2）"集体行为"，该概念背后也隐藏着众多完全不同的行为模式。之后我们会一一详细探讨。描述性决策理论（研究人们实际生活中的真实决策行为的理论；该理论的研究范围不包括人们在完全理性的情况下，应当怎样决策）以及行为经济学（其间人们通常这样称谓）指出，一个已经存在的、只需要考虑对其调控利用的公共品（如草原、鱼类、森林等资源），和一个尚不存在的、需要集体成员参与生产才能获得的公共品，两者的区别十分明显（Brewer, Kramer, 1986）。公共池塘资源储量的减少通常被视为损失，而随着公共品生产产生的效用则被认为是收益。行为经济学的发现之一是与收益带来的效用增加相比，人们更在意损失造成的效用损失。这可以被理解为，控制公共池塘资源储量的减少要比保障必须先被生产出来的公共品的提供更容易。

到目前为止，我们一直假设宪法是外生给定的，并且能得到有效的实施。可是只要看看每天发生在世界各个角落的事实，就知道这个假设有多么天真了。需要澄清的问题是：宪法有效实施取决于什么条件？事实上，除了精巧的制度架构（例如三权分立）之外，宪法有效实施还取决于相应的内部制度。只有当政府代表相信违反宪法中规定的行为约束条件会让他们从中获益时，他们才可能去冒险。倘若他们预见到这种行为会招致大规模的强烈抗议，那么就可能从一开始就避免这么做。但是这种反对的出现无异于一个自发的公共品生产的过程：如果反对能发挥影响，那么所有民众都能从中受益；其次，是否主动参与反对行动与相应的成本密切相关。而如果这里存在有内部制度，则民众自发参与反对行动的概率就会更大。

当存在相应的内部制度时，实际生效的宪法与法律规定的宪法相符合的可能性显然要高于没有内部制度存在的情况［关于该问题的其他见解，请参见 Voigt（1998—1999）］。在第六章中我们将进一步探讨这个问题。

复习与思考

1. 请解释什么叫作"强大国家的困境"，并从制度结构角度出发，讨论其解决途径。

2. 请另外列举关于自愿参与公共品生产的例子，并思考，何种内部制度能促使民众愿意主动参与公共品生产。

3. 政府和公民之间严格的委托代理合同可能导致（a）政府方面以及（b）公民方面产生内在动机的"挤出"。请尝试着列举几个相关的例子。

参考文献

1. 更多关于政府和公民关系的委托代理理论的分析，请参见 Moe（1990）。

2. 除了之前提到过的米勒（Mueller）2003 年出版的作品之外，他于 1997 年出版的作品选集中也对经济政策理论做出了非常全面的概括。此外苏格哈特（Shughart）和拉索里尼（Razzolini）也在2001年出版了一本收录了30余篇关于经济政策理论的合集。德语版的理论作品则来自伯恩霍尔茨与布雷尔（Bernholz, Breyer, 1994）以及基尔希（Kirsch, 2004）。

3. 米勒在其2003年发表的作品中（第15章）对"寻租理论"进行了总结。

4. 公民与政府之前强烈的互不信任以及试图用相对严格的行为限制条款将政府代表行为导向预期方向的做法，有可能导致产生内在动机的"挤出"。这一观点也是布伦南和哈姆雷（Brennan, Hamlin, 2000）的一本专著的中心思想。

5. 埃莉诺·奥斯特罗姆的《公地宪法——国家与市场的彼岸》（1999）广泛探讨了一个问题：不同的集团利用何种机制维持公共池塘资源的储量，以及生产公共品。

第五章　制度对经济增长与经济发展的重要性

第一节　引言

在第二章、第三章及第四章中我们研究了制度对于个体行为的后果：分析了简单和复杂的交易行为，以及制度与激励之间的相互关系。在本章中，我们将探讨宏观层面上行为的后果。我们常思考，制度对于经济总量和经济增长率究竟会产生怎样的影响。每当问到这个问题时，人们很容易有这样一种基本猜想——如果增加财富的交易成本越低，人们就会进行更多的交易行为，由此而产生的人均收入水平和福利水平就越高。

也许你知道，传统的经济增长理论借助劳动力和资本这些生产要素来解释经济增长率。经济增长理论的学者试图用时间概念来确定人均收入变化的成因。而所谓的新经济增长理论除了考虑到劳动力这种生产要素是相同且确定的之外，还认为一个经济体中可用的人力资本与教育程度和水平是相关的。尽管如此，制度在新兴的经济增长理论中没有任何位置。倘若上述基本猜想在实践中得到证实，经济增长理论恐怕就得彻底重新改写。

在本章中，我们既要探究外部制度，又要深入研究内部制度。在接下来的一节中，首先会摆出几个实践结果，其中内部制度发挥了极其显著的作用。第三节将提出问题——怎样证明内部制度既可促进经济发展又可阻碍经济发展，其依据何在。第四节将围绕内部制度与外部制度的比例关系能否对经济发展产生影响这一问题展开研究。

第二节　外部制度对经济增长与经济发展的重要性

我们需要研究和验证的假设听起来似乎很不具特殊性：我们的猜想是：经济增长由制度决定。一个国家的经济增长率可以通过该国家现行制度的品质来解释，或者至少部分通过此来解释。按照常规思路，就得弄清楚制度品质具体指的是什么。这一点我们在上一章中已略有提及：制度的功能在于减少不确定性。帮助我们预测他人行为的制度越多，我们就愈加有意愿做长期的思考和行动，也就是说，实现专业化和投资。我们可以看到，私人产权和支配权的划定与执行是多么重要。制度（内容方面）的品质在某种意义上与一个国家对私人产权的划定与执行密切相关。在上一章中，我们已经研究过政府的可信度问题：当一个政府有保护私人产权的能力时，它也势必有能力削弱它。制度（形式方面）的品质与政府有能力使人相信会执行承诺紧密联系。

这一节中，我们需要弄清以下几个问题：

（1）如何设计制度，以使其品质具有可测量性和可比性？

（2）较高的制度品质一定与较高的收入水平相对应吗？

（3）可否通过改善制度品质实现更多的经济增长？

在过去几年里，人们采用了多种方法来设计制度，试图以使其品质具有可测量性和可比性。下面介绍了其中的几项指标。

指标一览表

（1）非政府组织"自由宫"（Freedom House）每年都会公布一份关于世界自由状况的报告，有关世界自由度的评定由两个指标构成，即政治权利和公民自由。193个受评国家在1（自由）级7（不自由）级的刻度尺上各居其位。这个指标自1973年以来就一直存在，由"自由宫"公布的另一个指标还包括言论自由。

（2）政体Ⅳ指标是由一个研究团体创立的，这些指标的目的在于测量一个国家某一时刻实现的民主程度。纯粹的独裁专制用－10表示，而完美的民主则用10表示。该指标衡量大约1800年以来的政体特征，只要当时已经存在有关的国家，那么该指标可以追溯到那个时代。

（3）在加拿大弗雷泽研究所（Fraser Institut）的主持下，《经济自由指数》（Economic Freedom Index）于20世纪90年代诞生。稍后我们会对其进行详细的描述。

（4）由美国传统基金会（Heritage Foundation）出版的《经济自由指数》（Index of Economic Freedom）与加拿大《经济自由指数》一样采用的是相似的理念。

（5）"世界经济论坛"（World Economic Forum）每年邀请专家学者来到达沃斯讨论相关专题。它每年也出版一份"全球竞争力报告"（Global Competitiveness Report），其目的是向人们展示全球各国的竞争实力。

（6）另一份相似的报告《世界竞争力年鉴》（World Competitiveness Yearbook）由瑞士洛桑管理学院出版。

（7）位于纽约锡拉丘兹的政治风险服务集团（Political Risk Services Group）出版了《国际国别风险指南》（International Country Risk Guide）。许多潜在的国外投资者都使用它来获得有关境外投资（可能）保障的信息。

（8）商业环境风险评估公司（Business Environment Risk Intelligence）也是一家出版类似报告的公司。

（9）国际透明组织（Transparency International）是一所活跃于全世界的非政府机构，自1995年以来每年发布"腐败感知指数"（Corruption Perceptions Index），这些数据来源于180个国家的腐败水平。

（10）贝塔斯曼基金会自2003年以来公布所谓的贝塔斯曼转型中国家指数（Bertelsmann Transformation Index），这一指数对125个欠发达国家的制度发展状况进行评定。

（11）世界银行自1996年起开始公布所谓的《全球治理指标报告》（Worldwide Governance Indicators），其中的六项指标基于许多由其他组织提供的可获得的预测和估计。

（12）在与莱克斯·蒙迪（Lex Mundi）国际律师事务所协会的合作中，一些科学家提出了关于100多个国家法庭决议速度的指标。

（13）每年由世界银行公布的《全球营商环境报告》（Doing Business）提供了有关在不同国家通过官方手续成立一家公司需要多长时间、成本几何的信息。

有关该书的网页上也罗列了其他指标，所有指标的链接也可以在那里找到。

这类指标的划分似乎可以参照两个标准：主观和客观指标。主观的数据收集是专家咨询的结果：他们可以是来到某国投资的外国人，也可以是研究某国的科学家，还可以是本国专家，例如无时无刻不受现行外部制度约束的企业家。在本国企业家中进行数据收集有一个好处，即他们最终将不得不适应所有这些制度。他们对制度品质的主观评价有可能对他们的行为产生决定性影响。但主观得来的数据也存在巨大的隐患：他们有可能反映的是评价者的理论，而不一定是各国实际存在的经验。相反，客观的数据收集则不是旨在获得专家的评价和感受，而是注重客观事实。两个不同的科学家在这种方式下的数据收集工作会得出完全一致的结果。除此之外，制度还可以通过实质内容和实施该制度的可信度来进行区分。

下面的简述印证了一些以此为主题的研究根据上述列举的区分标准进行的分类。其中，分类一词可以更确切地理解为趋势描述，因为某些研究无法用三言两语解释清楚。

表5-1　　　　　　　　　　一些研究的分类简表

		数据收集	
		客观	主观
切入点	实质（内容）	《经济自由指数》 美国传统基金会 克拉格等（Clague，1995）	国际国别风险指南 商业环境风险评估公司
	形式 （可信度）	巴罗（Barro，1991） 阿莱西纳（Alesina）等（1996） 赫尼兹（Henisz，2000）	布鲁里提（Brunetti）等（1998） 国际国别风险指南 商业环境风险评估公司

可惜的是，我们在此无法对这一新兴学科进行详细的解释。我们决定详尽介绍一个指标，即每年由加拿大弗雷泽研究所发布的"经济自由指数"。之所以要对这一指标进行详尽说明，主要是出于以下一个原因：它是由几位地位极其显赫的经济学家（例如诺贝尔奖获得者米尔顿·弗里德里曼、道格拉斯·诺思和加里·贝克）创立的，多年来一直行之有效，并且囊括了世界上的大部分国家。介绍完这一指标的方法和结果之后，我们还会关注其中的几个关键点。对于其他该主题研究的介绍就只能从简了。

一 经济自由与经济增长的相互关系：经济自由指数

（一）引言

《经济自由指数》的作者探究的是经济自由权与经济增长之间的相互关系。他们认为，自由度越高会带来越多的经济增长。这一观点与我们所说的制度品质之间的相关性就不言而喻了：财产权可以通过一系列的国家行为来削弱瓦解——通过国家规定的价格或数量条例，也可通过其他规定、跨境交易限制措施、税收范围、货币的稳定性，等等。由于相关措施的执行困难，关于经济自由权利与经济增长之间相关性的研究近几年走上了一条看似显而易见的冤枉路。人们不对经济自由度直接进行衡量；相反，人们认为，只要有广泛民主权利的存在，经济自由度就势必很高。"民主"就被看作是经济自由权利的代表和代言人。

民主应对经济增长起促进作用的假设相对来说还是新兴的提法。19世纪，几位不同领域的思想家，不论是大卫·李嘉图，还是卡尔·马克思，都一致认为，将选举权扩展到广泛的无产阶级层面会导致穷人对富人阶层的剥夺。如若无产阶级占绝大多数，他们就会选举那些代表他们权利的政治家，从而承诺进行大刀阔斧的分配制度改革。如果这一承诺兑现，产权制度就会被削弱。不确定的产权一旦被削弱，就会对经济增长产生不利影响。这么说来，民主更多的是对现有的经济增长起破坏作用。

尽管存在这些理论抗辩，不同的作者一再尝试着通过现存的民主制度间接来呈现经济自由权与经济增长之间的相关性。普雷兹沃斯基与利蒙吉（Przeworski, Limongi, 1993）共为此进行了18项研究，产生了21种结果。其中8项结果表明，民主政权拥有更高的经济增长率。另外8项结果却证明了与此相反的结论。还有5项成果无法确切显示经济增长率中的显著区别。也就是说，民主与经济增长之间的相关性并不明确。由于研究存在着几种方法上的困难，普雷兹沃斯基和利蒙吉（1993：64）得出一个冷静的结论："关于我们最初提出的问题的答案是——我们并不知道，民主是否对经济增长起促进作用还是起阻碍作用。目前，我们只能提供一些可行的推测。"

（二）经济自由权的指标

很早之前，人们就猜测，"民主"可能并不是衡量个体自由权利大小的有效指标。在加拿大弗雷泽研究所的带领下，一支科学家团队自20世纪80年代以来就尝试着将经济自由权可操作化，并使其在世界范围内具有可比性（Walker，1988；Block，1991；Easton，Walter，1992）。1996年，一个关于经济自由权的指数首次公布于众（Gwartney，Lawson，Block，1996；其他国家和新数据见 Gwartnery，Lawson，Park，Skipton，2001）。经济自由权指数总共由 23 个要素组成，可分为 5 组。

（1）政府活动的规模；
（2）法律结构与私人产权保护；
（3）获得和使用稳健货币；
（4）对外贸易的自由度；
（5）对信贷、劳动力和商业的管制。

下面将对这 23 个要素逐一进行简单介绍。同时，还要对选择这些要素的理论依据的基本特点有一定的了解。表 5-2 摘自 2008 年版的指标体系。

表 5-2　　　　　　　世界经济自由指数的组成要素一览表

1	政府活动的规模：支出、税收和政府企业
	A　政府消费总支出占总消费的百分比
	B　转移支付和补贴占国内生产总值的百分比
	C　国有企业与投资
	D　最高边际税率
	i　最高边际收入税率（及其收入起征点）
	ii　最高边际所得税率与工薪税税率（以及适用最高边际收入税的收入起征点）
2	法律结构和私人产权保护
	A　司法独立
	B　公正的法院
	C　对财产权的保护
	D　对法治与政治过程的军事干预
	E　法律体制的完备
	F　依法执行合同
	G　销售不动产的法规限制
3	获得和使用稳健货币
	A　货币增长
	B　通货膨胀的标准差
	C　通货膨胀：最近几年
	D　拥有外币银行账户的自由

续表

4	外贸的自由度		
	A	国际贸易税收	
		i	国际贸易税收额占进出口总值的百分比
		ii	中位关税率
		iii	关税税率的标准差
	B	管制性贸易壁垒	
		i	非关税性壁垒
		ii	进出口的纳税遵从成本
	C	贸易部门相对预期的实际规模	
	D	黑市汇率	
	E	国际资本市场的管制程度	
		i	对外资所有权和外来投资的限制
		ii	资本控制
5	对信贷、劳动力和商业的管制		
	A	信贷市场的管制	
		i	银行所有权
		ii	外国银行的竞争
		iii	私人部门信贷
		iv	利率控制/负的实际利率
	B	劳动力市场的管制	
		i	最低工资
		ii	雇佣和解雇的规制
		iii	权力集中的集体谈判
		iv	强制的雇佣成本
		v	解雇工人的强制成本
		vi	军事征募
	C	商业管制	
		i	价格控制
		ii	行政规定
		iii	官僚成本
		iv	开办一个新企业
		v	额外支付/贿赂
		vi	许可限制
		vii	税收遵从成本

1. 政府活动的规模

这一方面指数由 4 个指标构成，主要探究由谁来决定资源与产品的分配，个体本身还是国家。国家在整个消费支出中所占的份额被选为本方面指数中第一个指标。国家在这一支出中所占的份额越高，市场行为者的生产和消费决策就越不自由。

另一个影响国家的指标是转移支付与补贴在国内生产总值中所占的比重。这个比重越大，私人产权和由市场产生的结果被人们接受的程度就越小，反过来，国家代表就越能遵循他们的意愿进行再分配。

在这组中的第三个指标是国有企业的作用。私营企业只有使自己的产品符合消费者的偏好和需求，才能在市场上存活。而国有企业则完全不同。消费者总是不愿意为国有企业生产的产品埋单，这些产品便时常受到政府补贴，消费者则通过另一种方式即税收，而不得不承担这些产品的费用。

这一组中的最后一个指标是基于下述假设：在市场上努力工作的激励依赖于税收的高低。公民承担的边际税率越高，他们的经济自由权就越少。

2. 法律结构和私人产权保护

这些变量应该反映：（1）司法的独立性；（2）法庭的公正性；（3）产权的保障；（4）军队的参与；（5）法律体系的法律特性；（6）法庭实施司法合同的执行力度；（7）买卖不动产的相关限制条例。

3. 获得和使用稳健货币

一般认为，较低的通货膨胀率和稳定的货币使货币能够作为保值工具来使用，从而保护个体的经济自由权利。此外，它们通过保障个体可以在可预测的基础上进行长期交易活动来保护个体的经济自由权。这里已经包含了制度经济学的特征，即减少不确定性。货币与价格稳定这一方面指数由 4 个指标组成。

第 1 个指标是过去 4 年的货币供应量增长率减去实际国民生产总值的潜在增长率。"潜在增长率"是指过去 10 年的平均增长率。这一指标基于这样的观点：货币供应量增长引发通货膨胀或通货紧缩，而非国民生产总值的增长。无论是通货膨胀还是通货紧缩，都是我们不愿看到的。通货膨胀使货币财富贬值，也被这个研究著作的作者称为"财产的不合法没收"（1996 年，第 3 页）。

第 2 个指标是近五年来年通货膨胀率的变动幅度，用标准差表示。标准差：控制一个变量值围绕其平均值的统计标准。一个国家的价格水平变动越厉害，个体形成稳定预期就越难。因此，高变动幅度会导致较差的评价。

本方面指数的第 3 个指标是当前的通货膨胀率。

本方面指数的最后一个指标考虑的是本国居民能否持有非本国货币的银行户头以及他们是否允许在他国拥有合法账户。如果上述事实成立的话，他们就有可能用本国货币来替换他国货币，从而至少在一定程度上弥补本国货币动荡不稳的消极影响。如果是这种情况，该指标将呈现积极的评定。

4. 外贸的自由度

本方面指数所包含的 5 个指标用来测量对外贸易自由度遭受破坏的程度。选择这些指标的依据是没有理由为人们获取交易利润设置障碍甚至禁止，仅仅因为这些利润是通过跨境的方式取得的。

使这种考虑数量化的第 1 个变量是测量对外贸计征的税收占出口和进口总额的百分比。税额越高，跨境交易利润的获得就越难，经济自由权就越小。这一指标还引进了另一个概念——国际贸易的平均税额以及税率的标准差。

第 2 个指标由两个二级指标构成。它一方面测量非关税贸易壁垒在多大程度上增加了跨境交易的成本；另一方面测量遵守进口及出口规定的成本代价有多少。

第 3 个指标考虑的是一个国家进入世界贸易的实际融入度与理论上可实现的融入度之间的关系。这个理论融入度可根据地理跨度、居民数量和该国的地理位置综合得出。如果实际融入度劣于理论融入度，研究学者则认为，非关税贸易壁垒很可能是其罪魁祸首。同时，这也降低了经济自由的程度。

如果存在外汇限制规定，对于想从事外贸交易的国家来说就很难获得所需的外汇。通常情况下，外汇的黑市会随之产生。黑市交易中一单位外国货币兑换的金额越高，本国外汇规定就越严格，经济自由权利则越受限制。

最后一个指标测量的是资本自由度是否受限。如果外国商人投资需要特别允许，或者利润只有部分能转移到他国，这一指标呈现的便是负数。

5. 对信贷、劳动力和商业的管制

本方面指数中的 3 个指标将衡量个人从事经济活动时能在多大程度上不受政府规制的影响。这一点既适用于产品生产决策也适用于消费选择。该指标涉及的问题是个人是否成为做出最终选择的市场参与者，或者他们的决策权被国家代表所剥夺。

谈到信贷市场的规制，人们要问银行的所有者是谁，它所经受的国际竞争有多强，国家是否对利率实行控制等。

所谓劳动力市场的规制，则是对自由交换的限制规定，例如是否存在最低工资标准、聘用和解雇规定以及兵役义务。

最后一个方面研究的是政府对公司管理的影响程度。这里要考虑的是公司成立的成本是多少，企业是否能自由定价。此外还需考虑，是否需要支付贿赂，怎样适应国家的税收条例等。

评分方法

为研究这 23 个指标，研究者总共收集了来自 140 个国家的数据。评分过程中，每项的最好分数是 10，最差分数是 0。尽可能使评定结果免受自我主观评价的影响对于该项研究的科学家来说十分重要。因此，如果可能的话，他们采用了可运作的客观变量。如果某些方面不存在这种客观变量时，他们就采用其他作者的评价结果（例如《全球竞争力报告》或《国际国别风险指南》作者的评价结果）。

图 5-2 是从 2008 年发布的指标中摘选出来的。这里涉及的国家是根据 2006 年世界经济自由得分的评定范围选定的。

对比借助民主为指标获得的个体自由结果，我们发现仅仅世界经济自由指数的得分结果出奇地明确：绝对人均收入额与经济自由度成正比。图 5-3 和图 5-4 是基于图 5-2 的排序得出的。将一个分布拆成同等大小的组别就产生了分位数。4 个相同大小的组别称为四分位数，5 个相同大小的组别称为五分位数，10 个称为十分位数，100 个为百分位数。这些国家被分成四个大小相同的分组（"EFW 四分位数"）。图 5-3 表明，经济自由度与人均收入之间存在一个明确的比例关系。从图 5-4 可以看出，收入增长与经济自由度之间的关系不是那么明确。

非经济学家可以辩驳，收入与经济增长指标被过分强调。而事实上对于人类更重要的应当是其他变量，例如环境保护或人类寿命。图 5-5 与图 5-6 表明，这与经济自由权这一指标之间也有着明确的相关性。

第五章 制度对经济增长与经济发展的重要性

排名	国家/地区	指数	排名	国家/地区	指数
1	中国香港	8.97	72	吉尔吉斯斯坦	6.80
2	新加坡	8.66	73	罗马尼亚	6.79
3	新西兰	8.30	74	波兰	6.78
4	瑞士	8.19	75	巴巴多斯	6.75
5	智利	8.14	76	保加利亚	6.74
6	美国	8.06	77	巴布亚新几内亚	6.71
7	爱尔兰	7.98	78	以色列	6.69
8	加拿大	7.91	79	埃及	6.68
9	澳大利亚	7.89	80	斐济	6.64
10	英国	7.89	81	黑山共和国	6.58
11	爱沙尼亚	7.81	82	中国	6.54
12	丹麦	7.74	83	俄罗斯	6.50
13	奥地利	7.67	84	塞尔维亚	6.47
14	卢森堡	7.65	85	阿塞拜疆	6.46
15	巴拿马	7.65	86	印度	6.45
16	芬兰	7.62	87	海地	6.44
17	毛里求斯	7.62	88	土耳其	6.42
18	中国台湾	7.62	89	马其顿	6.40
19	阿拉伯联合酋长国	7.58	90	突尼斯	6.39
20	巴林	7.56	91	巴拉圭	6.38
21	哥斯达黎加	7.56	92	莱索托	6.36
22	荷兰	7.56	93	印度尼西亚	6.35
23	马耳他	7.54	94	摩尔多瓦	6.34
24	冰岛	7.53	95	克罗地亚	6.33
25	挪威	7.53	96	坦桑尼亚	6.32
26	斯洛伐克共和国	7.52	97	尼日利亚	6.31
27	德国	7.50	98	马达斯加	6.29
28	萨尔瓦多	7.48	99	马里	6.28
29	洪都拉斯	7.48	100	多米尼加共和国	6.27
30	日本	7.46	101	越南	6.22
31	科威特	7.46	102	卢旺达	6.20
32	韩国	7.45	103	玻利维亚	6.18
33	法国	7.43	104	摩洛哥	6.16
34	约旦	7.40	105	阿根廷	6.10
35	立陶宛	7.38	106	波斯尼亚和黑塞哥维那	6.10
36	塞浦路斯	7.36	107	斯里兰卡	6.10
37	阿曼	7.36	108	科特迪瓦	6.09
38	匈牙利	7.33	109	毛里塔尼亚	6.05
39	西班牙	7.32	110	巴基斯坦	6.01
40	瑞典	7.28	111	巴西	6.00
41	秘鲁	7.26	112	伊朗	5.99
42	格鲁吉亚	7.25	113	圭亚那	5.98
43	危地马拉	7.25	114	塞拉利昂	5.97
44	拉脱维亚	7.22	115	孟加拉国	5.93
45	牙买加	7.19	116	马拉维	5.93
46	葡萄牙	7.19	117	多哥	5.90
47	比利时	7.18	118	贝宁	5.89
48	亚美尼亚	7.17	119	布基纳法索	5.87
49	赞比亚	7.13	120	厄瓜多尔	5.83
50	博茨瓦纳	7.12	121	哥伦比亚	5.81
51	哈萨克斯坦	7.12	122	加蓬	5.80
52	希腊	7.11	123	喀麦隆	5.79
53	巴哈马	7.10	124	叙利亚	5.76
54	捷克共和国	7.09	125	莫桑比克	5.74
55	肯尼亚	7.09	126	塞内加尔	5.72
56	特立尼达和多巴哥	7.07	127	埃塞俄比亚	5.71
57	阿尔巴尼亚	7.06	128	乌克兰	5.68
58	南非	7.06	129	尼泊尔	5.58
59	泰国	7.04	130	布隆迪	5.54
60	尼加拉瓜	6.96	131	阿尔及利亚	5.34
61	意大利	6.95	132	尼日尔	5.11
62	乌拉圭	6.95	133	乍得	5.00
63	蒙古	6.91	134	刚果民主共和国	5.00
64	斯洛文尼亚	6.90	135	几内亚比绍	4.84
65	乌干达	6.90	136	中非共和国	4.79
66	马来西亚	6.88	137	刚果共和国	4.44
67	比利时	6.85	138	委内瑞拉	4.33
68	墨西哥	6.85	139	安哥拉	4.04
69	纳米比亚	6.83	140	缅甸	3.69
70	菲律宾	6.83	141	津巴布韦	2.89
71	加纳	6.80			

图 5-1 2007 年世界经济自由指数的国家及地区排名

资料来源：格瓦特尼、罗森（Gwartney, Lawson, 2009）。

· 90 · 制度经济学

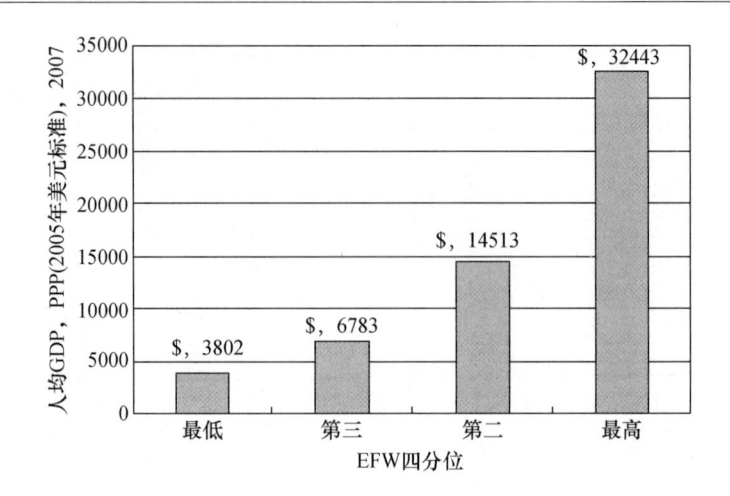

图 5-2　经济自由与人均收入

资料来源：格瓦特尼、罗森（Gwartney, Lawson, 2009）。

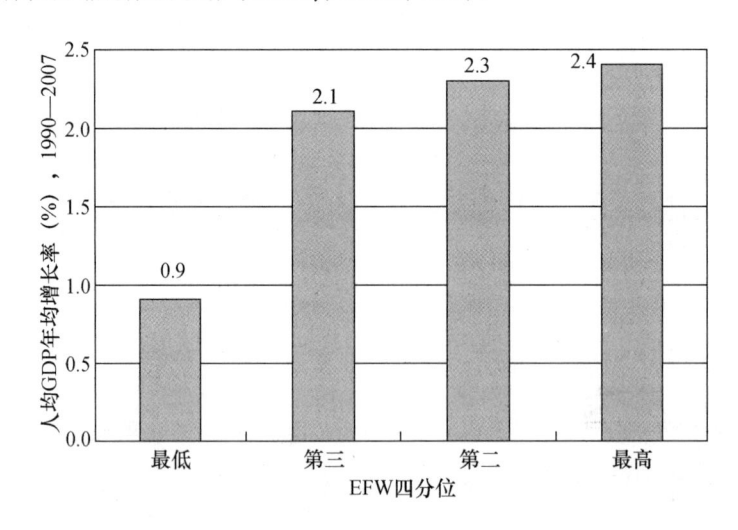

图 5-3　经济自由与收入增长

资料来源：格瓦特尼、罗森（Gwartney, Lawson, 2009）。

世界经济自由报告的作者考虑的是，这里不仅仅强调的是相关性，更重要的是这是明确的因果关系[①]：经济自由权得到扩大的国家，他们的经济增长率在不久的将来会提高。

---

① 相关性与因果关系的区别会在下面的 5 分钟迷你课堂——计量经济学中——进行解释。

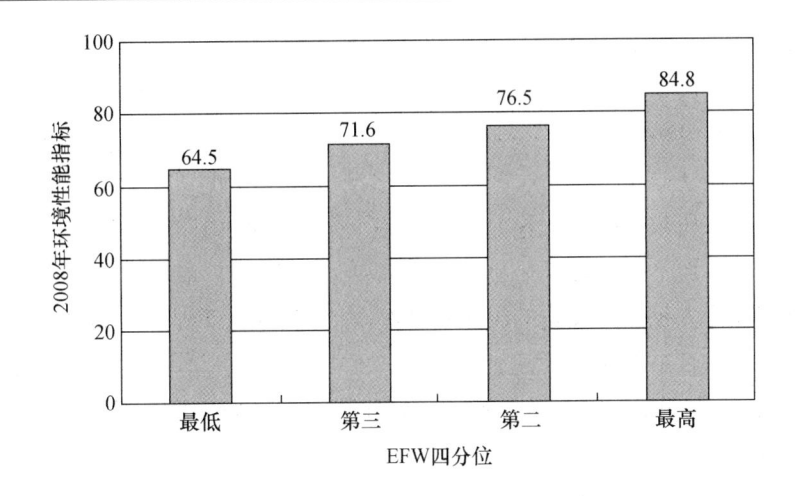

第五章 制度对经济增长与经济发展的重要性 ·91·

图 5-4 经济自由与环境品质

资料来源：格瓦特尼、罗森（Gwartney, Lawson, 2009）。

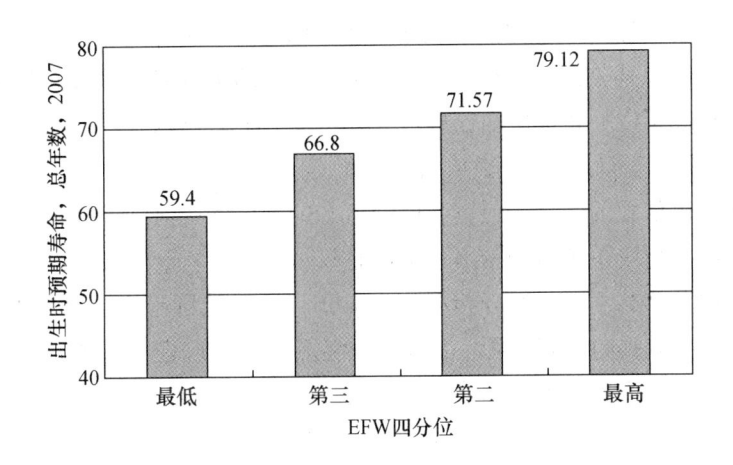

图 5-5 经济自由与人类寿命

资料来源：格瓦特尼、罗森（Gwartney, Lawson, 2009）。

（三）对经济政策产生的结论

通过上述对相互关系的描述，对经济政策要求就自然地产生了：只要高人均收入是经济政策的中心目标，同时经济自由度又被看作是其成因的话，那么促进经济自由权利并推行从制度经济学角度看正确的经济增长政策的要求就显而易见了。更多经济自由会带来更高的经济增长吗？发布经济自由指数的作者群中也提出了这一要求。格瓦特尼和霍尔克姆（Gwartney，Holcombe，1997）提出很多借助宪法来确保经济自由的建议。他们还特别对发展中国家应该如何在宪法规定中将经济自由具体化提出建议。按照他们自己的话，他们由此遵循一个目标：即"跨出从宪法理论到编写出最优宪法这一步"。这些建议对于制度经济学的重要性是显而易见的，因为自由权利——无论是政治性的、公民性的，还是经济性的——应当在规则层面上得到保证。格瓦特尼和霍尔克姆虽然发现，法治国家的宪法可能在许多经济欠发达的国家被某些政治家滥用，因此仅仅通过一项从形式上确保自由权利的宪法显然对于真正实施该宪法是不够的，但他们还是强调，"一部确保经济自由的宪法是建立一个国家、保证其经济增长和繁荣富强的第一步"。

（四）有关经济自由指数的批评

接下来应该说说经济自由指数中值得质疑的几点。首先是研究的理论基础。在非民主国家也能实现高经济增长率的说法使很多相信民主与市场经济间有着必然联系的拥护者投入战斗。他们争辩说，威权统治者，即使他有意愿确保其公民的产权，也不曾拥有必要的工具来促使人们对此深信不疑。他们可以一再废除自己的政令，由此，他们可以一再宣称经济自由权得以保障，然而公民却会认为政府的整个宣言和号召是不可信的。此外，确保可信度的问题是超越了时间概念的，超越任何一位威权统治者的统治时间，与统治者替换密不可分的是权力斗争和政治变动，而这些又会使产权受到威胁。从上述分析中可以看出，这些问题不仅仅在威权体制，它们在民主政体也同样重要。民主政体的批判者辩驳说，这类问题虽然在民主政体中也十分重要，但民主在解决这类问题时拥有更高的能力还需要证明（例如 Przeworski，Limongi，1993：53）。

事实早已证明，和经济自由权利与经济增长之间的相关性不同，民主与经济增长之间的相互关系不是那么明确。尽管如此，这也表明，不论是民主还是经济自由权都只是纯粹从它们的功能上进行分析。也就是说，民主——或经济自由权——是否对更高的经济增长目标起推动作用还是一个疑问。许多观察者的观点认为，对民主和/或自由权的评价不应当仅根据功能标准来进行。因为，民主（和/或自由权）本身就具有一定的价值。一些观察者甚至预言，根据猜想的经济增长优势设立个体自由权的做法已经意味着滥用权力的开始。换言之，只有人们对自由本身会作为价值的自由感兴趣时，自由权才能得到保障。对这一假设进行实践检验是很困难的。对目标实现度彼此间消极相关的目标需要进行权衡。某件产品拥有较高的品质，时常也伴随有较高的生产成本。因此，如何权衡两个目标是很有必要的。但是，只要民主、自由权和经济增长三者间不是相互排斥的（目前也没有任何事实能证明这一点），那么就可以把这三者都作为价值来看待，而不去考虑权衡问题。

尽管如此，理论问题还是没有得到最终的解答：

（1）从纯粹功能主义视角出发，多大的自由权利为最优水平？自由权利的最大化似乎并不一定增进福利。甚至它到底指的是什么，这一点还不清楚。产权保障需要资源：警察局、检察院和法庭最终都需要有人来为此埋单。最低税率与稳定的产权自然也是无法共容的。这也适用于集体产品的生产，如交通运输网。没有高度发达的街道网络，就无法实现更高的福利水平。研究报告的作者似乎经常认为，市场与国家之间存在着对立，国家行为原本就是低效的。从制度经济学角度来看，这一视角太过简单：我们看到，市场的运行以国家为前提条件。显然，国家机构的运转并不是零成本的。我们还看到，国家行为（例如技术准则和标准，或者是纠纷调解）可以更加有效，虽然这些产品由私人来提供也是可能的。

对于经济自由权利与经济增长之间相关性的继续研究还应考虑以下两个方面：

（2）在何种程度上确保（可信的）经济自由权利对于经济增长来说是一个必要而非充分条件？换言之：难道不是至少部分人口必须具备一定的竞争意识，从而真正推动更高的经济增长吗？这其实等于说要更多地考虑非正式因素的作用。关于其重要性的解释会在第三节中提到。

（3）到目前为止，我们总是默认，经济自由权利是外生给定的。然而，它的的确确是集体选择行为的结果。要提出的问题是，哪些变量能更好地解释（正式）确保经济自由权利水平之间的差别。人们有理由认为，公平和正义的概念——这属于内部制度的范畴——在此会起到一定的作用。

二 从双变量到多变量相关性

上面的图示将经济自由指数与其他变量（收入、经济增长、环境品质和预期寿命）联系在一起。所谓的双变量（基于两个变量）相关性也呈现在图示中。从这些双变量相关性中，我们也不能急于得出结论。因为，经济的增长可能与一系列其他因素有关。投资率、人口增长率、通货膨胀率和一国经济的国际融入度都是可能的相关因素。为了得到权威的答案，我们必须采用多变量分析法，将更多变量的可能影响都考虑进来。现在给大家看一些有关多变量的研究。

计量经济学的 5 分钟迷你课堂

5 分钟内你当然不能学到所有东西，这通常得花费学生好几个学期的时间来获得统计及计量经济学课程中的知识。然而，了解了计量经济学中的一个或两个基本点——研究测定经济学变量的量值的分类方法——能帮助你理解这一重要方法的核心观点。

假设我们掌握了 30 名学生的体重和身高信息。具备了这些信息，我们就可以为每个同学在图上找到一个点，来反映体重与身高之间的关系。我们之前已经推测，重量与高矮之间的关系是成正比的。通过观察图中的点位可以得知，结果与我们的推测十分接近。那么我们就需要知道，要使任意挑出来的学生身高是 180cm，而非 170cm，他的体重应该是多少呢？为了解答这个问题，我们首先将图中各点连成一条直线。为了画这条直线，我们也有一个简单的规则：实际存在的点与直线上的点之间的误差的平方和为最小。这也被称为最小平方法，英语上称之为"最小二乘法"。有关计量经济学的专业书刊中也常用缩写 OLS 来表示。

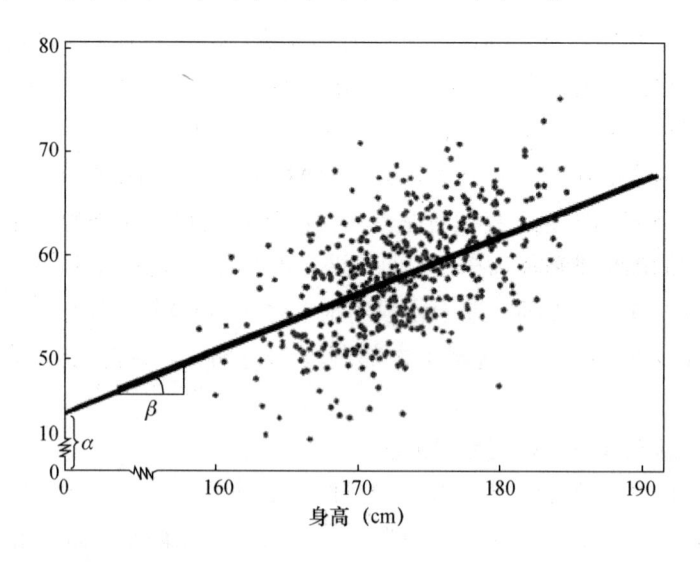

上述相关性也可用代数表示为：
$$y = \alpha + \beta x + \varepsilon$$

y 是非独立变量，即上述例子中每个学生的体重。它也可以是收入、经济增长率。x 是解释变量，即上述例中的身高。它也可以是制度的品质或经济自由度。我们最感兴趣的是数值 β，即直线的斜率。β 表示的是 x 的变化在 y 上是如何体现的。我们假设，体重只由身高决定（或者经济增长只由经济自由度决定），虽然这种假设是不现实的。骨架（或投资活动）可能是另一个重要因素。我们可以将它融进式子中：

$$y = \alpha + \beta x + \gamma K + \varepsilon$$

这样一来，我们就不能简单地采用二维图示来体现这些变量之间的相关性。虽然式子变复杂了，但它可以提高评估的精确度。另外两个希腊字母的含义还没有提及：α 与你在课堂上学到的"y 轴"一样。不是所有的直线都需要经过起点延伸。例如，正 α 表示，x 变量的值为零时，y 总是正值。ε 被计量经济学家成为"Störterm"，即误差项，它包含了所有借助变量无法解释的偏差。

最后，还要强调一下如何阅读计量经济学计量结果一览表。在审阅观察样本数量后（应当越多越好），还应当看一看所谓的确定性标准，通常用"R^2"表示。简单来说，它表示借助等式中的解释变量（这里指的是 x 和 K）能"解释"y 值变化的百分数。"解释"一词之所以用引号圈出，是因为借助上述方法无法说明其中的因果联系（y 是由 x 引出的——或者正好相反？），而仅仅只表明了一种相互关联性。

由上述我们可知，经济自由指数由 23 个变量组成。假设一个政治家希望提高本国的经济增长率。这一长串指数全摆出来似乎用处不大。因此，几个研究报告的作者便提出这样的问题：哪些变量对经济增长的影响较大，哪些我们又可以忽略呢？

卡尔森和伦特施多姆（Carlsson, Lundström, 2002）得出结论，指标中只有法律结构与私人产权的保障这一方面指数通过了全部的"稳健性检验"，而拥有利用外国货币的自由离稳健标准不远。当环境条件的细微变化不会导致结果的重要性发生重大改变时，可被视为稳健。其他所有指标都没能通过严格的多变量检验。贾斯特逊（Justesen, 2008）用另一种方法得出结论，只有在政府与规制行为的程度上存在明确的相关性：政府干预覆盖范围越广，能观察到的经济增长率——在其他条件相同的情况下——就越低。

三 其他一些研究的结果

克莱格、基弗、克纳克和奥尔森（Clague, Keefer, Knack, Olsen, 1995）开发了一种简单的客观指标，借助这种指标可以为保障财产所有权与支配权建模：该指标基于这样一种观点：当行为人担心银行不遵守契约或破产时，他们总是倾向于持有现金。严格来讲，该指标涉及在一个经济行为的重要层面上经济主体的预期。产权越稳定，就有越多的行为人持有所谓的"契约密集型货币"。这种货币包含了其他主体——如银行——也能参与其中的工具。克莱格等（Clague et al., 1995）借助货币供应量 M_1 和 M_2 的概念来使得契约密集型货币具有可操作性，并用（$M_2 - M_1$）/M_2 的关系来定义这种货币。M_1 指的是现金与活期存款（国内非银行部门在国内银行存下的存款）之和，M_2 是指 M_1 与期限不超过 4 年的定期存款（国内非银行部门在国内银行所存下的存款）的总和。作者证明，这种"契约密集型货币"在经济学（和统计学）意义上与投资活动显著相关，并且当通货膨胀、实际利率和其他投资因子都被考虑进去后，这种关系也是成立的。这个指标最大的好处在于，它适用于数个年度和数个国家。这一点与其他精细指数不同，它们只能在高投入的情况下对过去几年进行测定，或者根本无法测定。

赫尼兹（Henisz, 2000）致力于研究政府在遵守其由自己通过的法律法规的能力。他的指标的基本观点显而易见：需要对规则改变投赞成票的（政治）行为人数量越大，无法事先预见的规则改变就越少。尽管议院和拥有否决权的行为人的数量庞大，只要议院成员有相似的偏好，比如他们同属一个党派，那么规则改变还是有可能实现的。赫尼兹通过研究偏好的实际分布，在他的指标中也考虑到了这一点。这一指标同时具有制度和非制度（政治）的组成部分：即一个国家权力划分制度的正式结构以及不同议院中的政治多数。推测的运作机制为：拥有否决权的行为人数量越大，法律安全性就越高，就会产生更多的投资活动，从而最终带来更多的经济增长。赫尼兹得出结论，他的指标对经济增长率不仅仅具有显著的统计效果，同时还具有显著的经济效果。

用批判的眼光来看待这一指标时，应注意到：赫尼兹不得不认为依据宪法享有否决权的行为人事实上也的确拥有这种权利。但许多形式上独立的法庭或货币发行银行事实上绝不是独立的，这一点无须特别强调。此外，该指数没有对制度的内容架构做出任何说明。然而，政府行为的可信度也许并不是经济增长的充分条件,更确切地说是一个必要条件。在一个拥有否决权的行为人占多数、制度品质较低的政治体系中,制度的完善很难实现,其原因恰恰在于这一体系中拥有否决权的行为人数量太多。赫尼兹不得不隐含地认为,正式制度必然对福利增长具有促进作用。

下面我们来看一些利用主观数据的研究。克耐克和基弗（Knack, Keefer, 1995）利用提供给国外潜在投资者的信息。它们有利于评估国外投资者的活动带来的风险并通过不同国家来进行对比。国际国别风险指南（ICRG）将这些数据收集起来并提供给国外投资者。其中包含了有关财产所有权和支配权的安全性的多个指标,如法治国家、被剥夺财产的风险、政府不承认契约的行为、政府内部贪污受贿的程度和官僚主义的水平。克耐克和基弗（1995）通过这些向世人表明,从统计学上看,国际国别风险指南指数得分与经济增长有显著的相关性。

布鲁里提、基逊克和韦德（Brunetti, Kisunku, Weder, 1998）提出,主观非确定性指标胜过客观指标。他们认为采访本国企业家的方式比采访国外投资者的方式更胜一筹。其原因在于本国企业家的行为才是对一国经济发展起决定性作用的力量。研究报告的作者们在欠发达国家采访了2500多名企业家,又在经济合作与发展组织成员国中采访了近200名企业家。在他们的调查研究中共收集了58个国家的数据。"人身与产权的安全性"、"立法的可预见性"等指标与经济增长的相关性最高,"贪污腐败"、"可感知的政策不稳定性"和"司法实施的可预见性"等指标与可观察的投资率联系最为紧密。

我们已经认识了几种方法,似乎可以证明制度的内容和（或）其可信度是解释经济增长的重要变量。当然,还有许多问题有待解答。庄和考尔德隆（Chong, Calderón, 2000）指出,制度与经济增长之间的因果联系不一定表现为制度引发经济增长,也可以是反方向的因果联系:也许高经济增长引发了高水平的制度品质。目前介绍的研究都致力于分析外部制度及其实施。在接下来的一节中,我们将谈到内部制度与社会经济增长和经济发展的相关性。

四　制度抑或政策

衡量制度对整个国民经济增长的相关性研究相对来说还有待完善。自20世纪90年代中期以来,越来越多的方法致力于跨国境制度品质的比较研究。反映制度品质的不同方法各有千秋,这一点很快得到证实。不久前，一些科学家（Glaeser et al., 2004）公布了对这些衡量结果的"全面抨击"：他们认为，这些研究衡量的并不是制度的效用，而是各种政策的效用。研究报告的作者则认为，制度在一定时间内是相对不变的，制度的规则部分对政治家的行为起限制作用。然而，许多研究报告都基于不断变化波动的指标。这一点就明确地证明，这些研究并没有衡量——长期有效的——制度，而是——短期导向型的——政策。格莱塞等的评判在许多方面显得有些过分，然而他们提出对挑选出来的制度指标品质进行检验的要求似乎言之有理。

第三节 内部制度对经济增长和经济发展的相关性

相对于外部制度与经济发展之间相关性的研究来说，内部制度与经济增长和经济发展之间的相互关系较少体现在实践研究当中。因此，我们首先将会介绍关于这种相关性的几种理论思路。抛开外部制度与内部制度的相互依存关系，首先要搞清楚哪些内部制度对经济增长起促进作用。

一些理论思路

首先我们来看一看个人态度。个人态度并不等同于内部制度，但它与内部制度有着密切联系。我们可以推测，以下个人态度对经济增长起促进作用：

（1）每一个行为人都对自己设定的目标、选择实现目标的方式以及目标实现的程度负责。然而，如果大部分行为人都认为，个人的努力与生活成就并没有多大关系，命运、上帝或任何一种其他因素才是对成就起决定作用的力量。那么很难想象经济的繁荣和高经济增长率与许多企业家的努力联系在一起。缺乏这种信念，就很难引入私人产权的概念，人们就总是会把个人行为的后果归咎于特殊个体即行为权与支配权的所有者。私人产权考虑的不仅仅是每个所有者拥有使用和出售产品获得利润的权利，它还告诫人们，他们要对其财产负责（例如践踏粮农庄稼的牛群）。

（2）经济上颇有成就的个体更确切地说具有一种榜样特质，而不是遭到其他人的妒忌。这意味着，经济世界里的不平等是被接受的（只要它的实现是合理的）。此外，当妒忌他人的人将这种妒忌作为赶超被妒忌人的激励时，妒忌有时也是具有积极作用的。

（3）不论从地理角度来看还是从社会角度来看，行为人都是可移动的。地理移动的好处在于，它可以与不流动要素一起构成有效的结合。社会的不流动成员也应当接受这一观点。当他们反感厌恶外来人员时——例如由于他们的迁入带来竞争压力的增大和工资的降低——会导致要素自由度降低，从理论上说这就有可能无法实现经济的增长。社会地位的变动不仅仅意味着人们的地位升级，也可能意味着地位的降级。当人们在社会阶梯中往上爬时，他被看作是榜样，如果人们纷纷效仿他的话，这固然会带来更高的经济增长率。那些在社会阶梯中下滑的行为人最好不应受到羞辱，因为这样做会导致人们愈加反感风险，那么愿意自主创业的企业家就自然更少。①

（4）至少一部分人的行为是富有创造性的。创造性行为不仅仅只存在于生产者这边，它同样也存在于消费者这边。在此，研究称其为"消费先驱者"。他们的存在对于社会来说是必需的，否则新产品的引入将无法想象。

（5）大部分人对陌生事物都没有敌意。这一点正好反映在对外国投资者、外国劳动者以及外国产品的态度上。

（6）大部分人愿意接受他们其中的一些人不通过劳动如金融服务等而获得巨额财富。

（7）大部分人拥有次级美德，如忠诚、准时等。如果人们在一次与陌生人的简单交易中不受其欺骗，那么这显然能降低交易的成本。

在高人均收入和高经济增长率的国家当然也有人不同意这种态度。这种思想态度的传播和蔓延并不构成发达工业国家拥有高经济增长率的必要条件。相反，赞同上述态度的行为人们似乎有必要注意防止自己的行为与其相违背。换言之，上述态度并不一定需要相应的制度来支持它，它应当确保没有制度来破坏它的实现。这是一些关于这一主题目前的想法和观点。他们还需进一步延伸。例如，我们需要考虑，在一个社会中具有上述态度的人是否存在一定的最低百分率，从而使经济的可持续增长得以实现。

---

① 社会地位的下滑不会遭受别人的羞辱："美国人从大胆从商的经历中形成一种美德，他们绝不会诅咒那些果敢的人。因此，人们会发现，美国人对待破产者有一种固有的宽容：他的婚姻丝毫不会受到此种不幸的动摇。"这样一种对社会的描述源自托克维尔（Tocqueville, 1840, 1985: 274）。

在第二章中，我们了解了帕特南（Putnam，1993）关于地方政府的品质对相应地方特有的合作行为倾向依赖性的分析。帕特南在谈到意大利时所做的分析表明，制度的实际品质可以借助我们称为公民社会的实现程度进行解释。拉·波塔、洛佩斯·迪塞兰斯、施雷弗和维舍尼（La Porta, Lopez de Silanes, Schleifer, Vishny, 1997）提出，这一结果是否具备普遍适用性，是否能通过意大利的实例将其结果普遍化。合作行为的倾向是通过行为人对其他行为人的信任程度勾画出来的。其间，作者运用了《世界价值调查》在20世纪80年代及90年代早期对40多个国家的1000多人进行调查得出的数据。根据拉·波塔等的观点，无论是从统计学角度来看，还是从数量上来看，信任对衡量国民经济的成就具有举足轻重的作用。

从这一点来看，将帕特南的结果普遍化似乎是可行的。下面的研究将着重探究信任的根源何在。换言之，将信任内生化。研究报告的作者恰恰就是这么做的。正如第一章中所描述的，帕特南推测，等级结构——尤其是天主教——会阻碍信任和相互合作的形成。拉·波塔等通过测量加入等级观念盛行的宗教的人——这包括天主教、东正教和伊斯兰教——在所有人群中所占的百分比，使等级组织——尤其是宗教——的相关性成为一个可操作的指标。他们向人们展示了（同上，第336页及以后），"在同等收入水平情形下，存在严格等级观念宗教的国家，那里的法律体系更低效，贪污腐败现象更泛滥，政府执政施政能力更低下，逃税率更居高，公民行动和行业协会的参与率更低，大企业的作用更小，基础设施条件更差，通货膨胀率更高"。

批评：连不可知论者和固执的天主教批评家自己都会惊讶，只有唯一一个变量能拥有这样广泛的解释力。因此，在批评上不必多费口舌：

（1）不论是对一个宗教进行纵向还是横向分类的做法，都被认为是过分的简化。这里进行的分类当然对结果是具有决定性作用的。但它并不是在所有情况下都是毫无争议的。

（2）存在许多拥有大量会员且横向组织的自发型联合会对于确保法治国家和民主是绝对不够的。魏玛共和国时期联合会的繁荣发展并没有对希特勒的独裁统治起到任何阻止作用。

（3）集体主义态度和政府行为之间的相关性需要进一步研究。不论是联合会还是国家或者其政府都是集体行为人。对集体主义持批评态度不仅会使人与政府行为保持距离，也会与协会保持距离，并最终导致成员数量的减少。

第四节 外部制度与内部制度之间的比例关系对于经济增长和经济发展的相关性

本章第二节中我们谈到，适当的外部制度能带来较高的经济增长率。在第三节中我们又研究了，一些可见的论据和少数实践证据表明，内部制度与经济增长之间也存在着积极的相关性。到目前为止，我们实际上还没有就外部制度与内部制度之间的比例关系对经济增长率的影响这一问题进行研究。

费尔德和沃格特（Feld，Voigt，2003）的一份研究报告可以用来获得相关提示。在这份研究报告中，作者提出不论是从法律上还是事实上，一个国家的司法独立性究竟有多大的问题。作者推测，独立性越高能给经济主体带来更多的法律安全性，这又必然带来更多的投资活动和更高的经济增长率。事实表明，司法在法律意义上的独立性与经济和福利增长的相关性并不显著，而事实上的司法独立性则完全不同。这也就意味着，仅仅从形式上承诺高度独立性是不够的，关键是要将这种承诺付诸实践。此项研究中并没有谈到法律意义上的司法独立性和事实上的司法独立性之间的区别该如何解释。然而，作者推测，一个社会的内部制度在此发挥了重要作用，尤其是这个社会在需要的情况下自发生产集体产品的能力。

第五节 悬而未决的问题

传统经济增长理论认为，经济增长可以仅仅借助劳动力和资本要素来进行解释。相反，新经济增长理论总是还考虑到人力资本可能发挥的作用——这实际上是间接地考虑到一个国家教育体系的品质。然而，一般说来，在这一理论内部，一个国家的制度品质——例如经济自由权利的区别——不会对国民经济增长率产生影响。制度经济学家则推测，引发经济增长的因素既不是物质资本也不是人力资本本身，而是它们与制度的结合体。用经济增长理论的话说，制度首先通过所谓的全要素生产率来发挥作用。

目前，除上述引用的出版物之外，还有一本研究此问题的完整书籍。书里提到，一个国家的法律传统（由另一个问题——即国家能否归类于《普通法》或《民法》传统——演变而来）对今天金融市场的品质是否有相关性（例如 La Porta, Lopez – de – silanes, Shleifer and Vishny, 1998, 1999）。另一部文集则致力于研究进口国在什么条件下能真正将"引进的法律规定"付诸实践并对经济发展发挥积极作用（例如 Pistor, 2002）。

另一个研究方向则认为，一个国家的地理条件对其经济增长起长期决定作用。同类问题还包括，一个国家是否拥有港口或者是否四面环陆地，地理位置是否能减少国内载物和载人的运输成本，气候是否会引发威胁生命疾病的产生，气候是否是均匀分布、可预测的，等等。这一研究方向的代表人物是杰弗里·萨克斯（Jeffrey Sachs，例如参阅 McArthur, Sachs, 2001）。罗吉里克等作者（Rodrik et al., 2004）则是这一研究方向的反对者，他们的论文以《制度规则》（Institutions Rule）为题，归纳了他们的论述。

复习与思考

1. 对比客观数据，谈一谈主观数据的优势和劣势。
2. 思考一下其他用于划分不同数据组的方法，从而完成对不同国家间制度品质的比较分析。
3. 试着列出一些民主政体对经济增长前景影响的机制。
4. 为什么说经济自由权利的"最大化"可能不会对福利增长起促进作用？再思考这样一个问题，这里的"最大化"究竟指的是什么？
5. 试证明诸如忠诚、准时等次级美德的传播能起到降低交易成本的作用。

参考文献

1. 奥赫尔和霍尔（Ochel, Röhn, 2008）以通俗易懂的方式解释了最重要的指标及其结构中的问题。几乎所有在概况中提到的指标都能在网络中找到。《世界经济自由报告》中包含了一个附录，列举了在自己研究过程中利用了本报告指标数据的各类出版物。例如德·哈安和施多姆

(de Haan, Sturm, 2000) 就致力于对《世界经济自由报告》中一些个别分析和观点进行批评性的研究。
2. 在 2005 年《世界发展报告》（主题为"人人享有一个更好的投资环境"）的配合下，世界银行开始进行其投资环境调查，共有 50 多个国家的 30000 名企业家接受访问。他们是主观指标的有力证明和坚实基础。
3. 民主究竟是否带来更高的经济增长或者——完全相反——高经济增长率引发民主的需求，关于这个问题的讨论是 1959 年由西摩尔·马丁·李普塞特（Seymour Martin Lipset）开启的。森德（Sunde, 2006）对此进行了通俗易懂的概述。格莱泽等（Glaeser et al., 2004）对制度与经济增长之间的相关性进行了批判。随后，沃格特（Voigt, 2009b）又对格莱泽等提出了批评。
4. 沃格特（Voigt, 1993, 2001）仅仅基于几个中欧、东欧转型国家各自适用的看法和内部制度——正如本章第三节所提到的——来预测这些相对经济增长前景，这种做法是一种勇敢的尝试。帕克和沃格特（Park, Voigt, 2009）认为，规则和观念既能对经济增长发挥直接作用（例如借助职业伦理），又能对其发挥间接效果（例如通过正式制度的品质）。同时，他们通过国别对比研究在实践中证明了这一点。
5. 有关妒忌的功能和作用的详尽研究来自赫尔穆特和休伊克（Helmut, Schoeck, 1966）。

第三部分
制度发展的经济学解释

第六章 关于外部制度变迁的解释

第一节 导言

第六章和接下来的第七章构成了本书的第三部分。从第二章、第三章、第四章的讨论中我们已经知道暂且不论是外部制度还是内部制度，至少制度本身是客观存在的，并且也对制度对参与者的行为所施加的影响力有了一定了解。之后在第五章中我们尝试着从国民经济学即宏观经济层面研究的角度，分析不同的制度类型对于经济增长率以及其他相关经济指标产生的各种影响。解释变量是指可用于进行解释说明的变量。而现在我们要以"制度"为立足点，尝试着解释为什么会出现某些特定的结果——从某种意义上讲，这里的"制度"具备了解释变量的功能。

在第六章、第七章两章中，我们思考的出发点发生了转移：经济理论是否能用于诠释制度的产生和变迁？这也意味着我们关心的不再是制度是否存在，而是转到与制度相关的利害关系和机制上——怎样的利益和机制催生了制度，且促使其发生变革的？在这里，"制度"从解释变量变成了被解释变量。被解释变量就是需要加以解释的变量。至于外部制度和内部制度的产生和变迁研究的先后顺序，我们主张首先从外部制度开始，把外部制度弄明白之后再去分析内部制度。之所以这样安排，有一个非常实际的理由：相对于内部制度，外部制度更复杂，需要考虑的方面更多。不过假如只是从时间发展的顺序来看，那么第六章、第七章两章似乎颠倒一下顺序才为恰当，毕竟有相当数量的制度在明确地依照群体决策划分成独立的外部制度之前，都是作为内部制度而存在的。

对制度产生和变迁的研究还应涉及有关所有制度类型的相关问题，这是因为在现实生活中，种类繁多的制度之间存在着多种多样的关联，也正是这种多样关联性的集合构成了不同形式的国体和政体。比如类似的问题有：威权统治是如何产生及变革的？法治国家的出现需要具备何种条件？民主诞生的社会及历史土壤是怎样的？怎样解释从独裁统治到法治社会，以及从法治社会到独裁统治的变迁？什么是革命或变迁得以成功的契机？……面对以上如此之多的问题，我们手头掌握的信息却少得让人咂舌。造成这种结果的原因与其说是由于缺少经济理论的指导，还不如说是因为起步太晚——直至最近经济学界才开始着手研究这些问题。乍一看上去，这些问题似乎都有些与现实脱节。民主法治国家产生的条件是什么？但是只需稍加思考就会发现它们与现实的相关性不言自明。纵览人类发展的整个历史，民主国家形式都是一个特例，绝大多数人仍旧生活在以威权形式构成的国家之中。在上一章中我们看到，经济自由权利行使的范围与收入和增长率直接相关。从这种意义上说，这些社会问题也和经济不无联系。自20世纪90年代以来，中欧、东欧以及世界其他地区的许多国家都贡献了大量社会变化进程的真实案例供我们观察和研究，比如东亚和拉丁美洲地区的民主化进程就是典型的例子。为了能够为这些地区国家的执政者们提供一些切实有效的建议，我们必须首先确保掌握了足够的关于不同国家形式的功能条件的知识，并且还要了解从一种国家形式转变成另一种国家形式可能遭遇到哪些障碍。

下面来看看本章的叙述结构：下一节中我们将首先讨论一种较为"幼稚"的产权起源理论。第三节中介绍的理论由于切实考虑到了其政治及经济进程而不再显得那么稚嫩。第四节不再专门针对特定的制度类型——与产权相关的制度类型，而是涉及整个政体的体制方面，即威权统治与法治国家。第五节将简要介绍不同制度之间的竞争——在过去几年中，这一问题在德国始终有着极高的关注度。最后在第六节中我们将尝试总结出在制度变迁的普遍性理论中必须考虑到的一系列要素。

第二节 产权的起源与变更
——一个"幼稚"的理论

在这一章节中我们将首先聚焦于对经济发展其核心作用的一类制度类型，即产权制度。首先必须明确的一点是，无论形制如何——私有产权或者集体产权,"产权"本身是不存在的。私有产权指的是产权所有人有权要求其他人未经其允许不得使用其所有物。当私有产权受到侵犯时,必须出现一个第三方,协助所有人行使权利。因此我们首先认定产权制度有一个明确的界定,之后更进一步认定对产权制度的侵犯会受到国家统治者的制裁。

假设有这样一个国家,该国已经做出了推行私有产权的基本决策,但是仍然还存在许多细节问题有待进一步解释。我们认定,在界定私有产权的细节问题时,该国的统治者将致力于为其设置一个界限,从而使以私人形式出现的经济主体都能尽可能多地从事交易活动。参与经济活动的个体的经济情况越好,国民生产总值也就越高,相同条件下政府所能收取的税收也就越多。

自20世纪60年代开始,先后有多位经济学家陆续出版了多本研究产权方向的著作,试图阐释产权的起源问题。产权是内在化进程的产物。在这里我们先来看一看美国经济学家哈罗德·德姆塞茨(Harold Demsetz,1967)的作品,他的思想被埃格特森(1990:249及其后)归结为"幼稚的产权起源理论"。该经济理论模型中没有明确涉及政治进程以及各方参与者的利益冲突。

我们可以用一句话概括德姆塞茨理论(1967)的中心思想:如果能够实现与净收益利润相关的外部效应内在化,那么私有产权将获得发展。因此,产权形成和变迁的原因至少包括以下两点:

(1)某些特定活动的外部效应随着时间的推移发生了变化。

(2)基于技术进步的内在化进程有可能使成本降得更低。

德姆塞茨在其著作中描述了在加拿大拉布拉多地区生活的印第安人部落中私有产权的产生过程,以此论证自己的假设:最初印第安人捕杀海狸,以其肉为食,以其皮为衣,只是为了满足个人需要;之后随着外部对海狸皮毛的需求量越来越大,印第安人捕杀海狸的动机不再单纯是为了满足个人消费的需求。他们已经认识到了与此相关的公共资源问题:对于每一个印第安人个体来说,在捕杀海狸的成本超过出售海狸皮毛获得的报酬之前,从事捕杀活动都是有利可图的理智行为;而对于整个印第安部落来说,这种行为却不一定同样具有理性,因为这里必然涉及一个现有海狸数量最大化的问题,也就是说,为了避免过度捕杀导致海狸灭绝或者为了保证未来有更多的海狸可供捕杀,当前合理的做法是减少捕杀海狸。

没有人有权力单独占有某一数量的海狸,只要这种非独占权存在,刺激印第安人制造负外部效应的诱因就一直会存在下去,也就是说,他们会捕杀更多的海狸,比从部落集体角度出发理性捕杀海狸的数量要多得多。此处就出现了内在化的可能性,因为建立私有产权(例如在院子外围修筑一道围栏)的成本低于其所能带来的预期收益。在这里,即使海狸皮毛的价格不变,但由于技术进步带来了修筑围栏的成本下降,同样可能导致产权概念的产生。德姆塞茨对加拿大的印第安人聚居区和美国西南部的印第安人部落中产权发展历史进行了比较。在美国西南部没有哪种动物具有与加拿大的海狸相类似的商业价值,与之相比,在那里畜牧业的重要性显然更加突出。畜牧业需要广阔的牧场,修筑围栏的意义微乎其微,因此也没有人想要这么做。

从上面的叙述中我们可以发现,德姆塞茨在构建其理论模型时没有把政治进程考虑进去:他忽略了一个问题——拉布拉多地区的印第安人怎样才能克服集体行为出现的问题?同样被忽略的问题还有:是什么刺激了当时该地区的政府大力推进私有产权的建立?因此,该理论模型的背后至少隐藏着两个假设——而很显然,这两个假设的正确性是有待商榷的:

(1) 政府充满了仁爱之心,因此他们有充分界定私有产权的动机。
(2) 政治交易的成本为零。

第三节 建立在政治经济因素权衡基础上的产权起源与变迁

1981年,美国经济学家道格拉斯·诺思(Douglass North)在其出版的《经济史中的结构与变迁》一书中提出了一种新的国家理论。按照该理论的说法,国家统治者和公民之间的交换关系发挥着举足轻重的作用。诺思理论的出发点基于一对自相矛盾的事实:一方面,国家的存在是经济增长的必要条件;另一方面,国家也是人为导致经济衰退的根源。为什么人们总是无法对产权做出有效的界定和区分呢?显然,诺思的理论已经超出了产权制度产生的"幼稚"理论范围,有国家就有无效产权(ineffiziente Eigentumsrechte),因而社会的经济增长潜力也总是无法得到充分利用。诺思理论的目标就在于解释无效产权是如何产生的。

诺思把国家定义为在暴力上具有比较优势的组织,在国土扩展时,国家的界限受其对选民征税权力的限制（1981：21）。这个定义的背后隐藏着对于产权重要性的深刻理解。与产权相对的是禁止他人使用所有物的排他权。一个在暴力上具有比较优势的组织理所当然要将产权具体化，并付诸实践。国内生产性产品交换的首要前提是使掠夺性的侵略者远离自己的疆土。这一点也是长久以来国家的中心职责之一。

诺思认为，所有研究国家存在的理论都可以分成两大类，即合约理论（霍布斯观点）和剥削理论（马克思观点）。合约理论是指，各社会团体通过合约就共生共存问题达成一致；剥削理论则主张，社会的一部分群体以牺牲其他群体的生存为代价（即"剥削"其他群体），为自己谋求更好的生存。霍布斯所代表的合约理论的中心思想与经济学观点是相容的：如果一个社会的所有成员放弃无政府状态下贫困、可憎、粗鄙和短暂的生活，转而选择臣服于一个权力受到一定限制（即合约的限制）的统治者，他们完全可以生活得更好。霍布斯认为，全体社会成员的生理能力并不存在大的差异，且只有某个或少数几个社会成员能够迫使他人接受自己的条件。但是马克思显然并不认同各社会群体（阶级）的共同利益会促使人们协调行动的说法。相反，他认为在每个历史时期总有某个阶级以剥削其他阶层的方式攫取财富。例如在资本主义世界，资本家就总是依靠剥削劳动阶级赚取利润。

在诺思看来，以上两种观点均有利有弊。合约理论着重强调从原始合约中获得的利处，而忽略了对此后产生的相互影响的分析。剥削理论则主要关注控制国家者的剥削可能性，而忽视了国家存在的益处。

因此在诺思的理论模型中所有个体都追求利益最大化，并具备以下三大特征：

（1）国家通过提供一系列服务（保护、公平）换取收入。由于提供安全与公平服务具有规模报酬递增效应，因此国家可以以低于需求者自己生产该服务所需的成本提供该服务。所谓规模报酬递增，指的是产出量的增长比例大于投入量的增长比例。

（2）正如实行价格歧视的垄断者一样，国家及当权者试图根据不同群体的支付意愿来对其进行征税，以实现国家收入最大化。

（3）在实现国家收入最大化的过程中，国家及当权者受到约束：在一国的统治范围内还有其他国家或个人能够提供类似服务，及国家的服务可被替代。可替代物越容易获得，当权者的行为就越加受到限制。

国家提供的服务也包括产权的具体化。国家追求收入最大化，因此需要界定和区分产权。此外，国家还力促通过交易成本最小化实现国民生产总值最大化，进而增加国家的税收。因此在诺思看来，这意味着国家必然要提供公共物品。

从以上两个目标中，诺思（1981：24f）推导出三层含义：

（1）这两个目标并不完全一致。国家收入最大化和社会产品最大化有可能相互冲突对立。

（2）要实现产权具体化并付诸实践，当权者就必须将一部分权力委托给代理人。这意味着我们在第三章中讲到的委托代理问题在此也有一定的重要性。

（3）国家提供的服务具有不同的供给曲线——至少某些服务体现的是典型的 U 形曲线。这种 U 形供给曲线的特点是：起初，供给的平均成本降低（可能因为固定成本被分摊到更多的产品数量中），降至某一数量后，该供给的平均成本又开始上升（可能由于越来越难找到合格的劳动力）。军事防务的成本曲线反映了所有可支配的军事技术。随着技术不断进步，可能出现一个"最佳"的国家地理跨度，也就是说，最终国家提供的安全服务的成本与受保护的个体缴纳给国家的税相等。

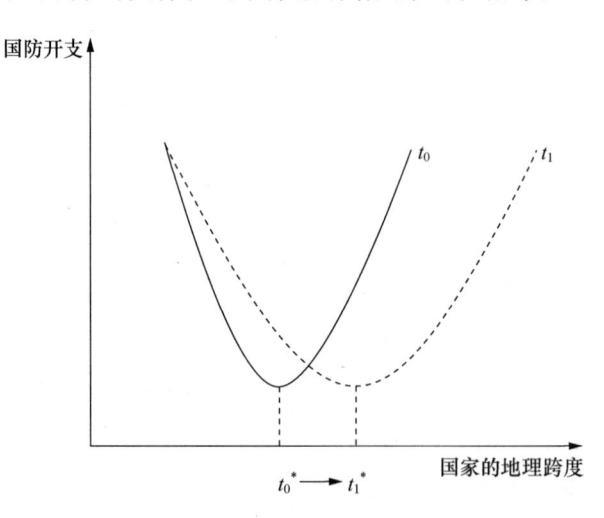

图 6-1 通过军事防务成本确定国家最佳管辖边界

从上面的简易静态模型可知，统治者受到两方面的限制：竞争限制和交易成本限制。这两种限制常常导致无效产权的出现。竞争限制是指要设法使能以相对较低的成本寻找其他统治者的群体不易遭受胁迫。换言之，统治者有动机厚待这些群体，以确保这些纳税人不会流失，在这一点上，对产权结构效率有无影响，并无关系。因此对于许多统治者而言，垄断权的分配极具吸引力。另外，交易成本限制也可能导致出现无效产权。从国民收入角度看竞争性市场显然是最佳选择，然而它却会成为统治者棘手的麻烦，例如必须花费大量的精力对市场行为进行评估以及征税。因此统治者们往往更倾向于分配垄断许可证。

经济学家预测"搭便车"行为的情况中也存在集体行为。诺思理论中推导出的论断如下：

（1）国家的稳定可以勉强解释为摆脱了集体行为的困境。

（2）制度变迁首先是产生于统治者而非被统治者，因为后者根本没有能力解决"搭便车行为"的问题。

（3）革命一般由宫廷政变触发，而非发生于民间。在宫廷政变中，现任统治者将由统治集团的另一名成员所取代。

（4）当统治者代表某个群体或某个阶级时，为了防止其去世后发生血腥暴力政变的可能，他将颁布一套继位制度。

最后，为了解释集体行为困境在什么情况下能够解决，以及在何种情况下不会产生集体困境，诺思提出了意识形态理论。

意识形态

《杜登外来词语字典》对意识形态的解释："与某一社会群体或文化紧密相关的世界观和价值观体系……"在诺思看来，意识形态是理解人类行为的"钥匙"。在《经济史的结构与变迁》（1981：48）一书中他把意识形态定义为"促使个体和群体行为模式合理化的意志努力"。他认为，意识形态有三个极为重要的功能：

（1）意识形态是个体降低决策成本的经济化手段。

（2）意识形态与涉及"公平"问题的道德及伦理评判紧密不可分割。

（3）当意识形态与个人的经验不相符合时将发生改变。

在这期间，诺思曾多次在各种文章和书刊中再三强调，充分理解意识形态对于解释人的行为具有举足轻重的意义（例如参见诺思，2005）。

现在回过头来看，本章第二节中的"幼稚"理论与本节的诺思理论有什么区别？答案显而易见：诺思提出的丰富、翔实且令人信服的论据足以证明，统治者的确有不充分界定私有产权的动机。

第四节 关于政体形式演变的解释

一 前言

在过去很长一段时间里，经济学界一直奉行这样一种观点，即认为经济学家的论断应该独立于已实现的政体。直到20世纪50年代，一些具有远见的经济学家开始提出是否可以用经济学的方法来解释政治进程的问题。"政治的经济理论"由此而诞生（最初被称为"公共选择理论"）。这一崭新的理论首先在美国发展开来，因此也就不难理解该理论的代表人物们为什么一开始都把研究重点放在民主制度的不同体制构架上了。公共选择理论形成之初，主要包含以下两个核心假设：（a）政权的基本规则是真实存在的；（b）政权的基本规则与民主的行为规则有关。

詹姆斯·布坎南（James Buchanan）和戈登·图洛克（Gordon Tullock）于1962年合作出版了一部专题著作《同意的计算》，该书被视为"宪则经济学"的奠基石。在该书中，政权的基本规则不再仅仅被认为是客观存在的，布坎南和图洛克更进一步假设社会有能力设定和改变其所生活在其中的基本制度规则。接下来的几年中，该理论始终处于绝对权威的高度，其支持者们也一直致力于使某些规则乃至整个规则体系（宪则）合法化。与如此典范的宪则经济学相比，其实证主义分支则要"年轻"得多——直到最近几年关于经济学家能否协助解释政权的选择和演变的研究才趋于系统化。这一研究领域发展十分迅速，在这里我们就不再逐一展开讨论了 [Voigt（2009c）介绍了关于此研究计划的概况]。

二 没有制度参与的转型理论

我们可以把迄今为止出版的所有旨在阐释政体转型问题的文章和书籍分为两大类：一类是有制度参与的转型进程，另一类恰恰相反，是没有制度参与的转型进程。无制度参与转型理论建立的基础可能包括以下几个要素：

——统治者自己的利益。麦圭尔和奥尔森（McGuire and Olson，1996）提出的就是这样一种理论。这两位经济学家共同致力于研究对于统治者而言怎样的剥削比率可称得上最优。通常情况下,一旦涉及专制统治,普遍观点均认为,统治者必然竭尽可能征收高额赋税,没有什么能促使他们把征来的税收投资到公共物品的生产中去。而麦圭尔和奥尔森则想要证明,以上的观点并不能准确地概括理性专制者的行为动机。他们从在古代中国存在过的流寇集团开始。理性的专制独裁者有优化税率的动机(但并不追求税率的最大化)。有远见的流寇首领不会满足于终日东奔西跑,而是会带领他的集团在某个地方安营扎寨,此时作为首领他会产生保护他的臣民免受抢劫和侵袭的动机,由此还会进一步鼓励发展生产。这是因为一旦生产发展,他就有更多的机会消费生产出来的物资,即他们可以从生产发展中获益(且这些生产出来的产品不会被抢走)。这不但能带来收入增加,同时也为征税基础扩大提供了保障。倘若征税税率过高,则为获得更多收入而付出的努力就越多(劳动的机会成本增加)。因此理性的专制者无论如何也不会竭力追求税率的最大化。如果公共物品生产真如经济学家一再宣称的那样能起到增加收入的作用,那么理性的专制者当然不会把税收全部锁进自己华丽的宫殿里,而是必然会将其中的一部分投入到公共物品生产中去,以期进一步扩大征税基础。

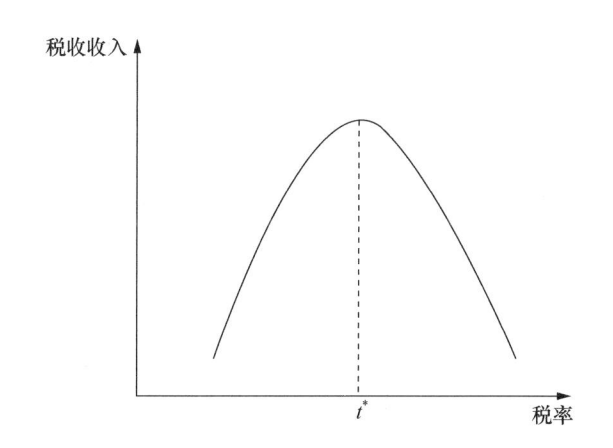

图 6-2　征税税率与税收的关系(以下简称"拉弗曲线")

我们可以借助"拉弗曲线"(Laffer Curve)解释麦圭尔和奥尔森理论模式的核心思想。1974 年美国经济学家阿瑟·拉弗(Arthur Laffer)在一张餐巾纸上画下了这条著名的曲线,为了表彰拉弗的贡献,这条曲线也被命名为"拉弗曲线"。拉弗同时也是美国总统罗纳德·里根（Ronald Reagan）时期的财政政策顾问，他认为国家的税收总额与征税税率息息相关——在"t^*"的右边区域，即使税率仍在进一步升高，但税收总额却开始减少。

无制度参与的转型理论的依据还可能包括：

——人口增长。为什么从长期来看，人类社会总是在无政府状态和专制统治（即一种暴力与专权统治）之间如钟摆般交替往返？厄舍（Uscher，1989）曾试图找出这个问题的答案。他提出，人口增长导致农民的生活日趋贫困，这意味着专制者能从农民处拿走的东西越来越少。贫穷又反过来引起人口数量下降，同时也意味着"人均收入"升高。这种情况引发一部分人产生了落草为寇的念头，也就是说他们试图窃取其他农民的部分收成。而随着流寇的数量越来越多，意味着社会从专制统治进入了无政府状态。

无制度参与的转型理论的理论依据还有：

——环境因素。摩塞尔（Moselle）和波拉克（Polak）于 2001 年提出这样一个问题：如何解释国家出现的概率？在世界不同地区，这一概率的高低也呈现出差别。根据摩塞尔和波拉克的说法，在缺少屏障的平原和草原地区出现国家的概率要比丘陵和较为富饶的地区小得多，这是因为平原和草原地区很难防守。他们认为这可以用来解释为什么殖民时代之前非洲大陆上出现的国家数量如此之少。

三 有制度参与的转型理论

现在我们来看一看第二大类政体转型理论，该类理论中明确考虑到了制度的影响。

——华盛顿大学的巴泽尔（Barzel）教授曾在 1997 年发表的一篇文章中提出这样的观点：专制者将议会作为一种切实可行的限制自身权力的工具，即认为政权相对稳固的统治者们自愿把自己的一部分权力授给议会代为行使。如此一来，他们做出的"不征用/充公/没收臣民财产权"的承诺就更加具有可信性了。由此可以联想到我们在本书第四章中已经讨论过的实力较为强大的国家所面临的两难局面，而巴泽尔这篇文章的主要研究方向就是找出是否存在降低出现这种两难局面的可能性。

——1995 年时萨特（Sutter）发表过一篇文章，旨在研究从制度上保障由专制政府过渡到非专制政府可能遇到的困难有哪些。我们认定由专制到非专制的过渡具有潜在的提高社会富裕水平的作用,但是作为过渡方式之一的革命则会造成资源的浪费,那么在过渡时人们必然更倾向于其他的过渡路径,比如进行和平谈判、签署转型协约等。针对这种情况萨特指出,新诞生的非专制政府在取代之前的专制统治的过程中将会遭遇"处罚困境":在接管旧政府的各项权利和职责之前,新政府可能倾向于承诺保证旧统治者不受惩罚,然而一旦新政府真正上台执政,却可能在民众的要求下不得不惩罚旧的统治者。如果民众预先认定会出现这种情况,那么这种认知就会促使他们竭尽可能地抵制政体转型。因此从时间进程上看,针对专制者的理想政策并非总是一成不变(这个问题在第四章探讨政治周期时已有涉及)。一方面为了遏制潜在的专制独裁者产生变为真正的专制独裁者的企图,必须对他们施加严厉的惩罚。另一方面只要一个独裁者专制者掌握大权,而民众又希望尽可能快地摆脱他的统治,那么人们往往倾向给予其免受惩处的权利,从而促使其尽快将权力让渡给新的非专制独裁政府。

细心的读者想必已经注意到,以上介绍的几种关于国体及政体转型的理论各有侧重,研究方向截然不同。但却都称不上全面或完善,换句话说,至少到目前为止,完善的转型理论尚不存在。在下一节中我们将把目光转移到一个特定的制度变迁的理论上,在过去几年中(特别是在德国),关于该理论的深入探讨始终热度不减。

第五节 制度竞争导致制度变迁?

从几年前开始,"制度竞争"在德国一直是一个热门话题,由此引发激烈的争论不绝于耳。"制度竞争"基本思想的起源其实最早可追溯至康德(Kant)和孟德斯鸠(Montesquieu)的相关理论中,不过经济学界普遍把1956年查尔斯·蒂伯特(Charles Tiebout)发表的一篇文章作为该理论研究的起点。制度竞争理论的基本思想其实十分简单:竞争并非只出现在传统产品的供给者中间,公共物品生产商之间同样存在竞争。最开始时经济学界为该基本观点设定的研究背景是联邦制国家,这是因为联邦制国家的各个联邦州恰好处于相互竞争之中。后来,这一理论甚至还延伸到民族国家的领域,主张民族国家的政府之间在(稀缺的)流动资源上也存在竞争关系。此处可以把通过个人投资获利的流动资源所有人理解为制度环境的需求人。

在德国，制度竞争的激烈辩论形成了两大对立阵营：一方主张制度竞争能有效制约统治者，使他们在竞争制约下更多地关注被统治者的权益[例如斯特赖特（Streit）1995]；另一方则担心，制度竞争可能会导致走向竞次（race to the bottom）的极端：假如资金只在可能实现利润最大化的地方流动，国家就很可能不得不收缩高成本管制（如环保定额），或者减少再分配措施（社会福利政策）（例如 Sinn，1997，以及 Mueller，1998）。

接下来让我们探究一下两大阵营的观点论据。根据阿尔伯特·奥托·赫希曼（Albert O. Hirschman）的说法，流动资源从地域辖区的脱离通常叫作"退出"（Exit）或"迁移"（Abwanderung）。他断言，"退出"将损害政府的公众支持度，进而迫使统治者调整所提供的公共物品，以获取流动资源的净收益。假设经济全球化导致出现的国外直接投资在今天比几年前要简便容易得多，那么赫希曼提出的另一种机制——"呼声"（voice）和"矛盾"（Widerspruch）——的运用，足以引起所提供公共物品的变化。也就是说，由于降低的流动成本，"退出"威胁变得更有说服力了。

除此之外，支持这一理论的人还提出制度竞争能起到提高生活水平的作用。在竞争中落后的制度被先进的制度所代替。经济学家范伯格（Viktor Vanberg，1992：111）指出，只有实现以下两个条件，制度竞争才可能起到增进福利的作用。这两个条件分别是：第一，必须确保能实践检验那些具有增进福利潜力的创新活动或确保其有获得实践检验的机会。第二，"选择性保留"（Selektive Bewährung）机制应当是消除错误的可靠工具。为了获得更高的效率，落后的做法（程序、工具）应当被系统性地消除。因此，如果制度竞争真能提高福利水平，就不应忽视"选择性保留"机制。

乍看之下，产品竞争与公共物品竞争的类推似乎十分具有说服力，不过下面我们却要指出它的两个问题：

（1）产品属性。私人物品中存在着竞争。倘若供给方和需求方能就产品价格达成一致，签署交换协议，那么交换就能起到提升产品利用价值的作用。相反，制度竞争针对的是大多数情况下以非物质形态出现的公共品。个人的支付意愿不是确实能够驱使提供方提供某种公共品的充分条件。实际提供的一组公共品通过集体选择行为得以实现。只要偏离了选择之后构成一组公共品的各单个品种的一致性规则,就不排除某一公共品对于某些个体来说有可能演变成"公害品",因为这些个体必须为他们根本不会使用的产品支付费用。

至于"退出"的可能性在这里不是特别重要,因为类似条件也适用于其他地域辖区。如果人们能像在餐馆点菜那样从不同供给中汇总出自己的公共品,那情况就不一样了(Frey, Eichenberger, 1999)。

(2) 偏好沟通。按照赫希曼的说法,需求方的偏好通过退出或意愿表达告知于供给方。如果出现需求方放弃某一供给方的供货时,供给方就该好好考虑一下这种退出行为了。需求方不会说明退出的原因,而只会悄悄离开。不过制度竞争中作为信号的退出行为需要解释的程度不同。制度供给最终只是期望投资利润的一个因素(它本身又是由许多因素构成的)。在投资决策时,许多非制度因素也发挥了十分重要的作用——例如潜在消费者及其购买力。

只有在群体发出呼声的情况下,群体才可能成功。当发现所提供的公共品有着日益恶化的趋势时,参与者只有在有能力解决集体行为困境的情况下,才能抑制该恶化趋势(Olson, 1965)。

消费者与生产者利益的可组织性:集体行为的困境

回顾第四章中已提过的堤坝例子:如果把建造一座堤坝的希望寄托于人们自愿的基础上,即便他们的生活会因堤坝的存在而变得更好,那也多半是不大可能的。每个人内心都希望别人多付出一些,如此自己就能坐享其成。所有人都会有这种想法,就不可能指望通过个人意愿提供公共物品。然而尽管如此还是可以发现,某些特定群体成功克服了集体行为的困境。奥尔森(1965)在书中对其进行了描述:

(1) 在提供某一公共品的同时也提供一件私人产品,并且规定人们只有参与提供公共品时,才能享用该件私人产品。例如,工会提供一项公共服务,人们不需要成为该工会会员就可享受该服务。工会由此改善了工资和劳动条件。不过,工会也经常提供仅供会员享用的私人产品,如保险和咨询服务。如果这些私人产品有足够的吸引力,那么人们就有意愿加入该工会,在成为会员的同时他们也分摊了提供该项公共服务的成本。

（2）还存在一种情况，即强制会员。例如，如果你是工会会员，那么你就可以成为某家公司的雇员（所谓的封闭性企业）。不过这并不能构成（一次性）克服集体行为问题的强有力的理论依据，而只能作为一种预防措施，以确保某个组织长期的存续。强制会员的前提条件是相关立法以及与雇主达成的协定。为了达成规范化的协议，工会不能仅仅依靠某种措施应付集体行为问题，还应当掌握足够的权力，否则就无法促使立法机构和雇主同意建立强制会员制。

（3）较少的潜在参与者：显而易见，如果修建堤坝只牵涉5个人，那必然比牵涉500人要简单得多。如果这5个人中只有1人反对修建堤坝，其他4人对抗他一个人相对容易。而如果是400人对抗100人，情况就复杂多了。

从最后一点，我们可以得出结论：利益的可组织性存在不对称性。相对消费者的利益，生产者的利益更容易组织。除了潜在参与者的数量以外，与此相关的资金数量也起一定作用：对农民来说，牛奶生产补贴至关重要；而消费者却不一定知道，如果没有欧盟农业补助政策，他们能买到更便宜的牛奶。

利益的可组织性不对称可能导致只有特定的偏好可通过对立体现出来。这也就意味着，制度常常根据被组织者的建议和要求得到改变。需要强调的是，制度竞争促使政治家更关注公民的偏好是站不住脚的。因为"那些"公民的偏好可能根本不存在。

最后，我们也不能完全认定，"退出"和"呼声"一定表达出相反的信号。与产品竞争不同，制度竞争发出的信号都需要进行不同程度的解释。鉴于公共品属性与利益可组织性不对称的相互关联，我们不禁要问，消费者偏好（这里仅限于传统意义）在这一过程中是否能够明确表达？换言之，遏制公共品供应恶化，仅靠退出行为远远不够。另外，没有"呼声"也不一定意味着消费者对所提供的公共品质量表示满意。

第六节 制度变迁一般理论的组成要素

一 前言

在本章的第二节至第四节中我们为大家介绍了几种不同的方法，它们分别侧重研究外部制度变迁的某一专门部分。本节中我们会接着介绍其他几个部分，然后把它们与之前的内容联系起来，从中总结出我们认为在研究制度变迁一般理论时必须考虑到的构成要素。此处之所以不对一般理论本身多做研究，是因为关于该问题学界目前尚没有形成得到普遍认可的统一理论。

首先必须再次强调的一点是，一般而言，意思确凿的集体决策过程是外部制度变迁必不可少的一环。这在民主制国家中表现得最为明显，至少在这里，集体决策意味着必须获得议会多数票通过。在很多情况下，要求变革外部制度的利益集团会在集体决策之前来回奔走，进行诸多努力。我们之所以一再强调这一点是因为它指的只是外部制度变革，对内部制度变革并不适用——议会决策对于内部制度变迁没有什么实质性的意义。

在经济学方法的框架内，对于制度变迁的解释是建立在个体行为的基础之上的。为了使这个解释能够令人信服且不包含其他权宜处置性质，就必须首先证明相关参与者之所以选择如此行为而非其他行为是有其内在动机的，如若不然则将有陷入功能主义谬误的危险。所谓功能主义谬误，是将一种制度的社会功能与其起源不恰当地直接联系起来（Elster，1984，第28页及其后）。如果要尽可能避免出现该谬误的危险，则必须找到以下这个问题的答案：在制度产生及变迁的过程中，个体行为扮演着怎样的角色？

我们可以借助表6-1面的2×2矩阵图非常直观地描述生活在任意外部制度下的每个参与者的个体决策。

宪则经济学者们通常喜欢将行动规则和行动步骤区分开来，不过在这里两个层面被结合在一起。宪则经济学区分博弈规则（对规则的选择）和博弈（在规则下的选择）。在博弈层面，人们或者遵守博弈的规定，或者违背它；而在博弈规则层面，人们可以要求变革规则，或者继续沿用当前的规则。倘若能够提前预测出某种条件有可能导致哪一种行为的出现，那显然意义非凡。即便无法准确预测将要发生的具体行为和体制变革的具体走向，我们仍然可以认为以下六个因素在此过程中可能发挥着重要的作用：

表 6-1　　　　　　　与外部制度选择相关的个体决策

		行动步骤层面	
		遵守制度规则	违背制度规则
行动规则层面	无制度变革需求	α	Γ
	有制度变革需求	β	δ

制度演化的决定因素：

（1）参与者的有限理性。
（2）集体行为困境。
（3）制度演化的路径依赖性。
（4）制度演化与政治交易成本密切相关。
（5）我们认为这些因素映射出某一社会制度中各方参与者的相对权力。
（6）制度演化也与大多数民众的公平正义观不无联系。

在接下来的几节里我们将分别对这六个因素作简要介绍。

二　"满意"心理

在最开始的导言部分里我们已经介绍了"有限理性"概念。它是赫伯特·西蒙（Herbert Simon）于 1955 年提出的，借助这一概念，西蒙还引入了一个关于有限理性参与者目标函数的假说。他假设参与者们不再试图在全部可能的情况下都追求利益最大化，而是懂得"知足常乐"，也就是说，当他们的利益要求得到某一程度的实现之后，他们就满足于现状而不再要求更多。只要达到这个程度，参与者就再也没有任何理由改变自己的行为。如果此时他们的行为遵循着现行制度的规定，那么可以预料他们既没有违背现行制度的动机，也不存在变革制度的诉求。因此从"α"替换到其他字母需要具备一个必不可少的条件，即参与者的利益要求始终明显没有得到满足。

三 集体行为困境

显而易见，并不是每一次利益要求不能得到满足或者满足程度下降都会带来大规模变革制度的诉求。在这里"知足"心理并不是这种局面形成的唯一原因。制度是一种公共品，它之所以能够发挥影响是因为它同时适用于不同的行为主体。制度变革并非仅为了让某一个人从中受惠，而是为了同时惠及大量有着相同或相似利益要求的人群。变革制度的代价高昂，因此也就不难理解怀有该种诉求的行为主体普遍倾向于一种投机心理，即希望其他人也有与自己相同的诉求，这样他们便可以轻而易举地"搭便车"了。"搭便车"者指的是不承担任何成本而消费或使用公共品的行为主体。由于这只是单个行为主体自己的考量，即便集体行为是对行为个体有益的，我们也不能就此断定集体行为能够有规律地发生。倘若一部分行为主体无法摆脱集体行为困境从而产生了变革制度的愿望，可能继续留在"α"范畴内，也可能转移到"γ"，即要推翻现行制度。

四 制度演化的路径依赖性

路径依赖性是指当前的决策会受到过去决策的影响，因而历史是重要的。到目前为止，在经济学中"路径依赖性"概念主要被用于解释竞争性技术的演进。依照道格拉斯·诺思的观点（1990，92—104），这个概念在制度演化分析中的意义同样极其重大，并且只需要稍作修改就完全可以把制度演化与竞争性技术的演进相提并论［关于制度演化与竞争性技术演进的可类比性详细分析，请参阅基维特（Kiwit）与沃格特（Voigt）1995 年出版的合著第 127—138 页］。原始分析的核心观点认为存在这样一种可能性，即被观察家们判定为效率低于竞争性技术的某种技术反而最终得以贯彻（例如参见阿瑟，1989 年）。在这一点上，所谓的"网络效应"具有决定意义：随着网络用户数量的增加，每名用户从网络规模扩大中获得的价值不断增长。如果世界上只有一个人拥有唯一一台传真机，那么价值增长几乎无从谈起；反过来，使用传真机的人越多，那么单个用户可从中获得的效用就越大。如果某项技术标准已经实现了一定程度的推广传播，那么由于网络效应的存在，供应者很难再在市场上推行竞争性标准。这里一个常常听到的例子就是不同视频格式标准（VHS，Betamax，Video 2000）之间的竞争。

"路径依赖性"概念的拥护者们一再强调，一种技术虽然被认为效率低下，但是在没有国家行为干预的情况下，却没有被更优越、更具竞争力的技术所取代，而是持续到最终。就这一点而言，纯粹的市场解决方案可能会导致出现长期效率低下的情况。如果将这个概念移植到制度演化中——制度的功能在于提升对未来的信心，最终达到更高的富裕水平——在这种意义上的"路径依赖性"表示，即使不能促进增长和发展，制度也可能产生和存在下去。

如果制度演化具有路径依赖性，因此在很多情况下根本无法有效实现制度演化，即便变革之后的制度理论上可能更优越、更高效。对此，保罗·大卫（1994，218）的总结如下：

> 制度的可塑性远不及技术来得强，并且与后者相关的现有要素中的多样性规模也远远高于前者。由于体制结构相对固定化，缺乏灵活性，不能随着具体环境的变化而变化，因而制造了使人们关注外部环境变化的激励效果……由于复杂社会组织有效运转必不可少的默会知识（tacit knowledge[①]）的水平显著高于技术系统所需的默会知识，当出现组织倒闭或者被竞争对手接管及'改造'等情况时，与制度相关的认知以及其中包含的解决问题的技巧的利用都将面临风险。

默会知识

在技术领域，高额的固定成本可以解释下列形式出现的正反馈：较高的需求会减少单件产品的成本，从而降低其价格，这反过来又进一步增加了消费者对该产品的需求。然而，将这一链式反应直接运用到制度领域的做法存在很大问题。如果采取这种直接类推法的话，人们不禁要问，在建立制度时会引起多高的成本，这是否也会在另一个体的制度联系中导致"单个成本"的降低，从而反过来又进一步提高人们对该制度的"需求"。然而，这种路径依赖性在制度领域中是不被认可的。[②] 高额的固定成本可能会加大制度建设的难度，这是因为它会引起集体行为的困境问

[①] "默会知识"是迈克尔·波兰尼（Michael Polanyi，1952—1998）就哲学领域提出的概念，通常指的是人们在进行某种行动时运用的，但是难以言述的知识。制度范畴中的"默会知识"是指作为频繁发生的相互作用情况下的结构性解决机制，制度中同样包含人们知道但却无法用语言完整表述出来的知识。一旦某一制度被推翻，其隐含的隐性知识也随之消失。

[②] 诺思（1990, 94f.）显然认为这种直接的转化运用不成问题，"当这种制度像美国1787年宪法那样被重新创设时，就会产生巨额的初始成本"（edb, 95）。然而，这还是没有回答实质性问题：制度创设的高额成本会带来与竞争性技术的高额固定成本一样的后果吗？

题。尽管如此，这并不会导致自我强化机制意义上制度发展的路径依赖性。在技术领域，路径依赖性本身描述的就是一种活跃的动态现象；而制度建设的高额成本更多的是反映为一种静态的现象。某一特定制度的惯性并不是因为它自身的不断强化，而是由竞争性制度建立过程中的集体行为困境所导致的。因此，建立成本就不宜被当作制度领域路径依赖性的检验标准。

然而，高额固定成本当然不仅仅只关系到制度的建立。在上面的小表格里，我们划分了两个层次，即（a）制度未变革过程中的市场过程和（b）制度变革本身。这里需要求证的是，由市场过程中制度激励引发的行为会不会导致高额固定成本的产生。要把市场过程层面进行的连续投资用于解释制度发展的路径依赖性，就必须同时满足两个重要的前提条件：（1）出于对某些制度存续的信任而进行的投资在制度框架发生改变时赚取的利润会减少。这意味着，资源不能或者只能在遭受损失的情况下在别处得到运用。因此，我们可以用专有投资来替代固定成本这一术语。[①] 出于对某些制度存续的信任而进行的专有投资越多，人们就越容易预料到制度演化过程中的路径依赖性。（2）遭受潜在制度变革负面影响的受害者要想进行有力的反抗，必须诉求于某一相关的主管机关，该主管机关必须能有意识地掌控制度建设，并且适合成为受害者的诉求对象。

五　政治交易成本

产品市场的科斯定理（Coase—Theorem）确证，稀缺产品总能实现更有效的利用（我们在第二章中已探讨过此定理）。那么把政治市场与传统的产品市场相类比，科斯定理是不是也同样适用呢？政治市场上政策和制度的有效选择也能实现吗？回忆一下，只有当产权被明确定义且交易成本为零时，科斯定理才适用。我们在第二章中曾读到过，只有当存在可实现的产权且交易成本小到可以忽略不计时，科斯定理才成立。这两个条件也同样适用于政治市场——不过比起传统的产品市场，这两个条件在政治市场更难满足。

交易成本是使用市场的成本。与之相应，政治交易成本则是使用

[①] 专有投资的概念我们在第三章中就已经接触过。不过此处的意思略有区别。威廉姆森引用专有投资概念是为了解释某些特定治理结构的形成，而此处是为了说明专有投资的规模，即资源不能或者只能在遭受损失的情况下在别处得到运用，决定制度变迁可能遭遇的限制和约束。此处的思路正好与威廉姆森相反。不同之处也可参见奈特（Knight, 1992, 33）。

"政治市场"的成本。与传统产品市场相比，政治市场上区分交易活动是比较困难的，因此，订立具有约束力的协定就更难了。此外，如果政治市场上出现违约行为，人们不知道能否找到有关的主管机构解决自己在交易行为中受到的不公正待遇。这些都说明了政治交易成本的分量。它限制了改变现状的可能性，并起着稳定局面的作用。经济学家德怀特（Twight, 1992）提出了这样一种设想，为了将某些政治决策的反对声减小到最低，政治家有意识地操纵着政治交易成本的高低。政治交易成本既稳定了有效的制度，但同时也维持了低效的制度。因此经济学家阿西莫格鲁（Acemoglu, 2003）也指出，相关参与者的相对权力能更好地诠释制度产生和变迁。这也把我们的目光引向下一个方面。

六 相关参与者的相对权力

至此，我们已经了解了几种与迅速且大规模制度变迁对立的因素。为了解释制度变迁，首先要统一参与者的利益。人们不禁要问，参与者的组织结构如何？能够利用哪些资源？有哪些战略，等等。一旦特定群体的重要性随着时间的流逝发生变化，就可以认为制度的结构也随之变化。制度具有分配功能。如果某些群体在创造国内生产总值上的作用日益增加，并且能克服集体行为的困境，那么他们迟早会要求对现有制度进行变革，以求更好地符合自身的利益。

我们可以通过一个历史案例说得更清楚。古罗马的军事战略在公元前7世纪发生变革。在此之前贵族建立的骑兵队是唯一至关重要的因素。后来由于引入了步兵精锐队，加强了步兵部队的势力，而这种步兵队又是普通民众自发建立的。普通民众当时是不能参与罗马的政治决策的，并饱受赋税徭役之苦（如服兵役），却从中得不到丝毫利益和好处，从而引发了等级斗争。随着他们的实力不断增强，制度变革最终得以实现［更多的事例可参见 Voigt（1999：128 – 37）；阿西莫格鲁和罗宾逊2005年时也曾做过类似引用］。

七 公平观念的重要性

迄今为止，解释外部制度变迁的经济理论都是以需求方为出发点的，主要涉及制度变迁的潜在受益者拓展相关需求的能力。为了获得更完整、更全面的理解，我们也有必要思考供应方的立场。制度变迁受到需求方与供给方的双重影响。在民主社会，政治活动家受到外界环境的影响，也会对非组织性选民的权益进行斟酌和考虑，提供相应的法律保障。在这一点上，大部分公民的公平和公正观念将起到关键作用。从以往的经验来看（Kinder，Kiewit，1981），许多公民并不以其直接有望获得的好处（金钱好处）为投票标准，而是根据他们所重视的群体是否受到公平公正待遇来决定。这就解释了为什么一些公务员——他们一般是不会失业的——总是支持在他们看来为失业者利益着想和努力的政党。当然这也激励政治家严肃地对待公平观念。

八 简要总结

现在我们将以上所述观点总结一下：

（1）制度并不能逃脱批评的检验。当个体针对某一规则或某一规则体系的经济后果的经验与其要求不符时，制度就会受到质疑。

（2）在制度变迁过程中克服集体行为困境牵涉的个体越少，制度的稳定性就越高。

（3）基于对特定制度存续的信任而进行的投资有可能招致人们对制度变迁的反对。

（4）政治交易成本越高，制度变迁的可能性就越小。

（5）尽管一些稳定因素能强化制度现状，但一些事实还是证明社会群体中相对力量的变化从长期来看反映了制度的相应变化。

（6）另外，在立法过程中考虑到广大人民群众的公平观念对于政治家们来说也是十分重要的，因为这决定着其选举结果的好坏。

第七节 悬而未决的问题

细心的读者想必已经注意到，作者运用了许多方法来解释外部制度产生和变迁。然而尽管如此，到目前为止，既涵盖传统政治经济学理论（权力的重要性），又囊括专门的制度经济学方法（有限理性、内部制度的重要性以及公平观念的构成）的统一方法却是不存在的。因此一个关键问题浮出水面：这样一种综合的研究方法是否能出现？

其他问题还包括：经济学家们能否创造一套体系转型的经济学理论？历史能在多大程度上影响一个国家的发展潜力？但另一方面在多大程度上路径变更有实现的可能？

复习与思考

1. 某一理论被称为"幼稚"的理论,并不是一种赞美和恭维。请解释德姆塞茨的产权产生理论被称为"幼稚的理论"的原因?

2. 请解释诺思提出的有关产权发展的理论是怎样克服霍布斯等人代表的契约论和马克思等人代表的剥削论之间的分歧的?

3. 为什么从统治者视角来看,诺思理论中自我收益的最大化和整体经济总产出的最大化有可能导致相互矛盾的界定?

4. 在诺思的模型中,统治者受到哪些竞争限制?受到哪些交易成本限制?这两种限制在多大程度上导致低效产权的出现?

参考文献

1. 沃依格特(Voigt, 2001)这是一部实证宪则经济学研究项目的最新概述。

2. 图洛克(Tullock, 1987)是第一本专题研究专制统治下的经济理论的研究著作。书中包含了大量实际案例分析,并从实例中系统归纳出了一个理论。温特罗卜(Wintrobe, 1998)就是这样一个专门研究简单经济工具及机制应用的理论。

3. 曼瑟·奥尔森(Mancur Olson)这部对从无政府状态到专制的过渡的专题研究一经出版便引发了其后一系列相关作品文章,其中包括尼斯卡南(Niskanen, 1997)。

4. 摩塞尔与波拉克(Moselle and Polak, 2001)区分了无政府状态、有组织的流寇集团和专制剥削国家之间的区别。他们在该本合著中表述的观点与奥尔森截然相反:"相对于无政府状态和有组织的流寇集团,肆无忌惮的掠夺状态更有可能减少民众的福利。"

5. 科尔斯泰因与沃依格特(Kirstein and Voigt, 2006)合著的一篇文章中专门研究了统治者的个人利益。这两位作者表达了这样的观点:一旦涉及最根本的规则,即立宪层面的规则,统治者所达成的关于未来必定遵守某种非常具体的行为方式的协议便不值得信赖。他们认为在该层面上的协议能够得以执行的唯一一种情况就是其本身符合所有参与者的利益——这种符合并非特指协议签订的最终时刻,还包括协议真正得到执行的整个过程。科尔斯泰因与沃依格特还证明了无论是统治者还是被统治者,如果有一方单方面偏离了双方达成的协议,那么对双方都没有好处。

6. 利博维茨和马戈里斯（Liebowitz and Margolis, 1989）关于"路径依赖性"概念的传统应用问题的研究一举切中核心（而且十分有趣）。莱波尔德（Leipold, 1996）曾借助此概念对诺思（North, 1992）和基维特及沃依格特（Kiwit and Voigt, 1995）的制度变迁思想进行了深入彻底的分析。

7. 艾莱斯那与斯伯劳雷（Alesina and Spolaore, 2005）专门研究了决定国家大小的各个因素。迪克西特（Dixit, 1996）借助交易成本理论对政治市场进行了深入分析。

第七章 关于内部制度变迁的解释

第一节 导言

在第六章中我们着重研究了整套经济分析工具是否能够解释外部制度的产生与变迁的问题,并且已经找出了一些在此起作用的潜在要素。而在这一章中,我们将把目光转移到内部制度的产生和变迁上,尝试验证在阐释内部制度的产生和变迁问题上,经济分析工具是否也能发挥同样的作用。第六章里我们一再强调,显现的集体决策行为在外部制度的产生与变迁过程中扮演着举足轻重的角色,而(由组织实施监督权的)第四类内部制度也同样可能在集体决策的影响下发生变革。鉴于第六章中外部制度变迁的分析因素也同样适用于解释这一类内部制度的变迁,因此我们就不在这里进一步展开讨论了。至于剩下的三大类内部制度——第一类制度实质上是一个单纯的协调问题,由于不存在任何冲突元素,完全有理由期待一个无须计划、高稳定性的第一类制度的出现。像这样简单的制度类型不是本章研究的核心,我们的精力应当更多地投入到对像第二类和第三类制度这样更复杂、更难以理解的制度产生进程的研究中,去检验我们是否有能力从经济学角度解释它们的产生。

表 7–1　　　　　各个内部制度/外部制度的类型

规则	监督类型	制度类别	举例
1. 传统习惯	自我监督	第一类内部制度	某种语言的语法规则
2. 道德规则	强制性自我约束	第二类内部制度	十诫,无条件的强制命令
3. 风俗习惯	其他参与者的自发监督	第三类内部制度	社会约定俗成的行为方式

续表

规则	监督类型	制度类别	举例
4. 正式的私人行为规则	其他参与者的有意识的监督	第四类内部制度	自创的经济权利
5. 制定法的规则	有组织的国家监督	外部制度	私法及刑法

资料来源：Kiwit 和 Voigt, 1995。

在这里我们并非只想要解释某个特定类型制度的起源。[①] 制度产生的机制是否能够被人们所认识并加以验证？或者这样问更加贴切：人们能否找出那些能够导致制度产生的机制？关于这个问题，目前所达到的研究水平显然很难令人满意。在其 1989 年发表的概述性论文中，乔恩·埃尔斯特（Elster, 1989b）没有排除一种情况，即与第二类、第三类内部制度密切相关的规范的生成基于随机原则。当然，换一种说法：迄今为止我们对于普遍意义上引起制度产生的机制仍然知之甚少，或者干脆说一无所知。

下面来说一说本章的论述结构：首先，我们要对价值和规范两个概念进行定义，解释它们与本章中提到的制度概念之间的内在关联；接着运用经济学术语来表达规范生成的问题（第二节）；第三节将简要介绍相关文献中提到的几个关于规范生成问题的假说，并给出相应评论；第四节将着力分析可能出现的经济政策结论。

第二节　经济术语问题

第二类及第三类内部制度建立在价值和规范的基础上。与第三类内部制度相同，一个人能否从道德上实施自我约束，其先决条件同样在于行为主体是否拥有正确的价值观，能指导其正确行为，这是因为如果行为主体的所作所为与社会所期望的不相符，那么他必然会受到其他人的排斥和抵制。因此，在研究这个问题之前，我们必须首先搞清楚价值和规范的定义，这无疑十分必要。在 2007 版《国际社会科学百科全书》中对价值作

[①] 以色列社会学家爱德娜·乌曼—玛尔加里特（Edna Ullmann-Margalit, 1997, 8）曾试图就某一特定制度的起源进行解释，她的尝试被认为与企图找出某个笑话的起源同样荒谬且毫无意义。

了如下定义:"……影响人的行为选择的预期目的……价值和行为规范不是一回事儿。价值是不受特定情况影响的预期目的规范。有时各不相同的具体规范的基准点很可能都是同一种价值;或者一个特定规范同时可以代表几种不同的价值。"而我们在这里要探讨的那种价值在众多具体的规范中都能体现出来(比如公平的切分蛋糕,父母公平地对待每一个孩子,老板对所有员工一视同仁,或者教授公正地为试卷评分……),即公平性。

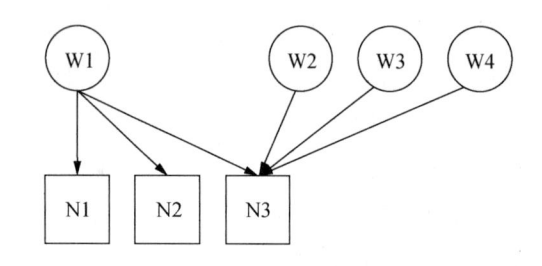

图 7-1 一种价值可能是多种具体规范的参照点；
一种规范也可能体现为对多种价值的同时应用

通常来说,符合规范的行为与传统的经济人的理念并不相一致。因为从理论上讲,在任何情况下,一个经济人始终追求个人利益的最大化,而遵循规范的制约可能会造成利益的折损,因而无法与经济行为模式兼容。如果我们把这里的"经济人"概念替换为"工具理性",用"价值理性"代替"符合规范的行为",那就很容易发现,关于此问题,马克斯·韦伯(Max Weber, 1921—1990, 13)其实早有论述:"……然而从工具理性的角度出发,价值理性实则十分'不理性',因为它更注重行为的内在价值,而很少反映行为的结果——特别是当价值理性将某种指导行为的价值上升为绝对价值时,就更加不理性了。"一个只追求填饱肚子的人基本上只关心食物能提供多少卡路里。因此,既然如老鼠、牛、猪、马、狗这样的动物能提供丰富的热量,那么屠宰它们来吃是十分符合工具理性的。但是如果老鼠、牛、猪、马、狗还拥有内在价值,那么人们就不会如此轻易地宰杀它们,更确切地说,它们的内在价值越高,人们就越不会轻率地决定用它们填饱肚子。在极端的情况下这甚至意味着人们宁愿饿死也不会选择屠宰它们。

从传统角度来说，价值与规范研究对于社会学家的意义比对经济学家更加重大。社会人（Homo Sociologicus）是一种社会学的行为模式。用最简化的语言表达：人试图使自己的行为符合与其相关的参照群体对其所扮演的社会角色的期待。然而事实上在传统的社会学范畴中，当要解释规范生成时，"社会人"概念并无多少用武之地。这是因为虽然功能主义社会学着力研究社会赋予个人的角色，但规范本身却被假设为由外部给定的，而解释其产生正是我们的目标。

在过去几十年间，社会学理论创新并非裹足不前，当然也有极具竞争力的新理论出现，比如被称为社会学新视野的"理性选择理论"。该理论体现出了与经济学中的理性行为选择范式相同的观点。美国社会学大师詹姆斯·科尔曼（James Coleman）就是该理论的代表人物之一，他在《社会理论的基础》（Foundations of Social Theory，1990）一书中指出：外部性的存在是规范生成的一个必要条件。之前他已在另外一篇文章（1987：140）中表达过类似的意思：外部性是规范生成的前提。"其核心假设是，假如人的行为具有外部效应，包括公共品和群体激愤事件等极端情况，将导致规范的出现。另外如果市场难以形成，或者交易成本过高，也会导致规范的出现。"规范构造社会互动的框架。如果社会相互关系不再涉及第三方（也就是说不再具有外部效应），那么规范也就没有存在的必要了。

另外，多事的学者试图为每一种行为以及社会互动找到一种与之对应的外部性。如果这样做是正确的，那么规范的出现就成了构造几乎所有的社会互动的框架。事实上外部性作为必要条件，可以在任何地方得到满足。而且把规范可能产生的情况与不可能产生的情况分离开来，也是没有道理的。因此我们首先最需要做的就是找到一种行之有效的操作方式，让我们可以明确界定相关参与者（而不是科学观察者）是否能感受到外部性，他们感知到的外部性是否强烈。

在外部性如何被感知及被构造的研究上，李特查尔德和怀斯曼（Littlechild，Wiseman，1986：166）为我们提供了一个很好的例子：试想一下，要证明 A 吸烟会给不吸烟的 B 带来消极影响，都有哪些方式？

a. 大量案例一再证明，在此种情况下，B 的健康会受到损害。

b. 即使没有这些案例证明，B 也可能相信，A 吸烟会对自己的健康造成损害。

c. 烟草燃烧产生的烟雾让 B 感到不舒服。

d. B 可能担心吸烟会给 A 的健康产生影响。

e. B 可能担心 A 的吸烟行为会对忍受该行为的第三人 C 的满意度产生影响，或者对第四人 D（即关心 A 健康状况的亲戚或朋友）的满意度产生影响。

f. B 可能感觉受到伤害，因为他认为 A 根本没注意其吸烟行为对周围环境造成多么严重的后果。

这个例子表明，人们对一种情况的分析和理解存在巨大差异。仅仅一个日常情况的外部性归属就有如此之多的划分可能性。

除了外部性的存在，科尔曼将其称为对偏离规范行为的制裁意愿。个人去制裁偏离规范行为的意愿是规范产生的另一个条件。如果许多人共同采取制裁行为，那它就是一件集体产品。虽然大多人都赞成制裁违背规范的行为，但他们更倾向于由别人来执行制裁，因为这样一来他们自己就不需要承担责任。因此有必要首先解释一下什么叫"搭便车"了。科尔曼将其称为"第二序次的集体产品问题"。他虽然认识到这个重要的问题，但没有做出解释，只是给出了精确的描述。

在 1986 年的一篇文章中，罗伯特·阿克塞罗德（Robert Axelrod）等提出，元规范——据此，违背规范的行为应受到制裁——是解决第二序次的集体产品问题的最佳方案。然而问题显然并没有解决，而只是转至另一个层面，因为必须求证集体制裁问题在元层面上如何解决等问题，最终思路将陷入无穷递归。然而，由第三人来实施制裁并不是确保规范得以遵守的唯一途径。我们接下来将要涉及的——实现行为主体自身对规范的内在化——也是另一种有效方法。或者换言之：不仅要解释第三类内部制度中制裁机制的建立，还要分析导致第二类内部制度产生的内在化过程。

第三节　规范产生的假设

以上的论述条件实际上只是用经济术语对问题进行了表述，而并未做出解释。现在我们试着罗列出几种可能的解释：首先是演化（博弈）论，接着是"经济人"概念的延伸，最后是我自己提出的一种方法，它囊括了休谟、韦伯、哈耶克和刘易斯（Lewis）的理论因素，笔者努力对这些理论进行综合。

一 演化论解释

不同于传统的博弈论,演化博弈论在解释某种现象时,并没有对行为主体的理性提出苛刻的要求。对于演化博弈方法的支持者来说,他们的目的绝不是为了解释个体选择行为,而是要解释竞争性行为策略的优势。假设遇到一种情况,参与者要么选择"说谎",要么选择"诚实"。演化博弈方法的支持者关心的是哪种策略可能最终获胜?这里的参与者不再是普通人,而变成了特定策略的承载者。理性是指将特定策略存留的概率最大化。那些真正获胜的行为主体必须做出他们确实理性地遵循其目标的样子(Alchian,1950;Friedman,1953)。这一方面的生物进化论的论据很少。因此很难断定人的天性是说谎还是诚实(遗传决定)。不过生物进化论对于我们问题的解答也没有多大帮助,其原因是它们不可能用来解释不同社会中规范存在的巨大差异。

题外音

罗伯特·弗兰克(Robert Frank)于1988年引入的"承诺规则"是一个有趣的例外。弗兰克专注于研究个体如何与潜在交流对象交流自己意图的严肃性("强势国家的困境"就是该问题的一个特殊情形)。口头承诺,如"请您相信我!"被博弈理论家称为"空口白话"。因为每个有交流意愿的人几乎都可以不费吹灰之力地做出承诺。弗兰克认为,看起来完全是非理性的意愿表达的情绪可能具有很高的策略价值。生气或罪责的情绪对他人构成一种信号,帮助他们判断一个人的性格和人品。如果这些情绪是受遗传因素的影响,并不易被模仿,那么它们就可以成为预测性格的有效指标。这也削弱了可信的自我约束问题。行为主体借助相对较高的可信度来区分哪些人是"合作伙伴",哪些人是"非合作伙伴"。这就更有利于合作型行为主体积极开展与其他合作型行为主体的交流合作。

相演化分析方法更多关系到对"模因"(Meme)的分析,而非"基因"。模因是指通过交流不断扩展、传递的思想或观念(Dawkins,1989)。模因专注于通过记忆和模仿传承和扩展的文化特点。科尔曼(1982,267——无书写错误!这里的科尔曼当然不是指上面援引的著名社会学家)对这一术语的解释如下:"胚胎固定在母体中就会迅速成长。

同样的道理，如果相比其他对比物，模因自身的某些特质能更好地吸引注意时，它就会在人们的生活中迅速传播开来。"科尔曼借助胚胎作为类比对象是为了指出，最佳的（适应力最强的）模因并不一定对人类社会史最有益。博伊德和里彻森（Boyd, Richerson, 1994）有关规范的演化的人类学分析方法涉及了模因，认为模因的传播与创新的扩散相同。这里，规范就是影响行为标准的模因。因此，规范也可定义为对行为标准产生影响的模因。

文化演化是一个过程。博伊德和里彻森（同上）将文化演化描述为一个由三种力量共同推进的过程：

（1）对行为主体儿时无偏向的传播（unbiased transmission）。博伊德和里彻森认为，孩子与父母遵循共同的价值和规范。只要不同规范的传承者的出生率相同，那么人类的构成就保持不变。

（2）有偏向的传播（biased transmission）。随着行为主体长大，接触到更多其他价值和规范体系，文化就会发生有偏向的传播。这种传播受到相关行为主体明确的选择行为影响。

（3）自然选择（natural selection）。文化的自然选择类似于生物进化过程。

作者之所以提出各种方法，是为了对两种竞争性方法，即达尔文的生物进化论和作者的文化演化论，进行有机的联系和对比。

博伊德和里彻森把有偏向的文化传播比作创新的扩散。就像一个人可以选择这种或那种创新一样，他同样有机会选择自己喜爱的模因。但是这与上面提到的模因的传播过程却不一致。我们认为，规范是有意识选择行为的对象的观点是不恰当的且是不正确的。即使我们个人不认可规范或明确拒绝规范，规范本身对我们的效用位置仍然有影响。甚至即便我们没有感知选择可能性，规范也对我们的效用位置仍然有影响。也就是说，这种类比可能导致误入歧途，这是因为：一方面，对创新的利用是有意识的选择行为的对象；另一方面，这却并不适用于制度创新。促使规范不断扩大的社交行为在此没有得到探讨，而对这一过程的描述应该正是阐释的中心主题。不过，这种方法也仍然差强人意，因为它假设存在许多模因，个体可从中选出最适合自己的那个模因。在这里，存在这样一个人们可以从中选择的模因仓库被想当然地作为事实，而这些模因到底是如何产生的却没有被继续探讨。

人们对演化博弈论存在着一些批评。演化博弈论的支持者们将该理论视为一种分析工具。与传统的博弈论方法相比，演化博弈论并没有对行为主体的理性提出苛刻要求，这是它的一个优点。但是：一只遵循试错程序行动的鸟或老鼠就足以自如运用这一理论，而这可以被看作是这一理论方法的缺陷，因为其中没有考虑到一个人斟酌权衡竞争性假设以及预测相应行为后果的能力。

二 "经济人"概念的延伸：解释性要素——重复还是声誉？

在第二节中"经济人"概念仅被用于解释其他具体行为模式的工具理性，说得更确切一点，这是一种狭义上的工具理性，即认为在任何情况下参与者都会试图实现自身利益的最大化。因此，在此种情况下，以退为进的策略（为了之后能前进两步，先暂时后退一步），不会出现在考虑范围之内。然而这样一来，从博弈论的角度而言，可以看作解决方法之一的多次重复博弈则被忽略了。前面我们已经提到，重复可以大大提高可能达成均衡的概率［参见第四章中的"民间定理"（Folk Theorem）］。这一论点甚至也适用于以下情况，即博弈的双方发生了变化，但只要各参与方能够方便地获得及沟通关于之前几轮博弈中各方行为方式的可靠信息，重复博弈引发的均衡出现的概率同样会提高。从这里可以发现，有限的合作（比如"一报还一报"）是囚徒困境型重复博弈中可能的均衡策略中的一种。如果博弈的各方能够方便、可靠地沟通信息，那么一旦某一参与者选择背叛，他的声誉就会被摧毁，他未来找到其他合作伙伴的机会也随之减少。从这个意义上来说，每个参与者都不得不在背叛行为带来的好处（只有唯一一次）与今后可能再也找不到合作伙伴的弊端（一再重复出现）之间反复权衡。

为了确保声誉能够产生上述影响，必须首先满足以下三个前提条件：

（1）每一次博弈至少要达到最低程度的公开，即除了直接参与博弈的各方外还有其他群体了解博弈的情况。

（2）大多数参与者对于相关事实的认知相同，也就是说他们对于当时实际情况的认知趋于一致。

（3）大多数参与者对于相关事实的评价相似，这意味着大部分参与者就事实评判标准达成了共识。

然而这也意味着只有在"原"标准已存在时，声誉才会对参与者的行为产生影响。如果这一论断成立，那么这意味着声誉本身并不能用来解释规范的生成，而只能用于解释人们之所以要遵守规范的动机。

三 一个"合成"的理论

在前面的两小节中我们介绍了两种常常被经济学家们用来解释规范产生的策略。这是两种相对关键的策略。本小节里我们还要提到第三种策略，当然这种新理念不存在追索著作权的问题。它可以被理解成一个"合成"的理论，因为在一定程度上它相当于是把过去几个世纪不同学者的理论糅合在一起而合成的新观点。

（一）规律性行为

当人们发现某一个体的行为呈现出某种明显不同于其他人的规律性（规律性催生预期），那么他们对此人未来可能做出的行为就会形成相应的预期。然而一旦人们的预期没有实现，换句话说，该行为主体没有按照人们的预期行事，且因此给其他人带去了负外部效应，那么就会导致他人的不满，甚至还有可能引起气愤等消极情绪。因此可以这样说，参与者依据目前观察到的规律构建自己的预期，并认为这种带有规律性的行为未来也会规律地发生。这就意味着如果某一行为主体每一次面临某一特定情况时（例如 α 情况），总是表现出同一种反应（α_x），那么就可以预期该行为主体今后再遇到 α 情况也仍会采取 α_x 方式应对。预期使未来的协调变得简单。参与者们将实际观察到的规律性转化成一种规范性的预期，即认为今后也应当遵循这种规律性，因为这有利于协调人们的行为。获得他人的认可是人的基本需要之一，这很可能是人们愿意继续遵循带有标准性质的规范的原因之一；即使其中的某些因素改变了，其他的行为也仍然由于规范的存在而显得更加有意义。①

其实关于规范生成的思考历史由来已久，至少可以追溯到 18 世纪苏格兰著名哲学家大卫·休谟（David Hume，1711—1776）时期。英国著名经济学家罗伯特·萨格登（Robert Sugden）在其 1986 年的作品（第 152 页）中给出了这一理念的现代解释："我们对于获得他人认可的诉求

---

① 马耶斯基（Majeski，1990：276）也表达了与之相似的看法："最终演变成规范的规则最初是由行为主体在该规则尚不构成规范的社会群体内加以应用，而且这一行为也是该行为主体自己做出的决定……如果该社会群体的其他成员在接受该规则时认定它比之前的规则更加合理，或者该规则被社会群体其他成员认定为是符合预期或更为适宜的行为，那么这一规则就可能逐渐演变成整个群体共同遵守的规范。同样，如果一个个体规则被社会群体其他成员认定为是唯一合理的行为选择，那么它同样可以演变成群体的规范。"

并不只是实现其他目标的手段。它应当是人的基本诉求之一。人之所以会有这样的诉求，可能是生物进化的结果。"① 人的这种基本的、似乎与生俱来的偏好可能会被认为是不合理的行为反常的体现。但它却是合理的，只要借助一个非常简单的"违反事实的论据"就可以证明它的合理性。假定我们首先把人分成两个大的组别：第一大组里的成员与生俱来享有获得他人（其他同组成员）认可的优先权，第二大组的成员没有这种权利。这样导致的结果是在第一大组中逐渐形成了对于构建生产秩序必不可少的规范，而第二大组中则没有类似的规范出现；这可能是因为"诚信"在第一大组中更深入人心，而在第二大组中却几乎是难得一见的特例。第二组人迟早会被第一组人排挤直至被取代。最后还要说明一点，假如缺少演化论的观点，此种解释也不可能出现。

当然还需要注意，这个论据也不可以过分滥用：不同组别的规范各不相同，因此规范的生成不能仅仅被单纯地看作基因排列的结果。此外还有一点要注意的是，人总是在自己生活的圈子里追求社会认同，而人与人的生活圈无疑存在着巨大的差异性。因此可以找出决定参照组的种类和规模的因素有哪些［有关于此，霍普曼（Hoppmann）1990年提到过"两种道德"］。

（二）相互依存的效用函数

可以这样认为，生物进化是个体效用函数的自然基础，它将他人的效用作为一个正相关参数渗透到个人的效用函数。存在一种相互依存的效用函数：在该函数中，个人效用也是由其他人的效用决定的。因此在经济模型中应用相互依存的效用函数解释规范的生成也是合情合理的。相互依存的效用函数或许恰恰构成了一个契机，能帮助我们解释看起来毫无关联的第三人为什么即使付出代价也仍然试图抵制不符合规范的行为动机。假设有两个人 Q 和 P，P 违反规范的行为会对 Q 的个人效用产生不利影响，而 Q 的个人效用作为一个起正相关作用的参数出现在第三人 R 的个人的效用函数中，则当满足一定条件时，R 就产生了抵制 P 不遵守规范的行为的动机。

---

① 提出过类似假说的学者还包括韦伯（Weber, 1922—1985：191 及其后）、弗里德里希·哈耶克（Friedrich Hayek, 1973：96）、威廉姆·格哈姆·萨姆纳（William Graham Sumner, 1906—1992：358）、大卫·刘易斯（D. Lewis, 1969：99）。此种理念可以追溯到亚里士多德的尼克马伦理学（Nikomachische Ethik）思想。

```
              P 合乎规范的行为导致 Q 的效用损失

                         效用损失
              P •─────────────────────• Q


              R 制裁 P，为了              R 的效用水平由
              挽回 Q 的效用损失          于 Q 的效用损失而降低


                              • R
```

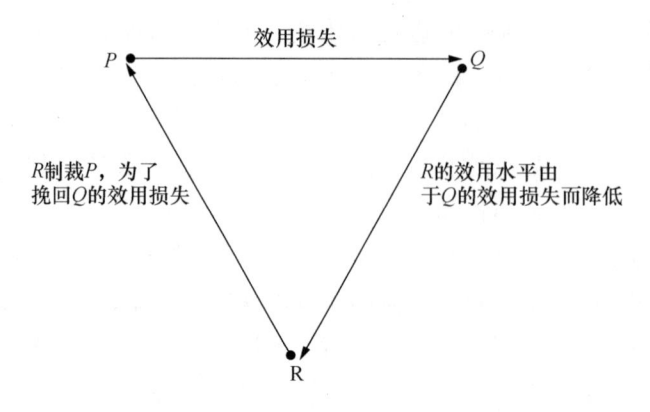

图 7-2　相互依存的效用函数可以解释为什么会出现成本高昂的抵制行为

传统经济学的出发点一直是假定效用函数不存在相互依赖关系，也就是说假定一个人的个人效用和其他人的效用之间并不存在关联性。也就是说，他人效用的恶化，完全不会对此人（例如 R）的个人效用造成任何影响，即他的效用水平既不会因此而变坏，也不会变得更好。

然而按照相互依存的效用函数的逻辑，在这里 R 的效用水平不仅关系到他本人的可用物品 P_R，也同样与其他人的可用物品 P_Q 密切相关。

$$U_R = f(\alpha P_R + \beta P_Q)$$

而依照传统观点，假设 β 是"0"，那么 R 的个人效用与 Q 的个人效用没有关系——无论此影响是正面的还是负面的，对 R 都不发生作用。相互依存的效用函数的引入对内部制度上的制裁的影响远不止这些。现在可以解释制裁的高昂成本了。比如，你弟弟的效用是你的效用函数的变量，你可以通过制裁抢你弟弟玩具的玩伴来提高你的效用。在理性选择行为模型中，如果制裁成本低于你所获得效用的增加，你会一直采取制裁措施。能否对他人或他物实施制裁，不仅取决于别人的效用在你的效用函数中的分量，而且还依赖于你所掌握的制裁工具。传统上经济人总是被模型化为原子的或孤立行动的效用最大化者。倘若能找出相互依存效用函数的前提条件，那么适当地扩展该概念将帮助我们解释第三类内部制度中制裁手段是如何产生的。如此一来，该模型的可信度和预测力能够提高，从而能完全解释效用函数从非相互依存向相互依存的转变。但是尽管如此，这一概念引入的同时也带来了不少有待解释的新问题。例如哪个人（人群）

的效用以何种分量进入另一人的效用函数。

(三) 合作规范

根据大众定理，反复博弈中的合作本身也在不断增长的矛盾冲突中发展。然而，不同社会群体真正实现合作的程度是各不相同的。其背后可能存在一个学习过程。倘若个体构成的群体在不引起冲突或只引起轻微冲突的前提下将其行为协调得越好，那么，他们也能越好地完成充满高度矛盾的博弈，并实现他们之间的合作。该假设其实基于一个简单的想法：博弈中固有的矛盾越大，其被对手征服的风险就越大。但是，当一个社会的成员能够以合作的方式解决冲突程度为 K 的博弈时，那么，比起那些已经以非合作方式解决第一个博弈的情形，人们更有可能在冲突程度为 $K+\varepsilon$ 的博弈中实现合作（参阅 Axelrod，1970。该文涉及对博弈的矛盾尺度的分析）。

上述假设认为，规范的发展可能具有路径依赖性。在某一特定情况下合作规范产生及实现的可能性还取决于社会成员是否在此之前已经以合作方式成功实现了其他交易行为。这一假设也告诫我们不能忽视认知的重要性。旁观者眼中差不多的两种情形有可能被局内人以完全不同的方式重新构建。由此产生的冲突程度会很高，以合作方式完成博弈的可能性也很大。

以上针对规范产生的假设与以色列的社会哲学家埃特娜·乌尔曼·玛格里特（Edna Ullmann - Margalit，1977：121—127）提出的解释有很多相同之处。"猎鹿博弈"的冲突程度介于纯粹的协调博弈与囚徒困境之间，她主张只要满足下列条件囚徒困境就能够转化为猎鹿博弈：第一，存在一种通过习惯可以稳定行为主体的行为的预期；第二，存在一个使得最初的合作以某种方式发生的有利的起始点（同上，124）。

猎鹿博弈的得名源于一个故事：要猎获一只鹿，需要几个（这里指两个）猎人的合作。一个猎人负责封锁鹿的逃生路径，将其逼入绝境，另一个猎人负责猎杀它。如果这两个猎人不这么合作，就将一无所获。每个猎人单兵作战，只能捕到兔子。而与兔子相比，他们当然更喜欢鹿。尽管如此，能捉一只兔子回家总好过什么都没有。既然一个人只能捕到兔子，猎人们自然还是寄希望于相互合作。该博弈的矩阵图如表 7-2 所示（每个框里的第一个数值对应横栏中的内容，第二个对应竖栏中的内容）：

表 7-2　　　　　　　　　　　　猎鹿博弈

	S1（鹿）		S2（兔子）	
Z1（鹿）	3	3	0	2
Z2（兔子）	2	0	2	2

与"囚徒困境"不同的是，这一博弈中不存在占优策略，即行（S）的最佳行为取决于列（Z）的行为，反过来也是如此。在纯粹策略中有两个对称的纳什均衡，即（Z1, S1）和（Z2, S2）。乍看之下，从非合作均衡（Z2, S2）到合作均衡（Z1, S1）的转换似乎没有什么问题。因为，两个猎人的状况都因此而变得更好了。然而，每个猎人要实现这种均衡都依赖于对方的合作，而他在非合作策略中无论如何也可以获得"2"（即一只兔子）。对此，宾默尔（Binmore, 1994: 120—125）的解释是：成功的博弈者（Z1, S1）都已经学会了如何相互信任。

猎鹿博弈的最初出处

上文论述的博弈援引自日内瓦哲学家让－雅克·卢梭（Jean-Jacques Rousseau, 1755, 1998）。卢梭在《论人类不平等的起源和基础》一书（第77页）的第二部分这样写道："借此人们在不经意时就可获得相互义务以及实现这种义务的好处——不过条件是人们眼前的现实利益有此要求。因为他们看不到事物的前景，更谈不上对未来的远期规划，他们甚至连明天的事情都不做过多考虑。为了捕到鹿，每个猎人都决心忠诚地履行自己的职责。可当一只兔子突然闯入他们其中一人的视野时，毫无疑问，看到兔子的猎人会不假思索地跟上去。当他捕猎到自己战利品的同时，他的同伴也失去了他们共同的猎物——鹿。尽管如此，他对此却一点也不在乎。"

我们认为：如果两个博弈者属于同一社会群体并且（Z1, S1）这一均衡点是该群体普遍认可和接受的行为规范，那么即使博弈中的冲突程度很高，他们实现合作的可能性仍然很大。可是这样的思路偏离了真实的博弈论。因为按照上面的说法，该博弈的实现必须以其他在矩阵中根本不会出现的博弈的实现为前提。

至此，我们做一下总结：

（1）个人遵循的决策规则和习惯可以成为标准规范。

（2）原则上，以相互依存的效用函数为基准应该是可行的。那些其效用可以作为一个正自变量进入行为主体效用函数的人，其类型和数量显然是多变的，而且因此都需要得到具体的解释和分析。

（3）合作规范的发展有可能具有路径依赖性。这些规范在一定冲突水平的博弈中越是稳定，这类群体的成员以合作方式完成更高冲突程度博弈的可能性就越大。

到目前为止，我们还没有涉及第二类内部制度的制裁要素的产生问题，这包括即使人们确信自己没有受到监视时，也仍然可能发生的良心谴责或心理负担。

（四）有关制裁的构成

丹尼斯·缪勒（Mueller，1986）认为，在制裁压力下不得不与人合作的行为主体，在制裁压力已消除后，也会将合作保持下去。这对于解释第二类内部制度的传播大有裨益。缪勒认为应当将经济学中使用的行为假设"理性自私"改为"适应性自私"。由此，他还主张应当对心理学方面的知识予以考虑和重视。如果可以认为童年时期养成的符合规范的行为习惯肯定能保留下来，那么就背离了经济学观点。经济学的基本观点认为，人在相关的激励下做出自己的行为选择。因此，这里需要引入一个两级行为模型。第一步将每个决策问题分门别类。遵守规范的成本越低，个体遵守规范的可能性就越高。也就是说，以理性选择方法为假设前提的个人利益最大化不能实现。遵守规范的成本越高，决策行为受制于理性的成本收益分析的可能性就越大。而现在的问题显然在于如何找出从一种决策过程转变至另一种决策的过程的规律（同样参见 Kliemt，1991：199）。

林登贝格（Lindenberg）1992 年提出了一种新理论，证明参与者的决策行为同样取决于他们个人如何对具体决策情况进行排序。林登贝格认为行为主体通常把以下三个功利性目标作为决策的出发点：

（1）获取利益；

（2）不违背规范；

（3）规避损失。

参与者的决策行为依赖于他们怎样组织或架构具体的决策情况，这意味着针对不同的具体情况，他们总会侧重于以上三个目标中的某一个。假设在某种情况下，不违背规范的目标高于获取利益和避免损失的目标，那么参与者就会自动遵守规范的要求，而不希望因为违反规则而受到其他人的抵制或制裁。因此，这里就自然而然地出现了一个问题：我们能否系统地阐述行为主体在何种情况下侧重于哪一个功能性目标。只有如此我们才能用这一方法预测参与者可能的行为方式。

（五）展望

许多专门研究内部制度产生的理论和假说都首先把某些特定解释性变量的存在——比如"共享价值观"的存在——立为自身成立的先决条件，接下来才会进一步提出是否有（再一次借助经济手段）解释内部制度生成的可能。然而在过去几十年的实践中越来越多的学者认识到要达到这个目标，仅有经济理论尚远远不够，还需要把诸如认知学等其他学科的知识囊括进来。从上面的论述中可以看出，共享价值观和规范有一个共同的前提，即参与者对同一情况的认知几乎相同。这也是认知学的学者们关心的主要问题，他们希望通过研究能够提供给人们一些值得借鉴的成果。

第四节　内部制度与外部制度的相互依存性

到目前为止，我们研究的着力点主要在于用经济方法解释规范生成的问题，至于相应的外部制度是否能对规范的出现施加影响，尚没有讨论。这个问题的解答涉及相应的外部制度是否会增加符合规范的行为（即符合内部制度要求的行为）的成本，如果是，那么成本增加的幅度有多大？如果符合规范的行为成本升高，那么可以预见，随着时间的推移，这种行为的执行力度将越来越薄弱，从而完全可能导致出现冲突的局面：某一行为虽然符合规范要求，却违反了外部制度（比如违反法律）。举个例子，历史上很长一段时间内，"决斗"都被认可是一种化解某些冲突局面的合理方式。内部制度"告知"决斗双方适合决斗的条件以及怎样的行为才符合期望等，但政府对待决斗者的方式就是立即将他们开除或者干脆不雇用他们，如此一来曾经被认为正确的"决斗"制度就逐渐消失了。

另外，一项法律如果与大多数人遵循的规范发生严重抵触，那么其执行成本无疑会非常高昂。有时候甚至有必要调整外部制度，以使其与内部制度相匹配。

我们可以用米格尔、格鲁内瓦尔德和格鲁思科（Miegel, Grünewald, Grueske, 1991）的一项实证研究成果证明外部制度可能影响内部制度的变迁。该研究项目旨在解释德国各地区为什么会存在经济发展的差异性。三位学者详细解释了所谓的"经济和劳动文化"差异，即关于社会生活的经济相关层面以及工作岗位的观点。其中一个研究部分格外引起我们的兴趣：不同的继承法规定（外部制度）可能导致人们对继承的认识（在我们的专业术语应当叫作内部制度）也不相同。总的来说德国的继承法可分为两大类，一类是单独继承法，另一类是分产继承法（同上：第100—102页）。

以农场继承为例，按照单独继承法规定，只有一个子女有资格单独继承农场，其他子女可继续留在农场里，但不应当危害农场的维系。这往往导致出现一种情况：没有继承权的子女逐渐变成了农场的劳动力。因此该继承法令会产生两个结果：第一，这类农场的平均规模通常会变得非常大；第二，生活在农场中的人口数几乎不会增加，因为此种情况下没有继承权的子女基本上没有能力组建自己的家庭及养育子女。

下面来看第二类继承法——分家继承法。顾名思义，农场将被依照子女数量平均划分成许多小块，所有子女都有继承权。这导致的结果可能与前者完全不同：每一小块土地获得的收益越来越少，以至于子女越来越无法以此为生；并且由于大部分继承人都会组建自己的家庭，因此生活在该农场中的人口也会越来越多。这两点共同构成了一股强烈的激励力量，使其中一部分继承人除了农业之外还转而将手工业或商业作为自己的收入来源。此外，该法令还会导致农场所有人的数量不断增加。米格尔等得出的最终结论是：这将对许多人的价值观产生深远持久的影响，因为他们早期已经积累了丰富的关于生产性私有财产的机遇与风险的经验："由此，产生的后果有可能是土地分配，这就促使在分家继承法适用区内的人们能将资本主义工业行为模式迅速内在化。由此，我们可以得出以下结论：分家继承法有利于地区工业经济的发展。与单独继承法占主导地位的弱势群体相比，强势群体的思维方式与价值观从商品经济角度受到这里得到广泛传播的分家继承法更多的影响。"

除此之外，另一个经常提到的论据是，福利国家的拓展使得人们懈怠了对要求团结互助的规范的遵循。如果国家供养那些无法养活自己的人，那么人们就没有必要成为一个自愿的互助网络的成员了。从长期来看，网络的成员数量预计会逐渐减少，直到某一天网络完全解体。这可以解释为一种应对情况变化的理性答案。

第五节 悬而未决的问题

我们主要通过一个实例证明了外部制度影响着内部制度的发展，但是实例并不能代替精确的理论。不过目前这样的理论尚不存在。发展一种理论当然也不是那么简单，因为学者们习惯将自变量和因变量清晰地区分开来，然而这里似乎存在产生相互作用的可能性。内部制度能影响外部制度的发展；同时，外部制度也会反作用于内部制度。我们并不质疑两者间复杂关系的存在，只是需要继续深入的研究与分析。

要想找到确证的"内部制度产生和变迁的经济理论"，我们还有很长的路要走。衷心希望本章的观点能为以后分析和研究这一问题铺路搭桥。

即使我们短时期内仍无法掌握有价值的解释内部制度变迁的理论，但至少可以在有限的知识基础上找到一些经济政策结论。或者说，对制度已经形成了一些全新的认识，例如内部制度的发展主要是自发完成的，通常不可能通过经济政策干预对其进行有意识的改变。另外，我们也看到，特定的外部制度对特定的内部制度可以产生可预测的后果。在只有内部制度决定人的相互行为时，理想状态下只有外部制度的变迁才会引起内部制度的变迁。此外，我们还一再指出，内部制度与外部制度之间的不兼容性导致交易成本的增加。由此，可推导出以下经济政策建议：（能被政策所改变的）外部制度与内部制度不应当是完全对立的。

新制度经济学的思路将对经济政策理论产生怎样的后果，这一问题我们将在书中的第四部分继续讨论。

复习与思考

1. 你还能想到哪些有关价值理性行为和目的理性行为的例子？
2. 请参照第二段中吸烟者的案例思考下列情形中的参与者有可能产生哪些外部性——一位严重伤风的乘客坐在满座的大号车厢内，旁边坐着另一名说话大声、不停打电话的乘客？
3. 关于事实行为惯例导致规范产生，你还能想到哪些事例？

4. 请思考在演化博弈论中哪些对于内部制度产生来说很重要的关键要素是不需要考虑的？

5. 为了解释规范的（首次）产生，为什么只提到重复博弈和名誉是不够的？

6. 请根据第三节"三"的描述，试举一例解释规范是如何产生的。

参考文献

1. 有关社会人假设的评判性描述请参见达仁道夫的著作（Dahrendorf，1967）。

2. 德语版演化博弈论引论存在很多瑕疵。现有的专题著作部分是有所讲究的，例如阿曼（Amann，1999）的著作。然而，那些为定期出版的学生杂志中刊登的引论对于想要初步了解演化博弈论的人来说也不失趣味性。Vilks、Clausing（1999）或 Steven、Otterpohl（2000）的论著值得一读。

3. 杰克·奈特（Jack Knight）在许多出版物上研究讨论过内部制度的产生和变迁问题。这里只提到他的一部专题论著《制度与社会冲突》(*Institutions and Social Conflict*, 1992)。这本书特别强调了权力在制度产生过程中的重要性。

4. 沃依格特（Voigt，2002）着重介绍了内部制度与民主政体之间的关系。

5. 阿尔斯顿和夏皮罗（Alston und Schapiro，1984）分析了美国国家继承法的缘由和产生的后果。美国北部以分家继承法为主，而在南部则是长子继承权法占主导地位。他们认为从经济角度来说这种划分是有效的。因为南部国家的最佳农场面积比北部要大得多。贝尔托奇（Bertocchi，2006）认为，当一个国家开始其工业化进程且资本代替土地成为最重要的生产要素时，更有可能实现由长子继承权法向分家继承法的转变。

第四部分
经济政策影响

第八章　关于规范性理论必要性的解释

第一节　导言

在本书的前三个部分中，我们的研究重心始终围绕着实证问题。比如第二部分（第二章至第五章）的核心问题在于研究不同的制度对经济相关变量能产生何种影响；第三部分（第六章、第七章两章）旨在借助经济工具解释制度的起源与变迁。而在第四部分以及最后一部分中，规范问题将成为我们研究的重点：哪一种制度值得我们付诸实践？哪一种制度可能借助怎样的方式法规化？在这一部分中，第八章与第九章的内容联系极为紧密。第九章的核心问题涉及新制度经济学对经济制度及经济制度理论的影响。我们希望提供一些具有建设性的经济政策建议，要做到这一点，一个规范性的理论基础是必不可少的。而论证这样一个规范性基础形成的必要性和可能性，正是本章的研究目的之所在。

从前三个部分的分析中可知，制度能起到促进繁荣、增加福利的作用。私有产权和自由交易的可能性能够释放巨大的经济效益。与此同时，我们也发现，有相当数量的制度实际却变成了限制私法自治和契约自由的枷锁。这种限制存在的依据是什么？为了确保私法自治（以及契约自由）能够长久存在，是否需要对其加以约束？假如禁止签订奴隶契约的理由最终也会被解读为对契约自由的限制，那么我们是否还有充足的理由坚持这么做？或者换一种不那么极端的情况——要支持限制私有财产支配权（例如制定生产定额或合并监管），我们也需要找一个恰当的理由。

下面来说说本章的讨论顺序：下一节中首先要明确这里所谓的规范性理论概念范畴。第三节重点介绍了一个论据，该论据能够帮助确定某一特定制度（或整个制度安排）是否合法。接下来的第四节将从新制度经济学相关观点的角度对规范性理论提出一些新要求，这些要求在一定程度上不同于现有的规范性理论。

第二节 什么是规范性理论？规范性理论的方向是什么？[①]

早在20世纪初马克斯·韦伯（Max Weber）就曾撰写多篇文章论证，价值判断在学术研究中不具有任何地位。从那以后，"价值无涉"假说就与他的名字紧紧联系在一起。在社会科学与社会政策有关卷宗（1904：151）中韦伯指出："学术研究应当坚持将实证经验的确定同研究者个人的判断，即他对这些事实的评价是满意还是不满意区别开来。"因此，在我们研究规范性理论之前，应当首先简要分析一下否定规范性理论学术地位的论据。

价值判断不具有真理能力。价值判断描述的是一个事物应该是什么样（应然），而不是它本身是什么样（实然）。假如我们之前已经对相应概念有所了解，一些实然陈述是有实例可考的，而应然陈述则截然相反。倘若探寻真理确实是科学追求的目标，并且当陈述与实际情况相符时我们就认定该陈述为真［该真理概念起源于波兰裔美国哲学家阿尔弗雷德·塔斯基（Alfred Tarski，1902—1983）提出的"真理符合论"］，那么应然陈述就不能被划归到科学范畴中，因为它们不具备成为真理的能力。它们的作用充其量不过是帮助应然陈述的载体多吸引一些眼球罢了。

既然如此，为什么本章的题目里会谈到规范性理论的"必要性"呢？倘若经济学家们不认同"无论何时何地只要有X，则必然有Y"这样的法则假设，也就是说不按照本来面貌解释这个事件，而是将关注点放在提出"更有效"、"更完善"的构建世界的方案上，那么他们必然需要一个参照系、一个尺度，用以衡量世界的面貌。为了能够找出"现实"与"理想"之间的偏离，并提出缩小这种偏离的有效建议，"实然—应然"的思路同样不可或缺。

---

① 本节标题借鉴了弗里德里希·席勒（Friedrich Schiller）1789年在耶拿大学作讲座时第一堂课（"什么是世界史？世界史的研究方向是什么？"）的行文风格。

因此，现在的问题是：怎样才能获得这样的陈述？不难想象，特定价值的构建可能基于一些更根本、更高级的价值。举个例子来说——"联邦政府必须为新联邦州提供持续的财政支持，这是基于公平的要求。"在这里，"应然"观点建立在一个更为一般的规则基础之上，即公众心目中认为该规则能够获得普遍的同意。下一节中我们还将更加详尽地探讨"可普遍同意"的思想。而现在首先需要遇到的是终极理由问题——其实早在几千年以前，终极理由问题已经为哲学家们所熟悉了，只不过它在哲学界的名字叫作"阿格里帕三重困境"（Agrippas Trilemma）。而经济学界熟知的则是它的另外一个名称，即由德国当代批判理性主义法哲学家汉森·阿尔伯特（Hans Albert）赋予其的新称号"明希豪森三重困境"（Münchhausen–Trilemma）。所谓"三重困境"，指的是无法解决的问题。在借鉴相应的上游命题及价值判断论证新的规则、命题以及价值观时，人们往往面临三个称不上理想的选择：其一，可以采取循环论证的方式（即利用少量的基本价值观在任意试图论证的点上"论证"基本价值观）；其二，可以采取无限倒推的方式（即无穷递归至上游命题）；其三，通过某个教条、信条结束论证链条。总而言之，人们总要从上面三个差强人意的选项中选出一个。

下一节里我们将会专门学到一种做法，它试图尽可能地使规范制度经济学令人满意。在此之前还需要搞清楚规范性理论构建过程中存在的两个风险以及从实证角度"处理"规范性理论的可能性。我们先来看一看风险有哪些：

（1）许多学者都在自然主义谬误面前栽了跟头。这个命题是指从"实然"错误地推导到"应然"。根据这种观点，如果一个事物的现状是可知的，那么就有充足的理由判定该事物应当呈现出怎样的状态。而大卫·休谟对这一观点进行了激烈的批判。

（2）还有一些学者犯了工具主义的错误。基于此种思想，"应然"不再是来源于学术界，而是变成了政治计划。经济学家的任务仅仅在于找出适合的工具、手段、机制，以便尽可能好地实现之前设定的目标。早在20世纪30年代，瑞典经济学家冈纳·缪尔达尔（Gunnar Myrdal）就已经对这种观点进行过严厉的驳斥，这种观点意味着：手段本身不含价值判断；倘若手段拥有了内在价值，那么计划的任务分工将无法执行。

现在来看一看从"实证"角度处理规范性理论的可能性。史漫飞

(Streit, 1991, 2000) 曾说过，评价性的陈述与有关价值的陈述之间很有可能并不一致。这意味着"评价"具有可描述性，且不同"评价"之间的关系也是可以审核的。隐藏在科学陈述外衣下的"评价"也可以被揭露出来。我们通常称为意识形态批判。

第三节　两种相对的规范性理论

一　福利经济学方法

早在一百多年以前，福利经济学理论就已经作为主流理论在经济学界出现，直到今天福利经济学也仍然占据着主流地位。福利经济学家的关注点在于研究在各种限制条件的制约下如何实现社会福利的最大化，也就是如何实现资源的最优配置。经济学意义上的资源配置是指把产品和生产要素分配至人员以及生产过程中。如果市场无法实现资源的优化配置，那就需要国家的干预，以求尽可能实现优化配置。鉴于该方法的目标明确（即实现资源的优化配置），因此也常被称为资源配置分析法。资源配置法建立在一系列假设的基础之上，其中最重要的假设有三个，它们分别是：a. 社会最大化目标是可知的；b. 国家的信息掌握情况优于市场参与者；c. 国家掌握的激励机制和完善信息切实有助于实现社会福利最大化。当然，另外一些研究方向的学者始终没有停止过对所有这些假设的有效性提出质疑，在这里我们就不逐一复述了，只着重分析哈罗德·德姆塞茨（Harold Demsetz）于1969年出版的关于"市场失灵"判定与国家替代选择需求的关联性研究中提到的三个具有代表性的批判点。

前面提到过，福利经济学观点建立在一系列假设基础上，而这些假设从未实现过。如果把理想的世界模型与现实世界进行对比，往往会得到一个令人失望的结论——现实很糟糕。建立不可实现的理想化世界的尝试被称作涅槃法（Nirvana - Ansatz），来自德姆塞茨，并且总是至少伴随着下述三种谬论之一（部分参照 Streit, 1991: 22）：

（1）国家拥有完美的执行力。事实上，不仅市场参与者的知识是有限的，统治者（政治家与官僚）也是如此。他们也有各自追求的目标。因此，将实际市场过程与理想化的国家行为做对比是不正确的。

（2）重新分配的成本可能为零。既然统治者实施的分配调整是作为市场过程的结果产生的，自然就不可能不计成本。这其中不仅产生直接成本（包括国家从某些人身上取走的损失成本以及行政成本本身），还产生间接成本。间接成本通常是经济个体改变行为的后果，而这种行为的改变又是由国家重新分配产生的激励变化所带来的。

（3）与模型一致的行为。"与模型一致的行为"是指期望行为主体遵守相应模型而行事。然而这通常是不可能的，行为主体的行为总是有别于模型预期。例如，他们会规避风险，在面对风险时并不能保持中立。

乔治·斯蒂格勒（George Stigler）曾用一则故事暗讽对福利经济学家的这种想法。他将其比喻为钢琴比赛中的评委，他们常常只听了最初一个弹得很差的选手演奏，甚至根本就没听第二个选手弹得如何，就把他推上胜利的宝座。规范制度经济学的支持者们却主张，从结果层面进行最优配置的尝试实际上并不可取。在他们看来，经济不是一个可以任由人凭借其手段实现结果最大化的有机整体。他们感兴趣的是大量参与者如何能够相互协调行为以促成制度乃至福利的出现。弄清楚哪个制度能最有效地帮助参与者构筑预期，同时确保他们追求的个人目标在不会成为某一共同中心计划的一部分的前提下就能实现协调。这个方法因此也被称作协调法，与资源配置分析法不同，协调法侧重于另一个层面，即理顺交易（或阻碍交易）的制度，而资源配置分析法则致力于分析评估不同配置机制产生的具体不同后果。

我们在第一章中已经指出，关于规范制度经济学是否应留在资源配置分析法中的问题，学者们的意见并不一致，且只是列出了一些他们到目前为止不曾提及的问题。鉴于福利经济学资源配置分析法已经被研究了无数次，在此就不再赘述了，协调法才是我们要研究的重点。

二 假设性共识——推导"应然"陈述的启发学

首先用一句话概况一下标题：启发学是发现新事物的方法指导。这一部分所要研究的问题是假说性一致同意这一论据究竟能不能帮助我们推导出"应然"陈述。

詹姆斯·布坎南（James M. Buchanan）是著名的宪则经济学家。所谓宪则经济学家，是指借助经济手段致力于基本规则系统（即宪则）研究的科学家。宪则由制度构成，在此范围内宪则经济学可被视为规范制度经济学的一个组成部分。布坎南的初衷是希望解释制度的产生，并建立现存法律体系的评价标准（Buchanan，1975，第54、50页及其后）。根据他自己表述，他试图在不借助外部规则的前提下，从由自我利益决定的个人效用最大化中最大限度地引导出社会相互作用行为的逻辑结构（同上：80）。

从上一部分中可以看到，终极理由问题原则上是无法解决的。因此，如果没有价值体系，布坎南也无能为力。其规范理论的核心价值判断认为，没有哪个人的目标和价值比其他任何一个人的更重要。这个观点也被称为规范的个体主义。个体主义被当作经济学的中心假设，只有个人以此为行动依据，组织、体系或其他实体则不然。规范的个体主义主张，只有个人才是价值和价值判断的来源。这一观点也暗示，规则的产生并不来源于外部，例如上帝的旨意或自然法则等。一旦个人被允许拥有不同的价值、追求不同的目标，资源配置分析法应用会遇到极大的阻力。

从基础的价值判断可以推导出程序规则。布坎南沿袭了瑞典经济学家克努特·维克塞尔（Knut Wicksell，1896）的观点，并将其大部分著作译成了德文。当交易的参与者自愿认可交易合同，那么这种私人产品的交易合同就是有利的。之所以称为"有效的"、"好的"或"有利的"，是因为交易参与者期望从中获得利处，否则他们就不会签订合同。通常交易活动的参与者可分为两部分，即买方与卖方。维克赛尔曾呼吁对那些涉及两个以上参与者的决策采取相同的评判标准。只有当全体社会成员都认同某些规则时，他们遵循的规则才被认定为有利。倘若没有任何理性的人反对一种规则的引入，则该规则就被视为是合法的。因此，帕累托准则在这里可运用于整个社会，这里主要涉及的是帕累托准则于整个社会的效用。

然而，一致同意需要付出高昂成本。理性的人一定不会认为所有的集体决策都是集体意见完全一致的产物，只能说是意见大致统一。这里首先要提到的便是有关规则的选择，这也是统治者在其具体的决策过程中势必要注意的，即宪则。

对帕累托准则存在另一种解释。之前概述的规范理论都遵循帕累托准则。另外，它也是福利经济学的基础，不过其解释却可以完全不同：

（1）它不是借助准则评价的具体结果，而是规则和制度的应用产生的特定结果。如果引发某一特定结果的规则被视为合法，那么就没理由将这种结果评价为"不公正"或诸如此类的评价［持类似观点的还有哈耶克（Hayek，1976）］。

（2）此外，"帕累托最优"也转变为"帕累托占优"。从概念上来讲，最优值已经不存在优化的可能性了。如果某个规则被视为帕累托占优，那最终无异于运用对制度的比较分析。如果从某个特定的时间点出发，社会认可的某个规则有别于当前的有效规则，这就是将现状与一种替代状况进行了比较。如果新规则有助于达成一致同意，那么相比当前适用的制度而言，它就可以称为占优。当然这绝不意味着不存在其他更好的规则。

（3）科学家可以借助福利经济学评判某一特定状态是否达到帕累托最优。这意味着，人们对科学家冠以"万事通"之名，认为他们必然知道所有参与者的全部优势。不过在布坎南看来，这种观点"完全不能接受"（1959：126）。只有参与其中的民众确实一致同意，那些科学家认为是占优的政策才能真正称为帕累托占优。

布坎南的规范理论并没有说明社会应该实施哪些制度。但他提供了一种方法，借助它人们能够判断，个体在特定——需更具体化的——情形下同意或可能同意的制度是否存在。如果存在，那么这种制度就是合法的，就应当实施。这一方法颇具说服力，它从个体出发，且不依赖于价值观以及价值判断的外部来源。至于其不足之处我们将在下一节中继续讨论。

三　关于共识考验的几种主要反对意见

在其1959年出版的作品（同上，第134页及其后）中，布坎南还提出了阻碍实施同意检验的三个困难。为了解决这个问题，布坎南曾多次从不同角度提出，用假说性同意取代实际同意，例如他认为"车速限制条款"就是一个假说性同意的例子："……意图推广某些限令的普遍同意得以达成，应该是完全有可能的。……"（1978，35）。布坎南仅凭借支持限制条款的理性，揣测他期望出现的普遍同意能够出现。然而人们可以较随意地假设对真实存在的制度存在广泛的共识，对于评价者评价的随意性几乎没有限制。在另一篇文章中布坎南也表述了相同的观点，在那里他把实际同意（agreement）与概念上的同意（conceptual agreement）区分开来。有人不禁要问，我们能够或者希望观察到的结果是否来源于规则体系？（例如 Buchanan，1977，第129页及其后）一方面，外部观察者判断是否能把特定的政治结果作为某一基于已达成一致的宪则的选择过程的结果；另一方面，布坎南坚决否决外部评判标准，但最终两种观点并没有什么区别。倘若不同的外部观察者对于民众普遍同意的规则的理解呈现出如此差异性，那么"概念上的同意"概念的脆弱性可见一斑。而试图超越正规的程序标准之外而评估集体品决策并使其合法化的努力也仍然无法令人满意。

另外，假说性同意的可能性也取决于以下这个假设，即假设每个参与者手头掌握着信息。倘若参与者们能准确把握自己当前所处的社会及经济位置，那么他们就可以在此基础上推演未来的情况。因此，如果他们认为改变规范或规则会导致自己未来的状况恶化，那么他们当然就不可能赞同这样的改变，这样一来，同意检验也就失败了。为了避免产生这种结果，约翰·罗尔斯（John Rawls）在1971年提出了一个新的概念——"无知之幕"。他假设，如果人们舍弃了自己的特殊利益和偏见，把自己置于"无知"之境，不知道自己是富裕还是贫穷、衰老还是年轻、强大还是弱小，他们是否能够（以及有意愿）改变规则。这一理念要确保只有那些不损害（或者不偏向于）任何一个社会阶层的制度，才能被视为合法。不过该种合法化的经济政治后果尚不清楚。试想一下，假如目前现行的一项制度规定不能被合法化（因为它得不到某一社会阶层的同意），而改善该制度的议案背后隐藏着一个假说性同意。只要改革方案没有获得政治上真正的多数票支持的可能性，那么它仍将一直停留于非法状态。

第四节　规范性理论的制度经济学要求

我们一再强调的规范制度经济学的两个核心假设分别是：（1）参与者拥有有限理性；（2）存在正交易成本。这两个假设也应当借由一个规范性理论表述出来。在本小节中我们将介绍两种理论，用于深入分析以上两个假设观点。美中不足的是这两种理论得出的结论完全不同。由此可以看出，想要推导出能够普遍达成一致同意的结论，仅仅考虑到上面两个核心假设是远远不够的。

一　威廉姆森及其理论

奥利佛·威廉姆森（Oliver Williamson）的理论紧紧围绕着"效率"概念，并赋予其不同于惯常传统理论的新定义。他指出（1996：195）："假设对于一项成果，不能提出更优越且切实可行的替代性结果，而且该项成果能够转化为净收益，那么就可以说它是'有效率'的。"细心的读者应当还记得我们之前提到过，德姆塞茨（Demsetz，1969）曾严厉批判了福利经济学家试图将完善的国家行为与不完善的市场行为相比较的做法。威廉姆森从中得出了修正的"效率"定义：只有将已实行的或者具备可行性的替代方案相比较才是有意义的。只有在制度变革时对其执行成本与现行制度的费用进行充分的比较，才可以说这种变革是有益的。威廉姆森认为，如果其相应的交易成本过高，以至于不存在更优的可行政策，那就可以说现行制度是"有效率"的。在推导理论上的"最优状态"时，往往忽略了政治上可行的限制，以至于某些不具备改革空间的状态被错误地判定为"效率低下"。

二 哈耶克及其理论

弗里德里希·哈耶克（Friedrich Hayek）一生都在强调这样的观点：人类始终处于"构成性无知"之中，并对"知识的僭妄"的状态提出了警告。"构成性无知"概念是指虽然人类始终致力于全面广泛的研究和探索，但是人类的无知并没有因此而得以消除。"知识的僭妄"则表示人类总是试图把社会秩序建立在他们不曾掌握也不可能掌握的知识基础之上，这是因为很大一部分人类的无知其实是构成性的。除此之外，实际上另外两个概念——有限理性和正交易成本——同样在哈耶克著作中占据重要位置，只不过在那里，它们极少以这两个名词形式出现罢了。

如果"无知"——或者说借用史漫飞（Streit，1991：82）更乐观一点的说法"知识缺乏"——真的是构成性的，那么就自然而然地出现了另外一个问题：怎样才能尽可能灵活地解决这种缺乏问题？对此，哈耶克并没有另辟蹊径，一味求新，而是援引康德的观点（Kant，1797）给出了答案：规则、制度应当具备一些特定的属性——一些被康德以及哈耶克归结到"普适性"（Universalisierbarkeit）范畴的属性。普适性意味着：

（1）这些规则应当具有一般性，即可以应用于大量的群体和情形。

（2）对这些属性的描述应当是抽象的、否定性的，也就是说它们并非强制规定某些具体行为，而是禁止一定数量的行为方式。

（3）这些规则应当是确定和明确的，也就是说所涉及的当事人能够知道某个特定行为是被禁止的抑或是被允许的。

（4）这些规则应当能够为其合理性找到根据，即可能成为某一理性讨论的结果（请参见 Kersting，1994，Kapitel 6）。

根据哈耶克的观点，普适性规则至少有两大令人欣喜的结果：一方面，它能减少不确定性，增加预期的确定性。我们正期望制度也拥有这种特性。首先它将通过确定性和明确性的特质得以保障。[①] 另一方面，由于其所具有的抽象特性，因此允许乃至鼓励创新。这对于开放而充满活力的经济发展来说是至关重要的。普适性规则的应用意味着人们在很大程度上放弃了矫正性的干预行为。因为这种干预恰恰不具备普适性。哈耶克（1963）很清楚，普适性规则的利用在某些情况下会导致人们放弃应用人们确实已掌握的知识。不过，他对由普适性规则带来的法律保障显然给予了更高的评价。

三　两种方法的结论

不论是威廉姆森还是哈耶克，虽然两人都强调人类的知识和理性是有限的，但却从中得出了不同的结论。威廉姆森认为，由于最优规则无从得知，一旦人类对于规则的作用方式的认知水平得到提高，就总是倾向于改变规则。这也许说明了在定义规则时应当保持一种开放的态度，从而使新知识能够被运用到改变了的裁决中，而规则本身的修正则是不需要的了。如果需要对规则进行修正时，为了能够及时运用对规则的新知识，规则改变的成本不应当过高。

相反，哈耶克则强调，所有行为主体的理性都是有限的。这不仅适用于那些需要对抽象且公开表述的法律进行解释的法学家，同时也适用于通过将法律变更为制度形式而获得新知识的立法者。因为，所有决策者处理复杂性的水平都是有限的，这就意味着规则的表述应当尽可能简单。

威廉姆森也许认为主动放弃单一状况下可应用的知识是很愚蠢的表现。他希望人类的知识可以通过制度的运行方式得以扩展，而不是以结构性的知识缺口为特征。如此我们不禁要问，怎样才能知道是否获得了新知识呢？在实践中积累的有关经济政策的经验表明，表面上看上去正确的知识在短时间内却被证明是不合理的。比如德国的宏观调控就是这

[①] 然而，《联合党人文集》（出版目的在于为1787年美国新宪法进行宣传）的作者之一亚历山大·汉密尔顿（Alexander Hamilton, 1788, 1994: 212）观察报告直到今天还很有道理。他认为："尽管所有新的法律都以技术性的专业知识表述出来，即便对它们的研究和讨论广泛且成熟，它们其实或多或少还是被视为晦涩且模棱两可的。直到它们的含义通过一系列特殊运用和评判确定或查明之后，这种局面才会改变。"从这一论断出发，可以联系人们对确定预期的向往得出一个结论，并提出一项建议，即尽可能少地变更规则和制度。

种情况。宏观调控涉及借助国家政策熨平经济波动的做法。当个体需求减少时，国家的需求应当增多，以保证工作岗位的稳定。在德国，国家的宏观调控就以法律的形式被写入1967年的《稳定与增长法》。如今，已经有相当一部分经济学家不再支持凯恩斯的反周期的需求导向型宏观调控了。①

哪些事物具有可知性？对此哈耶克和威廉姆森的看法不尽相同。在如何对待无知的问题上他们也得出了相异的结论。这也许是因为他们对各种局部目标的侧重点不同造成的。威廉姆森希望新知识能尽快进入有效的制度中去；而哈耶克更关注参与者的预期稳定性和制度保障。在此，对于上述权衡能否通过有效的折中理论得以解决不再赘述。

第五节 悬而未决的问题

在这一章中，我们又重复了规范制度经济学代表者在利用福利经济学手段时提出的几个问题。詹姆斯·布坎南提出的那种方法则作为另一个选项存在。不过我们应当清楚，这种方法也存在不少问题。之后我们进一步了解了两位科学家的观点，他们认为有限理性和正交易成本在此起主要作用，不过从中得出的结论并不一致。在下一章中，我们将着重关注规范制度经济学代表都提出了哪些有益的经济政策建议。

复习与思考

1. 请举例解释自然主义谬论和工具主义谬论的含义。
2. 请利用假说性同意的启发学来证明某一政策领域（如养老金政策）的宪则是合法的。

参考文献

1. 有关科学理论基础问题的可靠解释可参见赫尔穆特·塞弗尔特（Helmut Seiffert）和杰拉德·雷德尼兹基（Gerard Radnitzky，1992）出版的《科学理论简明词典》。

---

① 请参见第九章第五节末尾。

2. 亨纳尔·克莱勒威佛的著作（2008）是值得一读的福利经济学入门教材。

3. 有关福利经济学方法的可靠批评可参见史漫飞书中的第一章（1991）。

4. 沃依格特（1994）对布坎南的方法进行了详细的描述和批评。

第九章 制度经济学对经济政策理论的影响

第一节 导言

上一章中我们主要讨论了关于制度应该怎么样的推导问题。而本章中我们将着重研究新制度经济学会对经济政策理论产生怎样的影响，或者已经产生了哪些影响。通常来说，经济政策理论的主要用途在于描述和鉴别经济政策的目标、实现目标的手段，以及经济政策措施的载体。

长久以来，我们的耳边总是环绕着一种并不悦耳的声音，宣称经济政策理论已经"名存实亡"。之所以会有如此说法，是因为大量凝结着经济学家们辛勤研究汗水的建议和措施没有得到执政者们的重视，而是被他们轻率地束之高阁，因而未曾对实际推行的政策产生任何实质性的作用。一个理论是否有价值，其价值的大小，可以用实施率来衡量。因此想要帮助经济政策理论摆脱上面的尴尬局面，是否能通过适当的调整提高其实施率，是首先必须解决的一个问题。

之前我们一再强调，新制度经济学的拥护者们认为在构建经济模式的过程中除了正交易成本之外，对人类的有限理性同样应当给予足够的重视。而在本章中我们要更进一步：深入研究这些因素，有可能对经济学界为执政者提供的经济政策建议产生怎样的影响？换句话说，如果在经济模式中明确考虑到行为主体拥有的理性是有限的且存在正交易成本，那么将在何种程度上改变"最佳工具/手段的投入"？

下面来看一看本章的研究顺序。在接下来的第二节中我们将首先从传统观点着手。这样一来就必然会牵扯到"仁慈"的政治家们——他们的兴趣点在于实现福利函数最大化，不论该函数通过何种方式体现出来。这也就意味着暂不考虑经济政策建议实施的可行性。第三节将着重针对一个具体方面进行详细分析，及探寻借助外部制度激活潜在的或有效运转的内部制度的可能性。第四节中主要介绍传统的经济政策理论构想，并在理论的成功与其实施率的正相关联系的基础上解释经济政策理论为什么会陷入名存实亡的危机之中。在第五节中将会看到另外一个棘手的难题——"决定论的困境"：一方面，我们希望明确经济政策规范性理论还剩下多少可供塑造的空间；另一方面——回忆一下导论的第三部分中已知的事实——制度的产生和变迁本身由经济手段决定，且可以借助经济手段进行解释，如此一来就根本无法留有自由建构的空间了。

第二节　传统而天真的经济政策建议

在这一节中我们将介绍规范制度经济学对现行经济政策施加的几个影响。首先必须指出的是，理论建议本身其实是十分严肃的，并不稚嫩，但是其中没有考虑到有可能妨碍执政者立即将建议付诸实践的因素。因此，如果期望执政者们会毫不延迟且丝毫不打折扣地实践这些建议，才真是天真的想法。尽管如此，这种天真，或者说保守且十分传统的观点仍然有其合理性。它能告诉我们当执政者必须在一定的限制条件下行为时，他们会采用怎样的措施。从这种意义上说，这种观点可以被当成是一个起点，在其基础上探求其他更好的用以引导执政者行为的限制条件。这是一个典型的宪则经济学问题，不过我们在这里就不继续深入讨论了。

这里提到的经济政策建议在前面的章节中均已出现过，此处不再做详细介绍。

建议1：仅仅追求物质资本和人力资本的改善是不够的。确立能够促进增长的制度同样至关重要。

传统以及新增长理论很大程度上忽略了政策的作用，而建议1可以看作是对它的补充延伸。从长期看，只有在全要素生产率提高的基础上，增长才能成为可能。而从第五章的介绍中我们已经知道全要素生产率的高低主要取决于当前所实施政策的运行质量。例如奥斯特罗姆（Ostrom，1996：229）在对尼泊尔等地的灌溉系统进行系统研究之后，提出的观点就与建议1不谋而合："捐助机构应当把努力方向转移到改善和提高当地大部分居民的生产能力上来，而不仅仅是热衷于用昂贵的现代化高科技改造那些简易落后的基础设施。"

制度的作用在于使行为主体们能够生成预期，且此种预期的正确性被证实的前景颇为光明。任何一种制度变革，即便初衷再好再善意，也会招致不确定性增加的风险。反过来也是一样，某种制度（未经改变）实施的时间越长，就越容易促成相应预期的生成。此时制度获得了资本品的属性，因为随着时间的推移它的价值也变得越来越大（参见 Buchanan, Uapitel 7）。由此产生的政策建议如下：

建议2：制度变革应当是特例而不应是常规。如果制度变革切实能创造净效益，那么就应当尽可能透明地进行变革，以确保行为主体们的预期以很大的概率得到证实。

在立法程序的各个环节中，透明度都是值得提倡的，因为它可以有效地降低不确定性：要在为立法草案提建议阶段举行公开听证会，法案通过之后要毫不延迟地公之于众（要知道在许多国家这并不是理所当然的事），之后确保法案能够执行，整个过程都应遵循公开透明的原则。现在很多国家颁布了信息自由法案，旨在保障公民获得并了解法律法规执行情况的权利。此种法律的颁布实施，无疑有利于增加透明度。

假设经济政策以提高人均收入为目标并且内外两种制度构成了其发展的决定性变量，那么我们自然也就无须感到惊讶为什么会出现要求建立能够促进经济增长的制度的建议了。然而同样显而易见的是，采纳此种建议面临着重重阻力，如若不然就很难解释为什么会出现如此之多无效的制度了。那些虽然已经正式生效，却无法协助相关各方建立稳定预期的制度，实际上用处不大。因此努力实现"基于事实"和"基于法律"的制度有效趋同，应当成为经济政策的目标。政府虽然制定了规则，但是却无法令人信服地遵守其对它们自身的约束（之前已经介绍过的"强大国家的困境"）。一方面政府承诺保护公民的私人产权，另一方面却保留征用私有财产的权力，在这种情况下民众凭什么信任政府呢？为了保护私有财产，曾有人（在法学意义上）提议应当将其列入国家宪法，使之成为宪法的一个组成部分（Gwartney/Holcombe, 1997）。可是难道仅仅因为把这个承诺换了个名头，写进了某个固定的书面文本里，它就变得更加可信了吗？事实一再证明，最终写进宪法的规定也仍然必须能够自我实施（Hardin, 1989；Ordeshook, 1992），否则同样没有效力。此外事实还表明，法律法规得以有效执行的概率与这些规则和社会现行内部制度的兼容程度呈正相关关系（Voigt, 1999）。这意味着：

建议3：政府应当只进行其能够令人信服地遵守的制度变革。

列维与斯彼勒（Levy and Spiller, 1994：210）在对这一问题进行了深入的研究之后，给出了如下建议：当在某些情况下一国政府无法确保自身的公信力时，国际信用担保是一个可行的解决方案。至于世界银行或者其他的国际组织能否担当起这样的角色，需要根据实际情况的不同具体考察。

制度变革造成"事实"和"法律规定"之间偏离加剧，导致交易成本增加，最终产生了适得其反的消极结果。针对这个问题，基弗和雪雷（Keefer, Shirley, 1998）曾一针见血地指出，过去的事实一再证明那些旨在促成外部制度变革的政策往往是目标不明且效率低下的。此外，他们还提出一个问题，除了集中力量促使内部制度变革之外，是否还存在其他的替代方案？不过两位学者同时也指出，仅有恰当的内部制度并不足以刺激经济持续增长。在许多情况下，剧烈、彻底地变革内部制度很有可能遭遇失败。倘若真的进行此种尝试，例如通过引入一些对特定内部制度构成禁止和限制的外部制度，那么由此产生的总执行成本必然增加。此时如果私人行为主体仍然依据已经被禁止的内部制度来规范与他人的互动，那么他们就必须比以往更加谨慎，这就相当于增加了交易成本。而当外部制度的执行可能性较高时，如果其与现行的内部制度相兼容，那么紧接着就有了下面这条经济政策建议：

建议4：在改革外部制度时，应当明确考虑到适用的内部制度。社会的外部制度应当与内部制度具备基本的兼容性。

针对这个观点，许多作者曾有不同表述。比如诺思（1990a：140）："如果正式规则发生极端转变，并与现行的非正式约束相矛盾，那么这种正式规则与非正式约束之间就会形成不可调和的冲突，久而久之便会招致政治动荡。"

此观点制造了这样一种印象，即政府似乎应该完全放弃"胡乱诊治"社会内部制度的企图。然而这似乎没有经过深思熟虑，显得过于草率。奥斯特罗姆（Osterom, 1996：226）从其研究灌溉系统的论著中得出一个结论——那些灌溉系统运行较差的农场主有机会参观其他乡镇运行良好的灌溉系统，而从中学到新的知识和经验。用一句话来概况这一政策建议：

建议5：应当努力发掘内部制度中尚未利用的生产潜力，对个体行为主体的学习过程提供一些起催化作用的支持和帮助。

接下来的这个建议就不再那么天真了，它已经考虑到了政治经济学方面的内容。假设某国政府希望提高经济增长率，并且获得连任的机会，这就可以与政策可持续性问题联系起来。此外，政府在民众中的受欢迎度还与其实施制度变革的顺序有关。例如大家熟知的新西兰，如果先改革劳动力市场，那里实施改革的顺序有可能就不是最优的（Edwards，1992）。因为虽然提前改革劳动市场能够导致利率和汇率的下降，这意味着适应这一转型过程的成本将减少。但是从福利经济学角度来看，政府获得连任的目标就被忽略了。

亲身经历过新西兰改革的观察家们（Evans，Grimes，Wilkinson，Teece，1996）认为，同时对多个领域实施多项变革举措提高了整个计划的政策连续性。在很多情况下，一些行业由于补贴和扶助减少遭受的损失可通过其可能实现的利润相互抵消。因为补贴与资助减少为相当数量的其他行业带去了相应的利润。那些较早开始广泛解除管制的行业通常也能带动其他行业进行效仿。因此下一条政策建议是：

建议6：为了帮助因解除管制而从行业中淘汰的行为主体在其他行业和领域找到更适合自己的位置，在通过解除管制实现制度变迁的同时，很有必要实施多项辅助政策或举措。

最后一个问题：通过观察作为路径依赖过程的制度变迁，能否总结出相应的政策建议？借助路径依赖性这一概念，我们可以说明，为什么完全不同的结果模式可以是一个发展的结果，虽然这一发展的初始条件不完全一致，却十分相似。路径依赖性告诉我们，表面上看居于次要地位的决策能产生重大深远的影响。而现在的问题是究竟能否从这一观点中推导出具体的政策建议呢？依照夏沃－坎波（Schiavo-Campo，1994：10）的说法，实行外来政策建议的国家必须承担实现这种建议带来的不可预见的长期后果。因此，他为外部咨询者提出的建议是："不论是否是善意的，在所有形式的外来干预中的道德风险都十分重要。"

世界上不存在完美无缺、无成本耗费的配置或者协调程序，这是规范制度经济学的一个基本观点。在施政者试图依靠国家行为对抽象标准定义的市场失灵进行修正前，也应当将可能产生的国家失灵考虑在内。从中我们得出最后一项建议：

建议 7：可实现的行为选择只能与其他可实现的行为选择进行比较。新制度的实施成本要明确考虑在内。

第三节 通过国家行为激活内部制度？

导言中再三强调了内部制度的重要性。一些针对经济政策决策者提出的天真建议主要探讨的是内部制度与外部制度的关系，旨在强调两者之间的相容性。在这一节中，我们将通过研究国家在特定情况下的催化剂作用，进一步探讨依靠内部制度实现经济政策目标的问题。设想一下，如果只有内部制度，而没有相应的国家行为，那么内部制度毫无用处。这是因为行为主体的数量十分庞大，离开国家干预就几乎不可能协调他们的行为。此外，我们还将研究国家行为能否对现有的内部制度构成激励。

假设某国所有公民都把环境污染看作一个极其严重的问题。原则上，所有公民都愿意通过相应的行动改善环境，减轻环境负担。道德压力是极富争议的手段。道德劝说是指经济政策决策者促使公民在道德压力的影响下做出某种改变行为的尝试，然而道德劝说往往只能达到微乎其微的效应。即使所有的公民原则上都能接受改善和保护环境带来的成本，也并不意味着他们在没有外部激励的情况下能自觉保护环境。对于他们来说这是与成本挂钩的，不过由于每个人只是千千万万污染者中的一员，因此这种改变行为对保护环境的作用实际为零。内部制度的激励还需要其他形式的国家行为。

国家可以协助公民协调其行为。减少一点污染等于生产了一件集体产品：所有人都能从清洁的环境中受益，没有谁能将环境利用排除在外。罗伯特·萨格登（Robert Sugden, 1986: 137）指出，自愿基础上生产公共品的想法只能失败，因为很难建立一种简单透明的规则来明确行为主体为生产公共品所做的个人贡献。因此，这里真正需要的是一种能告知每一个污染者其最新污染水平的规则。如此就迈出了摆脱社会困境的第一步。

实例：自我承诺声明

我们现在借助自我承诺声明（SVEs）的实例来说明相应的国家行为如何激活内部制度。此处的自我承诺声明是指环境污染者群体（大多数情况下为协会）在一个特定期限内实现某个特定环境政策目标的意愿表达。自我承诺声明通常由政府宣布要通过某项特定法规而刺激产生。各种协会通常偏好选择自我承诺声明而非直接的政府管制。这表明，它们期待实行自我承诺声明的成本低于直接管制。自我承诺声明还常常与交易联系在一起：政府承诺在自我承诺声明的适用期限内不使用其他管制措施。例如德国自我承诺声明的典型例子有：二氧化碳减排、汽车行业的旧车收回保证以及一些汽车制造商研发和生产3升排量汽车的声明。

从博弈论的角度看，协会与政府之间的协定可看作是廉价磋商（Cheap Talk），不会对行为改变产生任何影响。博弈论将廉价磋商解释为对行为意图进行无成本磋商的可能性。"囚徒困境"总能在占优战略中达到均衡，因而这种廉价磋商对博弈的结果毫无影响。这里只提到了几个问题：设想不论是政府还是协会都无法准确把握对方的偏好，因此双方都竭力掩饰自己的偏好和冲突点。政府可以通过设定一个过高的管制目标开启博弈，协会则会在政府实施这一目标的过程中放大其摧毁工作岗位的危害。如果他们达成一致，那么双方都有很强的事后机会主义激励：政府可以违背其协议中不实行其他管制措施的承诺；协会最终也有理由不遵守其设定的环境目标。

可自我实施的协议是指，协议各方在协议达成之后有严格履行之前协商一致的协议内容的动机。显而易见，自我承诺声明并不属于此种协议的范畴：尽管协议双方在自我承诺声明中都做出了承诺，但实际上对他们来说"言出必行"并非易事，如此一来，自我承诺声明的政治交易成本似乎就显得过于高昂了。对于那些本来就反对自我承诺声明的人来说，故事到这里就结束了：道理很简单——缺少强制性的惩罚措施，任何行为主体都不会有动机去改变自己的行为。

然而对于有制度经济学背景的经济学家们而言，故事还远远没有结束。他们提出一个问题，在内部制度的刺激作用下，自我承诺声明能否刺激协会成员改变自己的行为？如果将内部制度的激励作用作为一个解决方案，那么我们可以假设协会层面上做出的减排量承诺被转移，即被分摊到协会的各个企业会员身上。如果各企业会员认为这种分摊规定是公平的并且承认其约束力，那么即使不遵守此规定也无须承担任何法律后果，他们也仍然有可能因此而做出某种程度上的行为改变。而随着行为主体社会化的程度日趋加深，对"有约必守"（pacta sunt servanda）原则的违背将会给他们带来（心理）成本——用我们熟悉的规范术语表达：第二类内部制度具有规范和引导行为的作用。如果某一企业会员拒不履行做出的减排承诺，对于此种情况的惩罚措施可能包括该企业将受到道德舆论的谴责，并且会导致较低的效用水平。

另外，其他愿意履行减排承诺的企业会员，其履行承诺的意愿度取决于其他大多数企业会员的参与度，即他们的减排量至少要达到之前协商一致的公平分摊量。① 这恰好可以满足自我承诺约束的定期监管要求：每过一段时间，参与自我承诺约束的对象都需要求证，以确保自己绝非遭人利用而不自知的"傻瓜"②，而是正在以自己的行动支持一项公共事业，并且该公共事业运转良好。对此弗雷（Frey, 1997）早有论证：自愿认同的态度可以通过内在动机对行为发生影响，而对国家的不信任则可导致挤出效应和规避效应的出现，因此监管工作不应由信任度很低的政府官员来执行，而是应当交到独立的第三方手中，这种做法的意义之重大，不言而喻。比如对于德国工业企业削减二氧化碳排放量的自我约束，对其进行监管的责任落到了接受委托的莱茵－威斯特法伦经济研究所（RWI）肩上。这里提到的"监管"涉及两个层面：每一个单独的企业会员都有理由根据协会提供的数据相信，自己正在协会内部参与一项运作良好的公共事业以有效方式参与私人对一项公共产品的提供。莱茵－威斯特法伦经济研究所将所有参与到自我承诺声明中的协会的协议履行情况都进行了收集和整理，并且从中分析得到了一个重要信息：人们能够在何种程度上克服前面提到的这个社会性难题——不仅是协会内部各方的权衡，同时也是协会与协会之间的博弈。

自我承诺声明的支持者们常常引用的一个论点是：在一个公众环保意识相对较强的社会里，如果企业违反已达成共识的环保要求，就会为其企业形象带来不利影响，企业很可能为了防止形象的损害而坚持遵循环保要求。"声誉机制"可以被理解成为制度的一个组成部分，对该部分规则的违背会招致第三方非正式的惩戒，惩戒的方式或是使破坏规则一方的社会美誉度变差，或者其他行为主体拒绝未来再与其进行可能的互动。

但是另一方面，"公众环保意识相对较强的社会"这以一假设条件或

---

① 萨格登（Sugden, 1986）称为"对等原则"。韦曼（Weimann, 1994）则提出了已经得到了实验证实的且特点鲜明的剥削行径。

② 这里的傻瓜是指"囚徒困境"案例中那些保持沉默的合作者，其他行为主体通过出卖（牺牲）他们而为自己谋求利益。

许也并非十分确定，究其原因主要包括以下两点：首先当然必须假设关键的公众舆论在相当长的时间段里始终跟进遵守自我承诺声明的行为。但是假若我们真的以存在这样的公众舆论团体为出发点，如果能够有针对性地用不履行协议的企业（如果遵守协议）可以规避的成本对其进行惩罚，此时声誉的意义就显得格外重大了。例如在二氧化碳减排自我承诺声明这件事上，石料与土料联邦联合会中生产耐火性材料的企业、钾盐企业协会，以及玻璃工业和矿业企业协会都参与其中。而在这中间，个人消费者却无法通过"退出"或其他方法对违反协议的企业实施惩戒。

即使真的面临丧失声誉的风险，企业有可能仍然坚持错误决定，这是因为谁也不能明确排除这样一种情况，即一个企业协会内部总有一些"搭便车"的企业，倘若协会不能完成自愿协商达成的目标，责任要落到这些企业头上。这样一来我们又再一次回到了协会内部的"囚徒困境"问题。必须主要通过协会其他成员的施压，使那些不守规矩的企业品尝丧失声誉的代价。这么做其实非常简单，因为通常来说协会中各个企业会员之间互动频率都是非常高的。换句话说，会员们一直重复着同一个博弈。除此之外，作为协会内部惩处机制的声誉是否能发挥作用，并促使遵守自我承诺声明成为可能，还取决于协会内部成员的数量、他们对于其他会员的环保相关行为评估的准确性，以及各个企业会员当前的偏好。

第四类内部制度同样非常重要。至少从协会层面上对那些违背自我承诺声明的企业会员实施正式的惩罚，还是可以想象的，这里就涉及第四类内部制度。当仅仅通过非正式的惩戒措施无法保证协议的遵守时，第四类内部制度的重要作用就凸显出来了。在这一点上，企业会员与协会负责人之间的"委托代理关系"的意义重大。

由此我们可以看出，国家管理阶层的代表能够激发（企业）个体产生潜在的自愿参与某一公共资源生产的意愿，其方式主要包括：a. 在激励无效的情况下利用外部制度（此处：监管制度）施加压力；b. 为行为主体克服相关的社会难题提供帮助。不过国家管理者们在进行相关操作之前必须首先弄清楚上述操作的必要条件是否应存在，或者是否具备创造上述条件的可能性。例如对于自我承诺声明而言，首先必须对排污者的数量、排放的各种污染物及其比例有一个清晰的认识，之后将其划分成足够多小组，以便制定排放额度的分配规则，以上这些都是至关重要的信息。在这里，国家充当起"催化剂"的职能，通常其发挥作用的方式包括：

(1) 为各种不同的相关方设定相应的制度规范（第二类内部制度）；
(2) 创建第三类内部制度惩罚机制并激发其效用。

第四节 经济政策理论遭遇的危机

几十年以来，经济政策理论始终遵循现在被称为"技术专家治国"的理论思路（Frey, Kirchgaessner, 1994：341）。该理论的支持者们首先假设存在一个社会福利函数，政府肩负着在一切适宜条件下实现福利函数最大化的职责。而在该理念的框架内，经济政策顾问们的任务是提供能够达到福利函数最大化目标的最优工具机制。

几十年以来，学界关于经济政策理论意义上专家治国论的争论始终不断。争论首当其冲涉及社会福利函数能否得到认定的问题。诺贝尔经济学奖获得者、美国著名数理经济学家肯尼斯·阿罗（Kenneth Arrow）早在1951年就已指出，由于合理的假设条件不足，完全不可能对个人偏好进行稳定统一的加总，因而也根本不可能建立一个社会福利函数。这种观点就是我们熟知的"阿罗不可能性定理"或"阿罗悖论"。

另外，即使社会福利函数真的存在，我们仍然要问，政治家们有什么理由必须真的为实现其最大化而努力？不要忘记我们之前一再指出的合理假设：即使是政治家也会首先选择最大限度地满足个人效用。

让我们把推论再深入一步：到目前为止，我们只是含蓄地假设了某些动因促使着经济学家为执政者们出谋划策，以实现社会福利函数最大化的目标。这种假设同样具有争议性。经济学家（而非执政者）试图整合个人偏好的努力并不能完全解决这个问题。此外还可以继续追问：经济学家是否能通过为执政者提供旨在实现社会福利函数最大化的相关建议的方式谋求个人效用最大化？不过可以这样说，一个学者所能实现的绝大部分效用源自他在同行中享有的声望。只要提出一项有助于促进某一共同利益建议的学者在专业同行中享有较高的威望，那么就不能排除他个人通过所提的这些建议提高自己的效用水平。①

---

① 显而易见，即使是政治家的行为也并非完全由需求方——特别是选民——决定。他们往往倾向于坚持某种特定政治举措的正确性。因此问题就在于为了获得下一届选举的胜利，他们在何种程度上背离这种坚持。

表9-1对经济政策理论中的传统行为假设进行了总结。全能（"Allmächtigkeit"，也常称作绝对的能力）的观点是指认为政治家能通过践行经济模型假设观点的方式塑造世界。这意味着只要政治家采取正确措施，最佳资源配置是可以实现的。此外"全能"还表示这类措施无法被抵制或反抗。这不仅指来自竞争政党的反抗，同时还包括实施这些措施的行政机构的抵制。

全知（Allwissenheit）的观点认定政治家知识广博，信息全面。他们知道公民的偏好，熟悉经济法则，在拥有全知的同时还掌控全能，因此他们有能力采用适宜的经济手段实现社会福利最大化的目标。

最后，仁慈（Benevolenz）观点认为，政治家的追求目标是实现社会福利（而非自身利益）的最大化。

表9-1罗列的理论诞生于过去几十年，都被各自的代表者进行了部分或彻底的修订。次优理论的倡导者提出，将几个残破的模型假设进行修复的做法不一定能起到改善分配的作用，而有可能招致更糟糕的结果。信息经济学的代表人物致力于研究"信息的获得和利用绝不可能是免费的"这一论断。政治的经济理论的支持者则认为，"政治家的行为方式应当有别于其他行为人"（即应当以公共利益而非个人利益为导向）的说法是错误的。在此要明确指出的是，我们不能将这些理论的基石减少到只对一种行为假设的修正上，但是上述这些理论的基石却都将关注点集中在此。

表9-1 经济政策理论观点修正的重要性

假设			
全能	全知	仁慈	相关的理论组成
+	+	+	传统福利经济学
-	+	+	次优理论
+	-	+	信息经济学
+	+	-	政治的经济理论
-	-	-	新制度经济学

读者可能注意到，规范制度经济学的两个中心观点，即有限理性和正交易成本，并没有在此被明确提出。因此，现在有必要讨论一下规范制度经济学的两个观念与经济政策理论传统假设之间的相互依存关系。

"全知"假设也可以被描述为：被观察的行为人——这里指政府——掌握着全面的信息。如果考虑交易成本，就相当于放弃全知的假设。尽管如此，信息经济学以及规范制度经济学的代表者从放弃全知的假设中通常得出不同结论：信息经济学家试图在信息不完全的情况下实现福利最大化，制度经济学家则希望建立一种制度，帮助人们长期有效地与"无知"打交道。

政治交易成本是筹备实施和保障政治交易行为的成本，与万能的独裁者没有多大联系。在过去几年中制度经济学家深入研究了政治交易成本，因此远离了福利经济学的假设。制度经济学家主张，政治家的行为也像其他行为人一样，以实现自我利益最大化为目标。

如果经济政策理论危机的出现是由其建立在不恰当的假设之上，那么我们不禁要问，假设修正之后，经济学的解释价值提升了吗？善意的建议能提高实施率，这一观点至少乍一看似乎有待商榷。这里人们可能陷入一种困境，我们将在下一节中进行讨论。

第五节 决定论的困境

在研究"决定论困境"之前，让我们再一次回到政治的经济理论问题上。政治的经济分析突破了传统福利经济学的核心观点：传统观点认为执政者是仁慈的独裁者，只关心社会福利函数的最大化，而政治的经济理论则对执政者重新定位，认定其与其他行为人一样追求个体效用最大化。如果执政者有能力通过相关的民意度来预见和判断各自的施政效果，那么经济政策咨询就显得多余了。执政者总是倾向于那些在他们看来不会危及自己连任的政策，这在很大程度上决定了其政治行为。因此，强迫执政者采取其他政策，无异于为了吸引更多游客硬逼一条河流倒流。

决定执政者行为的是利益，而非观念。当观念与相关参与方的利益发生冲突不能相容时，这些观念进入国家制度的机会就很小了。当然也不能一概而论，例如某些学者提出的制度变迁建议成功地与各相关方的利益相容。设想一下，利益相关方在某个相互影响问题上发生了冲突，假设他们所考虑的只是"零和博弈"，而某位学者则提出在这场博弈中也存在合作因素且各方都能通过相应行为获得更好的结果，那么他就成功地发掘了尚未发现的交易潜力。

布坎南（1994）曾发表过类似论述，并利用"囚徒困境"模型将其观点表述出来。假设纳什均衡（D，D）在现实中是可以实现的，只要某一参与方企图以牺牲他方为代价改善自己的状况，即实现（K，D）或（D，K），那么对双方都最优的解决方案（K，K）就无法实现。依照布坎南的观点，重要的是使博弈各方对解决方案的期望不要偏离了主轴，只有这样才能获得最佳方案（K，K），届时博弈各方的状况都比目前有所改善。而促成这一改善结果的执政者当然也有理由相信，自己的民意支持度将大幅提高，从而获得连任。

表9-2　　　　　　　通过减少可能的解决方案实现合作

		栏选择者	
		合作(K)	拒绝合作(D)
列选择者	合作(K)	3, 3	1, 4
	拒绝合作(D)	4, 1	2, 2

逻辑上讲这两种进路都很有说服力。但从经验角度看，我们对其现实性大可怀疑。为执政者提供此类解决方案的学者们自然是极其抢手的政策顾问，因为他们能帮助执政者竞选胜利。但是这样天才的顾问或咨询家我还没有遇到过。

思拉恩·埃格特森（Thrainn Eggertsson，1997）试图采用不完全信息的观点来摆脱这一困境。他指出，一个充满不完全信息的世界是无法被完全确定的。各种不同的、不断变化的政策模型不仅给新政策方向留下了空间，还能证明投资政策模型，说服他人相信其正确性是值得的。实际上，埃格特森曾明确表示，不管是执政者还是学识渊博的政策顾问或咨询家，所掌握的知识都是有限的。也就是说，那些相互竞争的假说也同样处于竞争状态。那些关注经济政策的学者致力于说服他人信服自己的假设和观点。倘若已被认可的假设或观点以及在其基础上的政策措施被证明是错误或差强人意的，那么执政者就有理由重新审视其政策选择。

第二次世界大战之后出现的各种经济政策模型或许可以帮助我们更清晰地了解艾格尔逊的想法：最开始时，以凯恩斯主义为导向的经济政策占了上风，超越其他所有与之构成竞争的理论；之后风向渐变，货币主义逐渐受到青睐；而如今的经济政策则更加务实，已经开始逐渐摆脱凯恩斯主义与货币主义之间过于简单笼统的两分法。

约翰·梅那德·凯恩斯（John Maynard Keynes，1883—1946）主张有可能存在就业不足的均衡，也就是说充分就业并非唯一可能的均衡。凯恩斯认为期待系统能够维持广泛持久自我稳定的愿望是毫无道理的，与此相反，他建议国家广泛进行干预。特别是在20世纪60年代，凯恩斯的这项建议在许多国家都获得了广泛的实践，例如联邦德国就尝试推行了以需求为导向的宏观调控。然而这一类政策往往会导致较高的通货膨胀率，以及与之紧密相连的效用损失。因此从70年代开始，货币主义的影响慢慢扩大，逐渐成为能与凯恩斯主义相抗衡的新理论选择。其拥护者，特别是米尔顿·弗里德曼（Milton Friedman），极力主张全面地放弃国家财政手段和措施，并且建议为了实现物价稳定，应当按照一定的规则增加流通中的货币量。

凯恩斯主义与货币主义

以将其建议付诸实践为目标的经济政策理论有时也被称为"技艺学"（Kunstlehre）。务实的学者则在建议某种程度的制度变革之前，首先分析当前所处的具体环境和现实条件。这也就是为什么人们常说危机时期改革建议得以实现的可能性特别大。这是因为在危机时期，大部分人的日子都不好过，因此他们往往愿意变革制度，以期望改革之后自己的情况也能有所改善。

从本小节的讨论中我们已经知道，个人利益最大化的政治家行为假设给我们制造了一个难题——我们在这里将其称为"决定论的难题"。不过倘若人们真的认同人的知识是不完善的（或人是有限理性的），那么为执政者和公众提供可能建议的经济学家们还能够在这个世界保留一席之地。

第六节 实践中的经济制度改革：以新西兰为例

通过前面几个小节的介绍，我们着重从理论上了解了经济制度改革面临的障碍以及改革的可能性。在这一节中我们将详细讨论一个关于全面的经济政策改革计划的案例，即20世纪80年代和90年代新西兰实施的改革计划。

一 新西兰改革的起始状况

新西兰在1840年被英国纳入统治版图。作为一个典型的农业国，它主要向英国出口肉类、羊毛、奶制品，几十年以来新西兰人的生活标准已经达到了非常高的水平。自20世纪30年代以来，新西兰陆续建立起了全面、完善的社会保障体系。1973年英国加入欧共体，新西兰的经济则陷入了衰退。从那时起，新西兰向欧洲市场的农产品出口受到越来越严格的限制。与欧共体的农业出口补贴政策相类似，在其他国家农业保护主义政策的影响下，新西兰农民将农产品出口到其他国家的希望也非常渺茫。

为了应对1974年和1979年的两次世界石油危机，新西兰政府实施了"进口替代政策"——该政策旨在限制某些外国工业品进口，转由国内生产，逐渐在国内市场上以本国产品替代进口品。无独有偶，一些拉丁美洲国家也进行了类似尝试，但是实践证明这种做法没有达到应有的效果，因为他们有意忽略了对当地特殊成本优势的利用。新西兰政府则主要刺激国内的能源生产，以保证国内能源供应不依赖于国外能源出口商。通过征收高额关税、设置高的非关税贸易壁垒的方式，外国能源出口商完全不能在新西兰能源市场上与国内能源生产者进行公平竞争，这进一步削弱了国内生产者的竞争力。因此20世纪70年代至80年代，新西兰的生产率以及国内生产总值的增长均落后于经济合作与发展组织成员国的平均增长速度。1950年，新西兰的人均收入比全部经合组织成员国平均水平高出26%！可到了1997年，这个数字却下降到了低于平均水平的27%（Bollard，1994）。

二 重大改革概述

1984年新西兰议会大选的结果是工党成为最终的赢家，国家的权杖从当时的国家党首相罗伯特·穆尔杜（Robert Muldoon）处转移到工党领袖戴维·朗伊（David Lange）的手中。大选一结束，工党政府就开始着手进行大刀阔斧的改革，其中以财政部长罗杰·道格拉斯（Roger Douglas）的改革倡议影响最大。在1987年的大选中工党获得连任。而较之工党的第一段执政期，此时改革的步伐明显放缓了。到了1990年大选权力再次更迭，重新上台的国家党政府将改革继续推向全面。而与工党政府相似的是，国家党获得连任之后的第二个执政期内同样明显放慢了改革的速度。

新西兰用了差不多十年时间,进行了无数种改革尝试。当然我们在这里无法一一详述,只能以下面这种简报的形式简要介绍一下概况(Bollard, 1994; Evans, Grimes, Wilkinson, Teece, 1996):

• 放松对金融系统的管制。政府结束对汇率、资本交易以及最低储备金率的控制。

• 确定货币政策优先地位。1989年新西兰银行实现了独立,其唯一的目标追求是保持物价稳定。中央银行的银行家们需负责保持物价稳定。无法完成这个目标的银行家只能卷铺盖走人。

• 财政政策。政府的改革目标从开始就是追求财政盈余以清偿债务,在执行期间也确实取得了成效。通过扩大税收基础,最高税率成功地从66%降至33%,减少了一半;通过引入增值税的方法,规范了间接税的征收;在支出方面,补贴金支出大幅度缩减。

• 公共服务。一些公共服务部门被收归国有,之后又被出售。公共服务部门的就业人数锐减。国有企业董事会成员们的终身合同也换成了绩效合同。这些企业与私人企业一样受到竞争法的制约,并且在公共服务招标时它们也并不享有被优先选择或考虑的机会,因此也面临着强劲的竞争。

• 放松对劳动市场的管制。集体劳资合同被取消,这样做虽然有利于企业合同的签订,但却使工会几乎一夜之间被"颠覆"——在短短三年半的时间里,其会员人数减少了38%;罢工人数也显著下降。

• 工业与商业领域。由于广泛取消了之前普遍存在的贸易壁垒,新西兰国内市场上的进口产品比重明显上升。消费者的选择范围得到了极大的扩展,而且产品价格大幅度下降。

• 农业领域。与放松管制一样,农业自由化同样也是1984年工党政府上台之后全面推动改革的一次尝试。从那时起,已持续多年的农业补贴逐渐被完全取消。

在一定程度上令人惊讶的是,过了很长时间以后这些改革措施才在各自领域促成了真正意义上的改善和进步。1988年之前,公共支出在新西兰国内生产总值中所占比例一直不断攀升,直到1988年才首次出现了下降。而依靠它们起到提高经济增长率的作用,则至少等了十年的时间。

表 9-3　　　　　　　　　　新西兰改革概况

年份	1984	1985	1986	1987	1988	1989	1990	1991	1992	1993	1994	1995
金融市场												
取消利率管制	xo											
取消外汇管制	xo											
浮动汇率		xo										
产品市场												
取消价格与租金冻结	xo											
取消农业补贴	xo	o	o									
取消出口援助	x	o	o	o								
取消进口许可制	x	o	o	o	o							
取消关税	x	o	o	o	o	o	xo	o	o	o	o	o
减少轻度规制				xo								
货币政策												
完全基金赤字、债券销售	xo											
储备银行法案							xo	o				
公营机构改革												
贸易组织												
公司化			xo	o	o	o	o	o				
私有化			xo	o	o	o	o	o	o	o	o	o
政府部门												
私营部门就业条件					xo							
输出承包安排					xo							
信息系统							xo	o	o			
权责发生制会计							xo	o	o			
税收改革												
附加福利税	x	o										
消费税				xo								
红利归属						xo						
应计利息税				xo	o							
避税措施					xo							
所得税税率削减				xo								

续表

年份	1984	1985	1986	1987	1988	1989	1990	1991	1992	1993	1994	1995
预算改革												
政府支出削减	x	o	o	o	o			o	o	o		
向使用者付费原则过渡		x	o	o	o	o	o	o				
社会福利削减								xo				
财政责任法案										xo		
卫生事业												
资金投入与服务提供相分离									x		o	o
解除劳动力市场管制												
取消工资冻结	x	o										
雇佣合同法案								xo				
地方政府												
结构重组管辖权						x	o					
资源管理法案						x	o					
政治改革												
比例代表制										x		

注：x 为重要政策公告；o 为实施里程碑。

三 如何认识新西兰的改革

新西兰改革在以下两个方面的表现十分引人注目：第一，新西兰改革确实得到了坚决彻底的实施；第二，参与其中的政党政府都实现了连选连任（例如工党于 1987 年获得连任，而该党上一次连任发生在 1946 年）。接下来我们要区分四个不同的因素，这些因素相互影响、相互作用，共同促成了新西兰改革的成功实施。它们分别是：（1）改革遵循的基本思想和理论；（2）推动、实施改革的关键人物；（3）推动改革向前发展的组织机构，或至少没有阻碍改革发展的组织机构；（4）启动改革进程的具体现实环境。

（一）改革的基本思想和理论

事实上，20 世纪 80 年代中期实施的广泛的国家干预政策，在很大程度上源于当时占据主流地位的各种经济理论。例如坚决支持完全竞争模式的福利经济学方针，要求在所有福利经济学模型达不到理想效果的地方实施广泛的干预。70年代石油危机结束之后的几年里进口替代政策的实施也与这一当时被奉为圭臬的、影响力极广的经济理论密切相关。

在此期间，一些更为"年轻"的理论却在掌管新西兰经济大权的财政部中传播开来——所谓财政部，并不只是管理经济和财政的部门，还是对各种经济问题建言献策的权威来源（之后我们还将详细讨论）。波拉德（Bollard，1994，第90页及其后、第94页及其后）对20世纪80年代中期开始实施的新生理论曾做过记述：

• 用交易成本理论取代市场失灵理论，这是因为交易成本理论中详细考虑到了一种情况，即政策以及政府协调同样会产生成本，因此不仅有可能出现市场失灵问题，还可能存在政府实力以及国家失灵的情况。这不可避免地导致比较制度分析发挥效用（Evans et al.，1996，1862）。关于这一问题，我们可以从罗纳尔德·科斯、哈罗德·德姆塞茨、奥利弗·威廉姆森的著作中获得很多极其重要的启示。

• 用委托代理理论取代原先惯常用于解释为什么国家拥有或者应当拥有从事贸易活动的企业（"国家利益"）的论据。根据委托代理理论可以推定，在某种程度上国有企业效率低下，并由此可能导致出现一系列激励和监管问题。

• 国家提供的公共服务的合理性越来越受到质疑，而供给学派的理论解释了一个完整的公共部门的挤出效应，从而取代了之前的主流观点。

• 迄今仍适用的理论方法也在20世纪80年代初被威廉·鲍莫尔（William Baumol）提出的潜在竞争观点所取代。根据该观点，只要潜在竞争者没有受到市场准入的限制，那么市场上的竞争者数量似乎就与需观察的市场结果（例如价格和质量）完全无关。此外国家的规定是最重要的市场准入限制，因为它能通过国家强制垄断来实施制裁，这样一来，甚至最好的私人供应商也没有机会进入市场。

此外，博拉德（BOLLARD，1994，第90页及其后）认为，詹姆斯·布坎南和戈登·图洛克的理论中对于政治过程的运作方式的观点，以及阿尔钦的产权理论均十分重要。

在新制度经济学的范畴中，博拉德提出的大部分理论都得到诠释，他提到的大部分学者也是我们所熟知的制度经济学家。

（二）参与改革的人物

在过去的文献记载中我们常常发现，成套改革措施的成功与实施离不开参与的重要人物。所以直到今天，德国社会市场经济的引入仍与路德维希·艾哈德（Ludwig Erhard）紧紧相连。同样，20世纪80年代英国和美国的改革与玛格丽特·撒切尔及罗纳德·里根也是密不可分的。新西兰的改革亦是如此。起初，劳工党的代表负责人是罗杰·道格拉斯（Roger Douglas），后来国家政党的代表负责人是罗斯·理查森（Ruth Richardson）。不过出人意料的是，后来这两人在第二国民议会期间却都被撤了职。

经济理论通过采用一种十分简单的行为模式将行为主体模型化。借助这一行为模式，人们可以预测不同的行为方式，其结果出乎意料的可靠。但是在解释或预测新发现及新事物时，这种经济行为模式就不那么适用了。某些企业的行为在熊彼特那里是"创造性毁灭"，它们能通过重新组合资源来创造新产品，但这些企业家类型却很难融入经济行为的一般模型中。在政治领域采取新组合而偏离原有预期轨道的政治企业家也面临着同样的问题。

（三）行为引导性制度、重要组织

对于成套改革措施的成功实施来说，政治企业家必不可少，但同时他们必须在实施该措施的制度框架内行事。然而，并不是所有的制度框架都同样适合于改革。观察家总是从不同角度指出，新西兰有效的框架条件特别适合那些有改革意愿的执政者。

与英国一样，新西兰也遵循所谓的威斯敏斯特模式。改革开始之初，在新西兰还适用多数选举法。每个选区都产生一个议员，得票数最多的候选者有资格进入议会，其他人则不予考虑。这种选举法通常导致两党体系的产生。拥有议会多数的政党组建执政政府。新西兰的政治体系是一院制，不存在通过法律必须取得其多数票的第二个议院。由于新西兰没有成文的宪法，其法律行文的修改通常只需简单多数就能实现。

这种体系赋予了政府极大的权力，实现高度干预和管制（例如1984年以前的做法），同时也可促进了减少管制和社会开放（例如1984年之后的做法）。目前，新西兰的比例选举法借鉴了德国体制经验，这使得无论是政治左派还是右派都出现了一些小政党派别。为了在两党体系中赢得议院多数，需要一个相对宽泛的选民层；与多党体制相比，人们迎合游说集团特殊利益的必要性要低。从这个意义上来说，新西兰选举体系的变更可能意味着改革不再会以以往的速度和节奏延续。由于比例选举法限制了政府在选择政策方向的行动空间,当然,已经实现的改革状态也不容易退回到从前。

前面已经说过,财政部是一个重要部门。诺尔(Knorr, 1997: 145)指出,财政部里大部分是经济学家,而非法学家,这在德国极其普遍,有利于推进公共服务改革。也只能在此情况下才有可能在公共服务业大幅裁员,因为这种做法受到了主管职员的欢迎(Bollard, 1994: 91)。

(四)幸运的形势

约翰·威廉姆森(John Williamson, 1994)认为,下列因素实际影响着新选举的政府能否将改革导向型计划和项目付诸实践。它们主要包括:

(1) 危机假设;

(2) 授权假设;

(3) "蜜月"假设;

(4) 弱势、不可信的反对党假设。

按照博拉德(1994)的说法,在新西兰改革中,以上四个因素出现了三个。无论是贸易条件的长期恶化,还是导致马尔登(Muldoon)政府下台的短期国际收支困难,都让新西兰人民切身体会到了危机。本章第五节中已经提到过,危机是政府实施改革计划的有利时机。

授权假设表示,议会多数派与少数派的数量差是验证新政府实施广泛改革合法性的一个指标。在1984年的新西兰,工党以绝对优势赢得了大选胜利。从这一意义上来说,新西兰的改革中也出现了"授权假设"因素。

"蜜月"假设是指选民允许新上任的政府拿出一段时间解决前任政府遗留下来的一系列负面问题。新西兰也是如此。

1984年选举失败的国家党并没有就此消沉。它花了很大精力寻找马尔登的接班人,也提出了未来的政治目标,不断招兵买马以求巩固和扩充势力,如此直到1990年最终成功取代了工党重新上台。但在此之前,反对党始终是弱势且不可信的。

博拉德还提到了工党政府的另一段幸运期,即发生了无数国际政治事件的第一段执政期。正因如此,社会公众以及总理的注意力都从经济改革造成的极端状况移开(Knorr, 1997, 第143页及其后)。这些事件包括前防务联盟 ANZUS(澳大利亚、新西兰和美国)的争端,法国情报部门造成的绿色和平组织船只"彩虹勇士号"及新西兰南部地区苏联战舰沉没事件。

四 悬而未决的问题

新西兰改革建立在制度经济学基础上，是制定可行性经济政策改革建议的典型案例。但是从改革进程中可以看出，改革同时也是由很多其他情况促成的，而它们的出现也绝非偶然。

复习与思考

请利用第一章中所学的"囚徒困境"理论，厘清本章第三节中环境政策的自我承诺声明（SVE）的逻辑。

参考文献

1. 有关经济政策传统的批判性评论请参见弗雷和基希格斯纳（Frey, Kirchgässner, 1994）的论著。

2. 有关信息经济学的基础性论文请参见施蒂格勒（Stigler, 1961）。

3. 奥弗拉赫蒂与巴格瓦蒂（O'Flaherty, Bhagwati, 1997）的著作修正和完善了"决定论困境"。

4. 迪克西特的作品（Dixit, 1996）具有很高的可读性，它明确考虑到交易成本，并尝试阐明经济政策理论可能导致的结果。

5. 西格塔勒（Siegenthaler, 1993）详细阐述了危机对经济政策行为施加的影响。

6. 新西兰改革案例是广泛制度变革的典型实例之一，但制度经济学也可以运用到其他情况。每一次的法律修订，都期望激励行为人改变行为，获得更好的结果。这也被法律界称为功能性法律后果评估。不过法学家不像经济学家那样从事实证研究，因此两者之间就产生了多样的合作机遇——经济学家能帮助法学家预测各种法律修改的效果和影响，协助其根据历史经济发展情形分析现实行为变化。目前，管制影响评估也被纳入了司法权管辖范围。（制度）经济学与法学相关的文献，可参见范·艾肯（Van Aaken, 2003）。管制影响评估经验则可在经济合作和发展组织（2004）及欧盟委员会（2004）的相关研究中找到。

第十章 展望

我们终于马上就要走到此次经济学之旅的终点了！第九章已经被我们抛在了身后——当然如果您是那种总是先看"摘要"再决定是否有必要通读全书的读者，就另当别论了。这当然无可指摘，即使本章是您阅读的第一个章节，您也一定不会错过那些阅读时的乐趣。制度经济学是如此充满趣味，因此哪怕从结尾开始读，也绝不会感到无聊！

言归正传，如果您已经通读过了前面的九章，那就意味着您对之前讨论的四个主要部分已经有所了解。在第一部分中（第一章）我们着重研究了那些制度经济学家们提出的疑问以及他们用以解答这些疑问的工具和机制。在第二部分中（第二章至第五章），我们首先假设制度是确实存在的，接着提出这样的问题：名目繁多的制度类型会对我们所要说明的不同目标对象产生怎样的影响——例如对简单的交换关系的影响（第二章），对企业结构的影响（第三章），对社会层面的群体决策的影响（第四章），而之后的第五章则开始研究制度是如何促进经济增长以及整个社会发展的。到了第三部分，我们不以"制度确实存在"为出发点，而是转为探求是否能用经济学方法解释外部制度（第六章）以及内部制度（第七章）的发展。至于最后的第四部分（第八章、第九章两章）则着重介绍了制度与经济政策的关联：第八章首先为讨论奠定了基础，我们了解了规范性理论的必要性；第九章则在此基础上继续探讨具体可能的经济政策内涵。

在这最后的一章中我们首先要试着重新复习一遍那个在最初的导言中提出的问题，之后找一找我们手头上是否至少已经有了一些解决此问题的线索：

如果您已经从头到尾读了一遍本书，那么请再回到导言重读一遍第一段提出的问题，然后结合之后掌握的知识首先尝试着自己解答一下这个问题。倘若您不愿意这么做而是更倾向于直接读下去，那么可能就要错过练习和复习的乐趣了。

关于导言中提出的问题及其答案：为什么全世界会有几十亿人仍旧在温饱线下挣扎？为什么世界上只有少数几亿人能够获得极高的人均收入，而其他大部分人却仍然过着衣不遮体、食不果腹的生活，或者只能赚得仅够维持生存的收入？从产权相关的经济学理论中可以找到这个问题的答案。第五章中提到的制度质量与经济增长的内在关系，第六章中的外部制度发展理论也与此不无关联。现在我们知道，即使在欠发达国家也生活着无数能从其各自目前所处的现状中受惠的人，他们同样害怕制度一旦变迁会置自身于不利。于是也就不难理解为什么在许多国家，明明推行的是明显能够增加社会福利的制度，却仍然阻力重重。正如我们一再看到的那样，采用某种适宜的外部制度并不足以推动国家向前发展，内部制度——一种至少不与外部制度背道而驰的内部制度——同样不可或缺。

为什么成功的制度无法"放之四海而皆准"？在导言中我们还提出了另外一个疑问：为什么在某处大获成功的宪法，"进口"到别处却往往难以产生预期的结果——例如提高福利和社会稳定。或许内外制度的必要兼容性是回答这个问题最简便的途径：倘若外部引进的宪法（外部制度）不能与社会原有的风俗和传统（内部制度）兼容，那外来制度很快就会沦落为"纸老虎"。此外，国际货币基金组织和世界银行的支持政策可能是诱使各国大做表面文章的另一个原因，也就是说某种制度从法律角度而言得到了实施，然而其在国内的实际执行情况却根本没有人关心。

自由权利与收入是否存在内在关系？要弄清楚个人的自由权利与人均收入之间是否有联系，那么就需要回头想想第五章中介绍的那几项研究，它们无一不表明两者不仅相互关联，而且这种关联事实上是一种因果关系。

是否存在顺利通往变革的"康庄大道"？前社会主义国家的改革是否只有一条可行的道路可走，即尽可能迅速、全面地实现私有化？关于这个问题在之前的章节中我们似乎没有专门论述。因此您或许并不清楚，实际上制度转变初期在"休克疗法"和"渐进式转变"的追随者之间曾发生过激烈的论战。倘若"外部制度实际执行情况得好坏广泛取决于其与内部制度的匹配程度"的说法是正确的，那么人们自然会问，一个社会适宜的内部制度在何种程度上与常常被作为所谓的制度变革目标提起的法制社会、民主制度以及市场经济相融合？另外还要考虑到政治经济进程，即各参与方的利益也会对一国宪则制度的确立产生影响。关于这两个方面，我们在第四章和第六章提供了一些参考。

第十章 展望

本章的标题是"展望",可是到目前为止我们都还只是走马观花地回顾了之前一些章节的片段。因此,现在我们准备去开发一些新的领域,这些领域体现了进一步发展的要求,同时也蕴含着进一步发展的潜力。如果这让您雀跃起来,那么请相信自己并且认真考虑您是否并不试图将规范制度经济学也变成一个这样的片段?

首先有必要解释一下之前各章里留下的那些悬而未决的问题。在这方面,内外制度的情况大致相同,要知道在实际研究中这种情况其实十分罕见,因为从数量上看,着重针对外部制度的研究要远远胜于两种制度并重的研究,以及仅专注于内部制度的研究。

除此之外,在最后一部分中应该明确指出,规范制度经济学的规范性根基仍然不是那么稳固。即使有充分的理由,拒绝一个广为人知且已经成立的理论,也实在是没有办法的事。毕竟第八章中介绍的许多替代性方案本身仍然问题重重。而且即使要尝试将它们投入经济政策领域的实践,也没有人清楚何种方式的实践才是最有意义的。

在此之前差不多20年,马修斯(Matthews,1986:917)曾做过如此评价:"但是我有一种感觉,与经验研究相比,经济制度理论的理论要素似乎更具优势。"大规模的理论提纲的确比经验研究更加容易入手,毕竟一般而言在经验研究中获取数据是一项十分艰巨的任务。不过随着时间的推移,这种论断已经不再正确。过去15年中陆续涌现出许多关于规范制度经济学的经验研究,当然本书中提及的只是其中很少的一部分。

接下来,在这简短的最后一章中我们还要继续讨论两个部分,虽然之前对这两个部分几乎鲜有提及,但是它们未来可能发挥十分重要的作用,一个是在制度相关性方面认知的作用,这是一个比较抽象的方面;另一个是在制度相关性方面全球化的作用,这个方面则具体得多。现在让我们从认知问题开始。

制度的认知性锚定

世界观决定了人如何看待世界。可是它是如何形成,又是如何传播的呢?我们知道,人的认知是世界观不可或缺的一个组成部分。由于人在获取信息以及信息加工方面会受到一定的认知限制,因此接受信息的过程无疑带有选择性。从文化传承或者基于直接经验学习获得的感知和体验促使神经细胞相互连接,由此产生的分类结构负责筛选信息。不过对于认知领域而言这也同样适用于一种路径依赖:之前的感知和体验能够决定未来对于信息的选择。① 涉及制度领域，主要关系到以下几个方面：

（1）沟通与文化背景的重要性是显而易见的。假设对于新的感知的解释依赖于感知人在其周围环境中构建起何种内部感知模式，就可以推测如果没有沟通和交流，那么不生活在一起的两个群体中间只有在很个别的情况下才会在出现不同群体成员的内部模式融合的情况。如果为解决重复出现的相互影响问题存在许多制度安排的话，那么鉴于认知领域的路径依赖性，不同群体之间的制度也有可能发生分歧（丹泽与诺思表达了类似的观点，见 Denzau，North，1994，第 14 页及其后）。因此，感知与制度变迁之间的关系就一目了然了。简言之，感知的路径依赖性会导致相互趋同的内部模式的产生。当这类模式促使某个层面的受观察群呈现行为规律性时，它就被赋予了规则的特性。同时，当制度以文化的形式传承下去时，它又可以通过排除行为可能性来改变人类认知的范畴。对于第二类和第三类内部制度而言，这一点尤为明显。

（2）下面的论述与上述观点有着密切的联系。当学习的路径依赖性帮助我们实现了类似的文化前期理解时，通过这种理解的筛选我们能够获得对各种行为的感知，那么这一路径依赖性就能避免矛盾冲突。这也减少了需接收和加工的信息量。有时行为人只对一部分理论上可能的行为进行感知，并做出决定。从这个角度上讲，需要感知和加工的信息量的减少对相互关系以及由此可能产生的冲突而言意义重大。因此，比起完全信息效用最大化模型可能引发的冲突，这种情形下的冲突危险要小得多。然而，倘若说到制度变迁的问题时，共同分享的前期文化理解也可能成为一大障碍。对解释"世界是什么"的共同看法和观点在人们心目中已经根深蒂固，带有浓厚的路径依赖性特点，因此很难在短时间内得以改变。虽然要改变它是有可能的。然而，只要现时的思维模式——以权利要求水平来衡量——能带来"令人满意"的结果，人们就没有动力去追求行为方式的改变。这样看来，感知的路径依赖性揭示了安逸稳定与灵活多变两种状态之间的社会问题，而这一问题在寻求调控社会发展的过程中是不容忽视的。

（3）人类感知的局限性对不同的制度有着不同的影响和作用。风俗、道德和礼节（类似观点参见 Stigler，1993，第 26 页及其后）等社会规则

---

① 哈耶克（Hayek）早在其 1952 年出版的《感觉的秩序》一书中已经试图将这种关联性应用于经济分析中。

是以文化的方式传承下来的，它们既可以归为第二类和第三类内部制度，同时借助法律解释又可以糅进外部制度。这一点也说明了，比起外部制度，内部制度通常拥有更大的惯性。这对于社会进程的可调控性来说有着怎样的意义已经在本书中其他地方进行了论述。

民族国家之外的制度

独立民族国家的政府在一定的领土边界范围内拥有合法运用暴力的绝对垄断地位。在经济学中——规范制度经济学并不是个例外——这样的独立民族国家往往被看作是外生的。经济政策理论将区域的政府代表当作传统的对象。衡量富裕状态的统计方法最初应用于民族国家，但是独立民族国家观念的统治地位不会仅仅止步于"国家"。企业也会不断归入这个或那个民族国家。我们也时刻准备着将社会从民族国家角度进行区分，从那时起就有了我们所说的法国社会、意大利社会，等等。

社会学家伍尔利希·贝克（Ulrich Beck，1998）提到民族国家和民族社会时指出，社会（从定义上来说）是隶属于国家的（同上，48）："社会是国家社会，社会制度即国家制度。"历史学家安东尼·史密斯（Anthony Smith，1993）用"方法上的民族主义"这一术语来描述这一思维范畴。但独立民族国家观念与领土有限民族国家观念的胜利在经济学这里几乎是不可能的。虽然亚当·斯密的著作名为《国富论》，但国民经济学的中心行为单位是个体。从该术语发展的角度来看，似乎很难理解民族国家这一观念是怎样一帆风顺地逐步实现的。亚当·斯密笔下的个体还与其他个体有着密切联系，而经济学中的行为个体则越来越被细化，小到像原子一样微不足道。

早在几年前，"全球化"就已经成了热门词汇。然而民族国家政府、跨国企业和国际非政府组织之间比例关系的深刻变化究竟是否真的与全球化有关，尚无定论。不过有一点可以确定，即近几十年以来涌现出越来越多的国际及跨国组织，不可能是完全没有意义的。欧盟的基本规则虽然是除这种形式下的民族国家之外不受承认的制度协议，但是近些年，其他国家组织在将其制度化的过程中也做出了越来越多的贡献。在此我们只提及世界贸易组织 WTO，它将特定的规则置于民族国家政府的贸易政策之上，谁违反这些规则谁就将受到制裁。这其实正是本书中定义的制度。

下面罗列的是制度经济学家不曾频繁涉及的新问题：
- 怎样解释民族国家的执政者愿意将其一部分职权交给国际组织？这

难道不意味着职权的减少和部分权力的丧失吗？对此问题的其中一个回答您也许已经知道：民族国家的执政者之所以有可能这么做，是为了借此克服强势国家的困境。

- 至少在国际贸易制度领域，怎样解释相对较高的稳定性的存在？从民族国家层面上来说，稳定性只能通过国家的暴力垄断得以保障。但国际层面上的特点恰恰是不会存在超级国家和世界政府。
- 怎样解释私人企业在跨国贸易中遇到争端和分歧时通常不会借助标准的法院，即国家法院，而是诉求于自裁权，即所谓的仲裁（如果大家还记得的话，这属于第四类内部制度）？
- 哪些制度规则可与民族国家相提并论或者将完全取代它？这些制度之间的相互关系是怎样的？它们处于相互补充还是相互竞争的状态？
- 日益激烈的国际关系对民族国家制度的构建有何影响？例如，非民主国家也会呈现出民主发展的趋势吗？
- 不同的企业文化对不同国家的企业兼并融合有何作用及重要性？这有没有可能成为总是无法产生人们所希望看到的协同效应的一个重要原因呢？请想象一下戴姆勒－克莱斯勒的例子！企业文化的概念当然也可以运用于国际组织。这些组织的雇员也来自拥有不同内部制度的不同社会，企业文化的概念自然会对他们相互交流和沟通的方式产生一定影响。

我们注意到，全球化带来的组织与制度规则的发展向人们提出了一系列新问题，在此只能列出其中的一小部分。这些问题未来必然受到制度经济学家的广泛关注，并作为新的课题探讨和研究下去。

参考文献

1. 恩杰勒和沃依格特（Engerer, Voigt, 2002）对转型过程中与制度经济学极其相关的某些方面进行了论述。关于"休克疗法 vs. 渐进主义"问题，施蒂格利茨（Stiglitz, 1999）说了一段简单明了的话，这当然也受益于历史的智慧！

2. 由史漫飞、基维特和莫梅尔特（STreit/Kiwit/Mummert, 2000）出版的合集中收录了几篇研究感知、理性和制度三者间交叉点的文章。

3. 在《宁愿选择不作选择》（Choosing Not to Choose）一书中，沃依格特与萨尔茨伯格（Voigt, Salzberger, 2002）探讨了许多可能的效用和成本的组成成分，它们能够促使政治家有意愿委派其职权。

参考文献

Aaken, A. v. (2003), *Rational Choice in der Rechtswissenschaft: Zum Stellenwert der ökonomischen Theorie im Recht.* Baden – Baden, Nomos.

Aaken, A. v. (2004), Vom Nutzen der ökonomischen Theorie für das öffentliche Recht: Methode und Anwendungsmöglichkeiten, in: M. Bungenberg et al. (Hrsg.); *Recht und Ökonomik.* München: Beck, 1 – 31.

Acemoglu, D. (2003), Why not a political Coase theorem? Social conflict, commitement, and politics. *Journal of Comparative Economics*, 31: 620 – 652.

Acemoglu, D. und J. Robinson (2005), *Economic Origins of Dictatorship and Democracy: Economic and Political Origins.* Cambridge, Mass.: Cambridge University Press.

Akerlof, G. (1970), The Market for Lemons – Quality Uncertainty and the Market Mechanism. *Quarterly Journal of Economics*, 84: 488 – 500.

Akerlof, G. (1980), A Theory of Social Custom, of Which Unemployment May be One Consequence. *Quarterly Journal of Economics*, 94: 749 – 775.

Alchian, A. (1950), Uncertainty, Evolution, and Economic Theory. *The Journal of Political Economy*, 58: 211 – 21.

Alchian, A. (1984), Specificity, Specialization, and Coalitions. *Journal of Institutional and Theoretical Economics*, 140, 34 – 9.

Alchian, A. und H. Demsetz (1972), Production, Information Costs, and Economic Organization. *American Economic Review*, 72: 777 – 795.

Alchian, A. und S. Woodward (1988), The Firm is Dead; Long Live the Firm: A Review of Oliver E. Williamson's 'The Economic Institutions of Capitalism'. *Journal of Economic Literature*, 26: 65 – 79.

Alesina, A., S. Osler, N. Roubini und P. Swagel (1996), Political instability and economic growth. *Journal of Economic Growth*, 2: 189 – 213.

Alesina, A. und E. Spolaore (2005), *The Size of Nations*. Cambridge, Mass.: MIT Press.

Alessi, L. de (1980), The Economics of Property Rights: A Review of the Evidence. *Research in Law and Economics*, 2: 1 – 47.

Alston, L und M. Schapiro (1984), Inheritance Laws Across Colonies: Causes and Consequences. *The Journal of Economic History*, 44 (2): 277 – 287.

Amann, E. (1999), *Evolutionäre Spieltheorie*. Heidelberg: Physica.

Aoki, M. (1998), The Subjective Game Form and Institutional Evolution as Punctuated Equilibrium, Distinguished Lecture at the Paris Conference of the International Society for New Institutional Economics. September 17 – 19, 1998.

Arrow, K. (1951/1963), *Social Choice and Individual Value*. New Haven: Yale University Press.

Arthur, B. (1989), Competing Technologies and Lock – in by Historical Small Events. *Economic Journal*, 99: 116 – 31.

Axelrod, R. (1984), *The Evolution of Cooperation*. New York: Basic Books.

Axelrod, R. (1970), *Conflict of Interest*. Chicago: Markham.

Axelrod, R. (1986), An Evolutionary Approach to Norms. *American Political Science Review*, 80 (4): 1095 – 1111.

Barro, R. (1991), Economic Growth in a Cross – Section of Countries. *Quarterly Journal of Economics*, 106 (2): 407 – 443

Barro, R. und D. Gordon (1983), Rules, discretion, and reputation in a model of monetary policy. *Journal of Monetary Economics*, 12 (1): 101 – 21.

Barzel, Y. (1987), The Entrepreneur's Reward for Self – Policing. *Economic Inquiry*, 25 (1): 103 – 16.

Barzel, Y. (1997), Parliament as a Wealth – Maximizing Institution: The Right to the Residual and the Right to Vote. *International Review of Law and Economics*, 17: 455 – 74.

Beck, U. (1998), *Was ist Globalisierungs*, Frankfurt: Suhrkamp, 4. Auflage.

Becker, G. (1976), *The Economic Approach to Human Behavior*. Chicago: University of Chicago Press [auf Deutsch *Der ökonomische Ansatz zur*

Erklärung menschlichen Verhaltens. Tübingen: Mohr, 2. Auflage 1993].

Becker, G. (1983), A Theory of Competition Among Pressure Groups for Political Influence. *Quarterly Journal of Economics*, 98 (3): 371 – 400.

Benham, A. und L. Benham (1998), Measuring the Costs of Exchange. Paper presented at the second annual conference of the International Society for the New Institutional Economics, Paris, September 1998.

Bernholz, P. und F. Breyer (1994), *Grundlagen der Politischen Ökonomie. Band 2: Ökonomische Theorie der Politik*, Tübingen: Mohr Siebeck, 3. Auflage.

Bernstein, L. (1992), Opting Out of the Legal System: Extralegal Contractual Relations in the Diamond Industry. *Journal of Legal Studies*, 21 (1): 115 – 57.

Bertocchi, G. (2006), The law of primogeniture and the transition from landed aristocracy to industrial democracy. *Journal of Economic Growth*, 11: 43 – 70.

Binmore, K. (1994), *Game Theory and the Social Contract – Vol. 1: Playing Fair.* Cambridge, Mass. : MIT Press.

Block, W. (Hrsg.) (1991), *Economic Freedom: Toward a Theory of Measurement.* Vancouver: The Fraser Institute.

Bollard, A. (1994), New Zealand, in: Williamson, J. (Hrsg.), *The political economy of policy reform.* Washington: Institute for International Economics, 73 – 110.

Boyd, R. und P. Richerson (1994), The Evolution of Norms: An Anthropological View. *Journal of Institutional and Theoretical Economics*, 150 (1): 72 – 87.

Brennan, G. und A. Hamlin (2000), *Democratic Devices and Desires.* Cambridge, Mass. : Cambridge University Press.

Brewer, M. und R. Kramer (1986), Choice behavior in social dilemmas: Effects of social identity, group size and decision framing. *Journal of Personality and Social Psychology*, 3: 543 – 9.

Brunetti, A. , G. Kisunko und B. Weder (1998), Credibility of Rules and Economic Growth. *The World Bank Economic Review*, 12 (3): 353 – 84.

Buchanan, J. (1959), Positive Economics, Welfare Economics, and Political Economy. *Journal of Law and Economics*, 2: 124 –38.

Buchanan, J. (1975), *The Limits of Liberty – Between Anarchy and Leviathan*. Chicago: University of Chicago Press [auf Deutsch *Die Grenzen der Freiheit: zwischen Anarchie und Leviathan*. Tübingen: Mohr 1984].

Buchanan, J. (1977), *Freedom in Constitutional Contract – Perspectives of a Political Economist*. College Station/London: Texas A&M University Press.

Buchanan, J. (1993), How Can Constitutions Be Designed so that Politicians who Seek to Serve Public Interest Can Survive and Prosper? *Constitutional Political Economy*, 4 (1): 1 –6.

Buchanan, J. und R. Congleton (1998), *Politics by principle, not interest – Toward nondiscriminatory democracy*. Cambridge, Mass: Cambridge University Press.

Buchanan, J. und G. Tullock (1962), *The Calculus of Consent – Logical Foundations of Constitutional Democracy*. Ann Arbor: University of Michigan Press.

Buchanan, J. (1978), A Contractarian Perspective on Anarchy, in: J. Roland Pennock und John W. Chapman (Hrsg.); *Anarchism*. New York, S. 29 –42.

Bundesministerium der Justiz (1992), Das Verwaltungsplanspiel als Testverfahren im Entscheidungsprozeß, in: *Handbuch zur Vorbereitung von Rechts – und Verwaltungsvorschriften*. 69 –91, Bonn.

Camerer, C. und R. Thaler (1995), Anomalies: Ultimatums, Dictators and Manners. *Journal of Economic Perspectives*, 9 (2): 209 –19.

Cameron, L. (1999), Raising the Stakes in the Ultimatum Game: Experimental Evidence from Indonesia. *Economic Inquiry*, 37 (1): 47 –59.

Carlsson, F. und S. Lundström (2002), Economic freedom and growth: Decomposing the effects. *Public Choice*, 112: 335 –44.

Chong, A und C. Calderón (2000), Causality and Feedback Between Institutional Measures and Economic Growth. *Economics and Politics*, 12 (1): 69 –82.

Clague, Chr., Ph. Keefer, St. Knack und M. Olson (1995), Contract – Intensive Money: Contract Enforcement, Property Rights and Economic Performance. *IRIS Working Paper*, University of Maryland.

Coase, R. (1937), The Nature of the Firm. *Economica*, 4: 386 – 405.

Coase, R. (1960), The Problem of Social Cost. *Journal of Law and Economics*, 3: 1 – 44.

Coase, R. (1964), The Regulated Industries – Discussion. *American Economic Review*, 54 (3): 194 – 7.

Coleman, J. (1987), Norms as Social Capital, in: G. Radnitzky und P. Bernholz (Hrsg.); *Economic Imperialism*, 133 – 155. New York: Paragon House.

Coleman, J. (1990), *Foundations of Social Theory*. Cambridge, Mass.: Belknap.

Colman, A. (1982), *Game Theory and Experimental Games – The Study of Strategic Interaction*. Oxford: Pergamon Press.

Dahlman, C. (1979), The Problem of Externality. *Journal of Law and Economics*, 22: 141 – 62.

Dahrendorf, R. (1967), Homo Sociologicus: Versuch zur Geschichte, Bedeutung und Kritik der Kategorie der sozialen Rolle, in: ders.: *Pfade aus Utopia*. München: Piper, 128 – 194.

Darity, W. (2007), *International Encyclopedia of the Social Sciences*. London: Macmillan Library Reference.

David, P. (1994), Why Are Institutions the 'Carriers of History'?: Path Dependence and the Evolution of Conventions, Organizations, and Institutions. *Structural Change and Economic Dynamics*, 5 (2): 205 – 20.

Davis, D. und Ch. Holt (1993), *Experimental Economics*. Princeton: Princeton University Press.

Dawkins, R. (1989), *The selfish gene*. New Edition, Oxford: Oxford University Press.

Demsetz, H. (1967), Toward a Theory of Property Rights. *American Economic Review*, 57 (2): 347 – 59.

Demsetz, H. (1969), Information and Efficiency: Another Viewpoint. *Journal of Law and Economics*, 12: 1 – 22.

Denzau, A. und D. North (1994), Shared Mental Models: Ideologies and Institutions. *Kyklos*, 47: 3 – 31.

Dixit, A. (1996), *The Making of Economic Policy: A Transaction – Cost Politics Perspective*. Cambridge.

Dixit, A. und B. Nalebuff (1997), *Spieltheorie für Einsteiger*. Stuttgart: Schäffer Poeschel.

Dreher, A. und S. Voigt (2008), Does Membership in International Organizations Increase Governments' Credibility? Testing the Effects of Delegating Powers. *CESifo Working Paper*, March 2008.

Easton, S. und M. Walker (Hrsg.) (1992), *Rating Global Economic Freedom*. Vancouver: The Fraser Institute.

Edwards, S. (1992), *The sequencing of structural adjustment and stabilization*. San Francisco: CS Press, 1 – 33.

Eggertsson, Th. (1990), *Economic behavior and institutions*, Cambridge, Mass.: Cambridge University Press.

Eggertsson, Th. (1997), The Old Theory of Economic Policy and the New Institutionalism. *Jena Lectures*, Jena: Max – Planck – Institute for Research Into Economic Systems.

Ellickson, R. (1986), Of Coase and Cattle: Dispute Resolution Among Neighbors in Shasta County. *Stanford Law Review*, 38: 623 – 87.

Ellickson, R. (1991), *Order Without Law*. Cambridge, Mass.: Harvard University Press.

Ellickson, R. (1994), The Aim of Order Without Law. *Journal of Institutional and Theoretical Economics*, 150 (1): 97 – 100.

Elster, J. (1984), *Ulysses and the Sirens*. Rev. ed., Cambridge, Mass.: Cambridge University Press.

Elster, J. (1989a), *The cement of society – a study of social order*. Cambridge, Mass.: Cambridge University Press.

Elster, J. (1989b), Social Norms and Economic Theory. *Journal of Economic Perspectives*, 3 (4): 99 – 117.

Engerer, H. und S. Voigt (2002), Institutionen und Transformation – Mögliche Politikimplikationen der Neuen Institutionenökonomik, in: K. Zimmermann (Hrsg.); *Neue Entwicklungen in der Wirtschaftswissenschaft*. Heidelberg et al.: Physica, 149 – 215.

Ensminger, J. (1998), Fairness in Cross – Cultural Perspective: Evidence from Experimental Economics in a Less Developed Society, Paper presented at the second annual conference of the International Society for the New Institutional Economics, Paris, September 1998.

Erlei, M., M. Leschke und D. Sauerland (2007), *Neue Institutionenökonomik*. Stuttgart: Schäffer Poeschel, 2. Auflage.

Europäischer Rat (2004), A Comparative Analysis of Regulatory Impact Assessment in ten EU Countries: A Report Prepared for the EU Directors of Better Regulation Group. Dublin, http://www.betterregulation.ie/attached_ files/Pdfs/Report%20on%20RIA%20in%20the%20EUa.pdf.

Evans, L.; A. Grimes, B. Wilkinson und D. Teece (1996), Economic Reform in New Zealand 1984 – 1995: The Pursuit of Efficiency. *Journal of Economic Literature*, 34: 1856 – 1902.

Feld, L. und S. Voigt (2003), Economic Growth and Judicial Independence: Cross Country Evidence Using a New Set of Indicators. *European Journal of Political Economy*, 19 (3): 497 – 527.

Ferguson, A. (1988/1767), *Versuch über die Geschichte der bürgerlichen Gesellschaft*. Frankfurt: Suhrkamp.

Frank, R. (1988), *Passions Within Reason*. New York: Norton.

Frey, B. und G. Kirchgässner (1994), *Demokratische Wirtschaftspolitik*. München: Vahlen2.

Frey, B. und R. Eichenberger (1999), The New Democratic Federalism for Europe – Functional, Overlapping and Competing Jurisdictions. Cheltenham et al.: Edward Elgar.

Frey, B. (1997), A Constitution for Knaves Crowds Out Civic Virtues. *The Economic Journal*, 107: 1043 – 1053.

Friedman, M. (1953), The Methodology of Positive Economics, in: Friedman, M.: *Essays in Positive Economics*. Chicago: University of Chicago Press.

Fritsch, M., Th. Wein und H. – J. Ewers (1996), *Marktversagen und Wirtschaftspolitik*. München: Vahlen, 2. Auflage.

Fudenberg, D. und E. Maskin (1986), The folk theorem in repeated games with discounting or with incomplete information. *Econometrica*, 54 (3): 533 –545.

Führich, E. (2008), *Wirtschaftsprivatrecht: Basiswissen des Bürgerlichen Rechts und des Handels – und Gesellschaftsrechts für Wirtschaftswissenschaftler und Unternehmenspraxis*, München: Vahlen, 9. Auflage.

Furubotn, E. und S. Pejovich (1972), Property Rights and Economic Theory: A Survey of Recent Literature. *Journal of Economic Literature*, 10: 1137 –62.

Gabisch, G. (1999), Spieltheorie – einige Grundlagen *WISU* 8 –9/99: 1137 – 42.

Gaddy, C. und B. Ickes (1998), Russia's Virtual Economy. *Foreign Affairs*, 77 (5): 53 –67.

Galanter, M. (1981), Justice in Many Rooms: Courts, Private Ordering, and Indigenous Law. *Journal of Legal Pluralism and Unofficial Law*, 19: 1 –47.

Glaeser, E., R. La Porta, F. Lopez – de – Silanes und A. Shleifer (2004), Do Institutions Cause Growth? *Journal of Economic Growth*, 9 (3): 271 –303.

Güth, W. (1995), On ultimatum bargaining experiments – A personal review. *Journal of Economic Behavior and Organisation*, 27: 329 –44.

Güth, W., R. Schmittberger und B. Schwarze (1982), An experimental analysis of ultimatum bargaining. *Journal of Economic Behavior and Organization*, 3 (4): 367 –88.

Gwartney, J., R. Lawson, W. Park und Ch. Skipton (2001), *Economic Freedom of the World* 2001 – Annual Report. Vancouver: Fraser Institute.

Gwartney, J., R. Lawson und W. Block (1996), *Economic Freedom of the World*: 1975 –1995. Vancouver et al.: The Fraser Institute et al.

Gwartney, J. and R. Lawson (1999), *Economic Freedom of the World* 2009 – Annual Report. Vancouver: Fraser Institute.

Gwartney, J. und R. Holcombe (1997), Economic Freedom, Constitutional Structure, and Growth in Developing Countries, in: Kimenyi, M. und J. Mbaku (Hrsg.); *Institutions and Collective Choice in Developing Countries*. Avebury, 33 –59.

Haan, J. de und J. E. Sturm (2000), On the Relationship between Economic Freedom and Economic Growth. *European Journal of Political Economy*, 16: 215 – 241.

Hamilton, A., J. Madison und J. Jay (1788/1994), *Die Federalist – Artikel – Mit einer Einführung von A. und W. P. Adams*. Paderborn: Schöningh.

Hardin, R. (1989), Why a Constitution? In: Grofman, B. und D. Wittman (Hrsg.); *The Federalist Papers and the New Institutionalism*. New York: Agathon Press, 100 – 20.

Hargreaves Heap, Sh., M. Hollis, B. Lyons, R. Sugden, und A. Weale (1994), *The Theory of Choice – A Ctitical Guide*. Oxford: Blackwell.

Hartwig, K. H. und I. Pies (1996), Ökonomie des Drogenmarktes. *Wirtschaftswissenschaftliches Studium* (*WiSt*), 25 (4): 169.

Hayek, F. (1963), Arten der Ordnung. *ORDO* 14: 3 – 20.

Hayek, F. (1973), *Law, Legislation and Liberty. Vol. 1: Rules and Order*. Chicago: University of Chicago Press [auf Deutsch *Recht, Gesetzgebung und Freiheit; Band 1: Regeln und Ordnung*. Landsberg a. L: Moderne Industrie, 2. Auflage 1986].

Hayek, F. (1976), *Law, Legislation and Liberty. Vol. 2: The Mirage of Social Justice*. Chicago: University of Chicago Press [auf Deutsch *Recht, Gesetzgebung und Freiheit. Band 2: Die Illusion der sozialen Gerechtigkeit*. Landsberg a. L: Moderne Industrie, 1981].

Heinen, E. und M. Fank (1997), *Unternehmenskultur*. München: Oldenbourg, 2. Auflage.

Heiner, R. (1983), The Origin of Predictable Behavior. *American Economic Review*, 4 (73): 560 – 595.

Henisz, W. (2000), The Institutional Environment for Economic Growth. *Economics and Politics*, 12 (1): 1 – 31.

Henrich, J. (2000), Does Culture Matter in Economic Behavior? Ultimatum Game Bargaining Among the Machiguenga of the Peruvian Amazon. *American Economic Review*, 90 (4): 973 – 79.

Henrich, J. und andere (2005), "Economic man" in cross – cultural perspective: Behavioral experiments in 15 small – scale societies. *Behavioral and*

Brain Sciences, 28: 795 –855.

Hirschman, A. (1970), *Exit, Voice and Loyalty – Responses to Decline in Firms, Organizations, and States.* Cambridge, Mass.: Harvard University Press.

Hodgson, G. (1998), The Approach of Institutional Economics. *Journal of Economic Literature*, 36: 166 –92.

Hoppmann, E. (1990), Moral und Marktversagen. *ORDO* 41: 3 –26.

Hume, D. (1740/1990), *A Treatise of Human Nature.* Oxford: Clarendon, L. A. Selby – Bigge, 2. Auflage.

Hume, D. (1777/1987), *Essays – Moral, Political, and Literary*, ed. and with a Foreword, Notes, and Glossary by Eugene F. Miller. Indianapolis: Liberty Classics.

Jensen, M. und W. Meckling (1976), Theory of the Firm: Managerial Behavior, Agency Costs and Ownership Structure. *Journal of Financial Economics*, 3 (4): 305 –360.

Jolls, C. , Sunstein C. R. und R. H. Thaler (1998), A Behavioral Approach to Law and Economics. *Stanford Law Review*, 50: 1471 –1550.

Justesen, M. (2008), The effect of economic freedom on growth revisited: New evidence on causality from a panel of countries 1970 –1999. *European Journal of Political Economy*, 24: 642 –660.

Kahneman, D. , J. Knetsch und R. Thaler (1986), Fairness as a Constraint on Profit Seeking: Entitlements in the Market. *American Economic Review*, 76 (4): 728 –741.

Kant, I. (1797), Die Metaphysik der Sitten. Wiederabgedruckt in: Ders. (1983), *Werke in zehn Bänden.* Hrsg. von Wilhelm Weischedel, Darmstadt: Wissenschaftliche Buchgesellschaft.

Keefer, Ph. und M. Shirley (1998), From the Ivory Tower to the Corridors of Power: Making Institutions Matter for Development Policy, Paper presented at the second annual conference of the International Society for the New Institutional Economics. Paris, September 1998.

Kersting, W. (1994), *Die politische Philosophie des Gesellschaftsvertrags.* Darmstadt: Wissenschaftliche Buchgesellschaft.

Kinder, D. und R. Kiewit (1981), Sociotropic politics: The American case. *British Journal of Political Science*, 11: 129 – 61.

Kirchgässner, G. (2008), *Homo Oeconomicus: Das ökonomische Modell individuellen Verhaltens und seine Anwendungen in den Wirtschafts – und Sozialwissenschaften*. Tübingen: Mohr Siebeck.

Kirchgässner, G. und B. Frey (1990), Volksabstimmung und direkte Demokratie: Ein Beitrag zur Verfassungsdiskussion, in: H. D Klingmann und M. Kaase (Hrsg.); *Wahlen und Wähler – Analysen aus Anlaß der Bundestagswahl*. Opladen: Westdeutscher Verlag, 42 – 69.

Kirsch, G. (2004), *Neue Politische Ökonomie*. Stuttgart: UTB (5. Auflage).

Kirstein, R. und S. Voigt (2006), The Violent and the Weak – When Dictators Care About Social Contracts. *American Journal of Economics and Sociology*, 65 (4): 863 – 90.

Kiwit, D. (1994), Zur Leistungsfähigkeit neoklassisch orientierter Transaktionskostenansätze. *ORDO*, 45: 105 – 35.

Kiwit, D. und S. Voigt (1995), Überlegungen zum institutionellen Wandel unter Berücksichtigung des Verhältnisses interner und externer Institutionen. *ORDO*, 46: 117 – 147.

Kiwit, D. und S. Voigt (1998), Grenzen des institutionellen Wettbewerbs. *Jahrbuch für Neue Politische Ökonomie*, 17: 313 – 37.

Klein, P. (1999), New Institutional Economics, in: Boudewijn Bouckeart und Gerrit de Geest (Hrsg.); *Encyclopedia of Law and Economics*. Cheltenham: Edward Elgar.

Kleinewefers, H. (2008), *Einführung in die Wohlfahrtsökonomie: Theorie – Anwendung – Kritik*. Stuttgart: Kohlhammer.

Kliemt H. (1991), Der Homo oeconomicus in der Klemme – Der Beitrag der Spieltheorie zur Erzeugung und Lösung des Hobbesschen Ordnungsproblems, in: Hartmut Esser und Klaus G. Troitzsch (Hrgs.), *Modellierung sozialer Prozesse*. Bonn: Informationszentrum Sozialwissenschaften, 179 – 204.

Knack, St. und Ph. Keefer (1995), Institutions and Economic Performance: Cross – Country Tests Using Alternative Institutional Measures. *Economics and Politics*, 7 (3): 207 – 27.

Knight, F. (1922), *Risk, Uncertainty, and Profit*. New York.

Knight, J. (1992), *Institutions and Social Conflict*, Cambridge, Mass.: Cambridge University Press.

Knorr, A. (1997), Das ordnungspolitische Modell Neuseelands: ein Vorbild für Deutschland? Tübingen: Mohr Siebeck.

Korobkin, R. und Th. Ulen (2000), Law and Behavioral Science: Removing the Rationality Assumption from Law and Economics, *California Law Review*, 88: 1051 – 1143.

Kreps, D. (1990), *A Course in Microeconomic Theory*. Princeton: Princeton University Press.

Kreps, D. (1998), Bounded Rationality, in: *The New Palgrave Dictionary of Economics and the Law*, Vol. I: 168 – 73.

Kreps, D., P. Milgrom, J. Roberts und R. Wilson (1982), Rational Cooperation in the Finitely Repeated Prisoners' Dilemma. *Journal of Economic Theory*, 27: 245 – 52.

Krueger, A. (1974), The Political Economy of the Rent – Seeking Society. *American Economic Review*, 64 (3): 291 – 303.

Kydland, F. und E. Prescott (1977), Rules Rather than Discretion: The Inconsistency of the Optimal Plans. *Journal of Political Economy*, 85 (3): 473 – 91.

La Porta, R., F. Lopez – de – Silanes, A. Shleifer und R. Vishny (1997), Trust in Large Organizations. *American Economic Review – Papers and Proceedings*, 87 (2): 333 – 8.

La Porta, R., F. Lopez – de – Silanes, A. Shleifer und R. Vishny (1998), Law and Finance. *Journal of Political Economy*, 106 (6): 1113 – 55.

La Porta, R., F. Lopez – de – Silanes, A. Shleifer und R. Vishny (1999), The Quality of Government. *Journal of Law, Economics, and Organization*, 15 (1): 222 – 79.

Ledyard, J. (1995), Public Goods: A Survey of Experimental Research, in: J. Kagel und A. Roth (Hrsg.); *The handbook of experimental economics*. Princeton: Princeton University Press, 111 – 94.

Leipold, H. (1990), Neoliberal Ordnungstheorie and Constitutional Economics – A Comparison between Eucken and Buchanan. *Constitutional Political Economy*, 1 (1): 47 – 65.

Leipold, H. (1996), Zur Pfadabhängigkeit der institutionellen Entwicklung – Erklärungsansätze des Wandels von Ordnungen, in: D. Cassel (Hrsg.), *Entstehung und Wettbewerb von Systemen*. Berlin: Duncker & Humblot, 93 – 115.

Levy, B. und P. Spiller (1994), The Institutional Foundations of Regulatory Commitment: A Comparative Analysis of Telecommunications Regulation. *Journal of Law, Economics & Organization*, 10 (2): 201 – 46.

Lewis, D. (1969), *Convention: A Philosophical Study*. Cambridge, Mass. : Harvard University Press.

Liebowitz, S. und S. Margolis (1989), The Fable of the Keys. *Journal of Law and Economics*, 33: 1 – 25.

Lindenberg, S. (1992), An Extended Theory of Institutions and Contractual Discipline. *Journal of Institutional and Theoretical Economics*, 148: 125 – 154.

Lipset, Seymour M. (1959), Some Social Requisites of Democracy: Economic Development and Political Legitimacy. *American Political Science Review*, 53 (1): 69 – 105.

Littlechild, S. und J. Wiseman (1896), The political economy of restriction of choice. *Public Choice*, 51: 161 – 172.

Macher, J. und B. Richman (2008), Transaction Cost Economics: An Assessment of Empirical Research in the Social Sciences. *Business and Politics*, 10 (1) article 1.

Macneil, I. (1974), The many futures of contracts. *Southern California Law Review*, 47: 691 – 816.

Mäki, U. , B. Gustafsson und C. Knudsen (Hrsg.) (1993), *Rationality, Institutions and Economic Methodology*. London: Routledge.

Majeski, S. (1990), Comment: An Alternative Approach to the Generation and Maintenance of Norms, in: K. Coo und M. Levi (Hrgs.); *The Limits of Rationality*. Chicago: Chicago University Press, 273 – 281.

Massell, G. (1968), Law as an Instrument of Revolutionary Change in a Traditional Milieu: The Case of Soviet Central Asia. *Law and Society Review*, 2: 179 –214.

Matthews, R. C. O. (1986), The Economics of Institutions and the Sources of Growth. *Economic Journal*, 96 (384): 903 –18.

McArthur, J. und J. Sachs (2001), Institutions and Geography – Comment on Acemoglu, Johnson, and Robinson. *NBER Working Paper*, 8114.

McGuire, M. and Olson, M. (1996), The Economics of Autocracy and Majority Rule: The Invisible Hand and the Use of Force. *Journal of Economic Literature*, 35: 72 –96.

Miegel, M. , R. Grünewald und K. – D. Grüske (1991), *Wirtschafts – und arbeitskulturelle Unterschiede in Deutschland – Zur Wirkung außerökonomischer Faktoren auf die Beschäftigung*. Gütersloh: Verlag Bertelsmann Stiftung.

Milgrom, P. und J. Roberts (1992), *Economics, Organization, and Management*. Englewood Cliffs.

Moe, T. (1990), Political Institutions: The Neglected Side of the Story. *Journal of Law, Economics, and Organization*, 6: 213 –53.

Moselle, B. und B. Polak (2001), A Model of the Predatory State, *Journal of Law, Economics, and Organization*, 17 (1): 1 –33.

Mueller, D. (1986), Rational egoism versus adaptive egoism as fundamental postulate for a descriptive theory of human behavior. *Public Choice*, 51: 3 – 23.

Mueller, D. (Hrsg.) (1997), *Perspectives on Public Choice – A Handbook*. Cambridge, Mass. : Cambridge University Press.

Mueller, D. (1998), Redistribution and Allocative Efficiency in a Mobile World Economy. *Jahrbuch für Neue Politische Ökonomie*, 17: 172 –90.

Mueller, D. (2003), *Public Choice III*, Cambridge, Mass. : Cambridge University Press.

Mueller, U. (Hrsg.) (1990), *Evolution und Spieltheorie*. München: Oldenbourg.

Niskanen, W. (1997), Autocratic, Democratic, and Optimal Government. *Economic Inquiry*, 35 (3): 464 –79.

North, D. (1981), *Structure and Change in Economic History*, New.

York: Norton [auf Deutsch *Theorie des institutionellen Wandels: eine neue Sicht der Wirtschaftsgeschichte.* Tübingen, 1988].

North, D. (1990a), *Institutions, Institutional Change and Economic Performance*, Cambridge, Mass.: Cambrdige University Press [auf Deutsch *Institutionen, institutioneller Wandel und Wirtschaftsleistung.* Tübingen 1992].

North, D. (1990b), A Transaction Cost Theory of Politics. *Journal of Theoretical Politics*, 2/4, 355–67.

North, D. (1993), Institutions and Credible Commitment. *Journal of Institutional and Theoretical Economics*, 149/1, 11–23.

North, D. (2005), *Understanding the Process of Economic Change.* Princeton et al.: Princeton University Press.

Ochel, W. und O. Röhn (2008), Indikatorenbasierte Länderrankings. *Perspektiven der Wirtschaftspolitik*, 9 (2): 226–251.

OECD (2004), Regulatory Impact Assessment (RIA) Inventory – Note by the Secretariat, Paris. Verfügbar unter http://www.oecd.org/dataoecd/22/9/35258430.pdf.

O'Flaherty, B. und J. Bhagwati (1997), Will Free Trade with Political Science Put Normative Economists Out of Work? *Economics and Politics*, 9 (3): 207–19.

Olson, M. (1965), *The Logic of Collective Action*, Cambridge, Mass.: Harvard University Press [auf Deutsch *Die Logik kollektiven Handelns.* Tübingen, 3. Auflage 1992].

Olson, M. (1982), *The Rise and Decline of Nations.* New Haven: Yale University Press.

Olson, M. (1996), Big Bills Left on the Sidewalk. *Journal of Economic Perspectives*, 10 (2): 3–24.

Oosterbeek, H., R. Sloof und G. van de Kuilen (2004), Cultural differences in ultimatum game experiments: Evidence from a meta-analysis. *Experimental Economics*, 7 (2): 171–188.

Ordeshook, P. (1992), Constitutional Stability. *Constitutional Political Economy*, 3 (2): 137–75.

Ostrom, E. (1986), An agenda for the study of institutions. *Public Choice*,

48: 3 -25.

Ostrom, E. (1996), Incentives, Rules of the Game, and Development, in: M. Bruno (Hrsg.), *Annual World Bank Conference on Development Economics*. Washington, D. C.: The World Bank, 207 - 34.

Ostrom, E. (1999), *Die Verfassung der Allmende: jenseits von Staat und Markt*. Tübingen: Mohr Siebeck.

Ostrom, E. (2000), Collective Action and the Evolution of Social Norms. *Journal of Economic Perspectives*, 14 (3): 137 -58.

Pejovich, S. (Hrsg.) (2001), *The Economics of Property Rights II*. The International Library of Critical Writings in Economics, Cheltenham: Elgar.

Picot, A. (1992), Ronald H. Coase – Nobelpreisträger 1991: Transaktionskosten als zentraler Beitrag wirtschaftswissenschaftlicher Analyse. *WiSt*, 20 (2): 79 -83.

Pfaff, D. und P. Zweifel (1998), Die Principal – Agent Theorie: Ein fruchtbarer Beitrag derWirtschaftstheorie zur Praxis. *WiSt*, 27 (4): 184 - 190.

Pfaffmann, E. (1997), Die vertragstheoretische Perspektive in der Neuen Institutionenökonomik – Relationale Verträge als Rahmen ökonomischer Interaktion. *WiSt*, 26 (1): 41 -3.

Pistor, K. (2002), The Demand for Constitutional Law, in: S. Voigt und H. – J. Wagener (Hrsg.); *Constitutions, Markets and the Law*. Cheltenham et al: Elgar, 65 -82.

Plott, Ch. und V. Smith (2008), *Handbook of Experimental Economics Results*. Amsterdam et al.: North Holland, Volume 1.

Polanyi, M. (1952/1998), *The Logic of Liberty*. Indianapolis: Liberty Classics.

Popper, K. R. (1959), *The Logic of Scientific Discovery*. London: Hutchinson [auf Deutsch *Die Logik der Forschung*. Tübingen 5. Auflage 1973].

Przeworski, A. und Limongi, F. (1993), Political Regimes and Economic Growth. *Journal of Economic Perspectives*, 7 (3): 51 -69.

Putnam, R. (1993), *Making Democracy Work – Civic Traditions in Modern Italy*. Princeton: Princeton University Press.

Rawls, J. (1971), *A Theory of Justice*. Cambridge, Mass.: Belknap.

Richter, R. und E. Furubotn (2003), *Neue Institutionenökonomik*. Tübingen: Mohr Siebeck, 3. Auflage.

Rodrik, D., A. Subramanian und F. Trebbi (2004), Institutions Rule: The Primacy of Institutions Over Geography and Integration in Economic Development. *Journal of Economic Growth*, 9 (2): 131–65.

Rousseau, J.-J. (1755/1998), *Abhandlung über den Ursprung und die Grundlagen der Ungleichheit unter den Menschen*, Stuttgart: Reclam.

Rutherford, M. (1994), *Institutions in economics: the old and the new institutionalism*. Cambridge, Mass.: Cambridge University Press.

Schelling, Th. (1960), *The Strategy of Conflict*. Cambridge, Mass.: Harvard University Press.

Schiavo-Campo, S. (1994), Institutional Change and the Public Sector: Towards a Strategic Framework. In: Schiavo-Campo, S. (ed.); Institutional Change and the Public Sector in Transitional Economies, World Bank Discussion Papers, No. 241, Washington, D. C., 3–18.

Schlicht, E. (1990), Rationality, Bounded or not, and Institutional Analysis. *Journal of Institutional and Theoretical Economics*, 146: 703–19.

Schneider, F. und D. Enste (2007); *The Shadow Economy: An International Survey*. Cambridge, Mass.: Cambridge University Press.

Schoeck, H. (1966), *Der Neid – eine Theorie der Gesellschaft*. Freiburg et al.: Karl Alber.

Schotter, A. (1981), *The Economic Theory of Social Institutions*. Cambridge, Mass.: Cambridge University Press.

Schüller, A. (Hrsg.) (1983), *Property Rights und ökonomische Theorie*. München: Vahlen.

Schweizer, U. (1999), *Vertragstheorie*. Tübingen: Mohr Siebeck.

Seiffert, H. und G. Radnitzky (1992), *Handlexikon zur Wissenschaftstheorie*, München: dtv wissenschaft.

Shelanski, H. und P. Klein (1999), Empirical Research in Transaction Cost Economics, A Review and Assessment. In: Carroll, G. R & D. J. Teece (Hrsg.), *Firms, Markets, and Hierarchies: The Transaction Cost Economics Perspective*. New York: Oxford University Press.

Shepsle, K. (1979), Institutional Arrangements and Equilibrium in Multi-Dimensional Voting Models. *American Journal of Political Science*, 24: 27–59.

Shirley, M. und L. C. Xu (1998), Information, Incentives, and Commitment: An Empirical Analysis of Contracts Between Government and State Enterprises. *Journal of Law, Economics, and Organization*, 14 (2): 358–78.

Shughart, W. und L. Razzolini (2001, Hrsg.), *The Elgar Companion to Public Choice*. Cheltenham: Elgar.

Siegenthaler, H. (1993), *Regelvertrauen, Prosperität und Krisen*. Tübingen: Mohr Siebeck.

Sills, D. (Hrsg.) (1968), *International Encyclopedia of the Social Sciences*. New York: Macmillan.

Simon, H. (1955), A Behavioral Model of Rational Choice. *Quarterly Journal of Economics*, 69: 99–118.

Sinn, H.-W. (1997), The selection principle and market failure in systems competition. *Journal of Public Economics*, 66: 247–74.

Smith, A. (1983), Nationalism and social theory. *British Journal of Sociology*, 34: 19–38.

Soto, H. de (1990), *The Other Path – The Invisible Revolution in the Third World*. New York: Harper & Row.

Steven, M. und L. Otterpohl (2000), Evolutionäre versus nicht-kooperative Spieltheorie. *WiSt*, 4: 201–6.

Stigler, G. (1961), The Economics of Information. *Journal of Political Economy*, 69, 213–25.

Stiglitz, Joseph E. (1999), *Whither Reform¿ Ten Years of the Transition*. Paper Prepared for the Annual Bank Conference on Development Economics, Washington, D. C.

Stone, A., B. Levy und R. Paredes (1996), Public Institutions and Private Transactions: A Comparative Analysis of the Legal and Regulatory Environment for Business Transactions in Brazil and Chile, in: Lee Alston, Thrainn Eggertsson und Douglass North (Hrsg.); *Empirical Studies in Institutional Change*. Cambridge, Mass.: Cambridge University Press, 95–

128.

Streit, M. (1991), *Theorie der Wirtschaftspolitik*, Düsseldorf: Werner – Verlag, 4. Auflage.

Streit, M. (1995), Dimensionen des Wettbewerbs – Systemwandel aus ordnungsökonomischer Sicht. *Zeitschrift für Wirtschaftspolitik*, 44 (2): 113 – 34.

Streit, M., D. Kiwit und U. Mummert (Hrsg.) (2000), *Cognition, Rationality and Institutions.* Berlin: Springer.

Sugden, R. (1986), *The Economics of Rights, Co – operation and Welfare.* Oxford: Basil Blackwell.

Sumner, W. G. (1906/1992). Folkways, in: Bannister, Robert C. (ed.): *The essential essays of William Graham Sumner.* Indianaopolis: Liberty Press, 357 – 372.

Sunde, Uwe (2006), Wirtschaftliche Entwicklung und Demokratie – Ist Demokratie ein Wohlstandsmotor oder ein Wohlstandsprodukt? *Perspektiven der Wirtschaftspolitik*, 7 (4), 471 – 499.

Sutter, D. (1995), Potholes along the Transition from Authoritarian Rule. *Journal of Conflict Resolution*, 39 (1): 110 – 28.

Tanzi, V. und L. Schuknecht (1997), Reconsidering the Fiscal Role of Government: The International Perspective. *American Economic Review*, 87 (2): 164 – 8.

Tiebout, Ch. (1956), A Pure Theory of Local Expenditures. *Journal of Political Economy*, 64: 416 – 24.

Tocqueville, A. de (1840/1985), *über die Demokratie in Amerika*, Stuttgart: Reclam.

Tollison, R. (1997), Rent Seeking, in: Mueller, D. (Hrsg.); *Perspectives on Public Choice – A Handbook.* Cambridge, Mass.: Cambridge University Press, 506 – 25.

Tullock, G. (1987), *Autocracy.* Dordrecht: Kluwer.

Twight, C. (1992), Constitutional Renegotiation: Impediments to Consensual Revision. *Constitutional Political Economy*, 3 (1) 89 – 112.

Ullmann – Margalit, E. (1977), *The Emergence of Norms*, Oxford: Oxford University Press.

Usher, D. (1989), The Dynastic Cycle and the Stationary State. *American Economic Review*, 79: 1031 –44.

Vanberg, V. (1988). 'Ordnungstheorie' as Constitutional Economics – The German Conception of a 'Social Market Economy'. *ORDO*, 39: 17 –31.

Vanberg, V. (1982), *Markt und Organisation – Individualistische Sozialtheorie und das Problem korporativen Handelns*. Tübingen: Mohr Siebeck.

Vanberg, V. (1992), Innovation, Cultural Evolution, and Economic Growth, in: Witt, U. (Hrsg.), *Explaining Process and Change – Approaches to Evolutionary Economics*. Ann Arbor: Michigan University Press, 105 –21.

Vanberg, V. (1994), *Rules & Choice in Economics*. London et al. : Routledge.

Vilks, A. und Th. Clausing (1999), Evolutionäre Spieltheorie. *WISU* 10/99: 1386 –1400.

Voigt, S. (1993), Values, Norms, Institutions and the Prospects for Economic Growth in Central and Eastern Europe. *Journal des Économistes et des Études Humaines*, 4 (4): 495 –529. Wiederabgedruckt in: Svetozar Pejovich (Hrsg.), *The Economics of Property Rights II: The International Library of Critical Writings in Economics*. Cheltenham: Elgar (2001), 303 – 37.

Voigt, S. (1994), Die kontraktorientierte Theorie der Verfassung – Anmerkungen zum Ansatz Buchanans. *Homo Oeconomicus* XI (2), 173 –209.

Voigt, S. (1999), *Explaining Constitutional Change – A Positive Economics Approach*. Cheltenham: Edward Elgar.

Voigt, S. (2001), *Verfassungswandel ökonomisch erklären: Fragen und Einsichten eines neuen und interdisziplinären Forschungsprogramms*. Colloquia Academica – Akademievorträge junger Wissenschaftler, Stuttgart, Franz Steiner Verlag, 2001.

Voigt, S. (2002), The Bonds of Democratic Politics – An Economic Perspective, in: A. Breton, G. Galeotti, P. Salmon, und R. Wintrobe (Hrsg.), *Rational Foundations of Democratic Politics*, Cambridge, Mass. : Cambridge University Press.

Voigt, S. (2008), Constitutional Political Economy – Analyzing the most basic layer of formal institutions, in: Brousseau, E. and J. – M. Glachant (Hrsg.): *Guidebook to the New Institutional Economics*, Cambridge, Mass.: CUP, chapter 17.

Voigt, S. (2009a), Does Arbitration Blossom when State Courts are Bad? *Mimeo*, Marburg: Philipps – Universität Marburg. http://papers.ssrn.com/sol3/papers.cfm? abstract_ id = 1325479.

Voigt, S. (2009b), How (Not) to Measure Institutions. *Mimeo*, Marburg: Philipps – Universität Marburg. http://papers.ssrn.com/sol3/papers.cfm? abstract_ id = 1336272.

Voigt, S. (2009c), Positive Constitutional Economics II – A Survey of Recent Developments. *Mimeo*, Marburg: Philipps – Universität Marburg.

Voigt, S., M. Ebeling und L. Blume (2007), Improving Credibility by Delegating Judicial Competence – the Case of the Judicial Committee of the Privy Council. *Journal of Development Economics*, 82: 348 – 73.

Voigt, S. und S. M. Park (2009), Die Bedeutung von Werten und Normen für langfristige wirtschaftliche Entwicklung, erscheint in: Quaisser, W. (Hrsg): *Vom Sozialismus zur Marktwirtschaft – Wandlungsprozesse, Erfolge und Pespektiven*. München: Olzog.

Voigt, S. und E. Salzberger (2001), Zur Verteilung politischer Entscheidungskompetenz – einige vorläufige Beobachtungen aus Mittel – und Osteuropa, in: Nutzinger, H. G. (Hrsg.): *Verteilungsprobleme im Transformationsprozeb*. Duncker & Humblot, 9 – 42.

Voigt, S. und E. Salzberger (2002), Choosing Not to Choose – When Politicians Choose to Delegate Powers. *Kyklos*, 55 (2): 247 – 68.

Walker, M. (1988); *Freedom, Democracy, and Economic Welfare*. Vancouver: Fraser Institute.

Wallis, J. und D. North (1986), Measuring the Transaction Sector in the American Economy, 1870 – 1970, in: Engermann, S. L. und R. E. Gallman (Hrsg.): *Long – Term Factors in American Economic Growth*. Chicago/London, 95 – 148.

Weber, M. (1904/1988), Die, Objektivität' sozialwissenschaftlicher und sozialpolitischer Erkenntnis, in: Ders. (1922/1988), *Gesammelte Aufsätze zur Wissenschaftslehre*. Tübingen: Mohr Siebeck.

Weber, M. (1920/1988), *Gesammelte Aufsätze zur Religionssoziologie*. Tübingen: Mohr Siebeck.

Weber, M. (1922/1985), *Wirtschaft und Gesellschaft*. 5th rev. ed. by J. Winckelmann; Tübingen: Mohr Siebeck.

Weimann, J. (1994), "Individual Behaviour in a Free Riding Experiment". *Journal of Public Economics*, 54: 185 – 200.

Weingast, B. (1993), Constitutions as Governance Structures: The Political Foundations of Secure Markets. *Journal of Institutional and Theoretical Economics*, 149 (1): 286 – 311.

Weingast, B. (1995), The Economic Role of Political Institutions: Market – Preserving Federalism and Economic Development. *Journal of Law, Economics & Organization*, 11 (1): 1 – 31.

Wicksell, K. (1896), *Finanztheoretische Untersuchungen*. Jena: Fischer.

Williamson, J. (Hrsg.) (1994), *The Political Economy of Policy Reform*, Washington, D. C. : Institute for International Economics.

Williamson, O. (1975), *Markets and Hierarchies – Analysis and Antitrust Implications*. New York: The Free Press.

Williamson, O. (1985), *The Economic Institutions of Capitalism*. New York: Free Press [auf Deutsch *Die ökonomischen Institutionen des Kapitalismus*. Tübingen 1990].

Williamson, O. (1996), The Politics and Economics of Redistribution and Efficiency, in: *The Mechanisms of Governance*, Oxford: Oxford University Press.

Wintrobe, R. (1998), *The Political Economy of Dictatorship*, Cambridge, Mass. : Cambridge University Press.

Wöhe, G. (2008), *Einführung in die Allgemeine Betriebswirtschaftslehre*. München: Vahlen, 23. Auflage.

人名索引

Aaken, Anne Van 251　安讷·范·阿肯
Acemoglu, K. Daron 180, 181　K. 达隆·阿西莫格鲁
Akerlof, George A. 94, 97　乔治·阿克洛夫
Albert, Hans 211　汉斯·阿尔伯特
Alchian, Armen A. 81, 82, 83, 84, 190, 247　阿门·A. 阿尔钦
Alesina, Alberto F. 124, 183　阿尔佩托·F. 阿莱斯
Alston, Lee J. 206　李·J. 阿尔斯顿
Amann, Erwin 206　欧文·阿曼
Aoki, Masahiko 26　青木昌彦
Aristoteles 195　亚里士多德
Arrow, Kenneth J. 14, 105, 236　肯尼思·J. 阿罗
Arthur, W. Brian 176　W. 布莱恩·亚瑟
Axelrod, Robert 77, 113, 114, 189, 198　罗伯特·阿克塞尔罗德
Barro, Robert J. 107, 124　罗伯特·J. 巴罗
Barzel, Yoram 84, 167　约拉姆·巴泽尔
Baumol, William J. 247　威廉·J. 鲍莫尔
Beck, Ulrich 257　乌尔利希·贝克
Becker, Gary S. 20, 103, 124　加里·S. 贝克尔
Benham, Alexandra 72　亚历山德拉·本汉姆
Benham, Lee 72　李·本汉姆
Bernholz, Peter 119　彼得·伯恩霍尔茨
Bhagwati, Jagdish N. 251　杰格迪什·N. 巴格瓦蒂
Binmore, Kenneth G. 199　肯尼思·G. 宾默尔
Bismarck, Otto E. L. von 24　奥托·E. L. 范·俾斯麦
Block, Walter 126　瓦尔特·布洛克

Blume, Lorenz 108　洛伦茨·布鲁姆

Bollard, Alan 243, 246, 247, 249, 250　艾伦·博拉德

Boyd, Robert 191, 192　罗伯特·博伊德

Brennan, Geoffrey 119　杰弗里·布伦南

Brewer, Marilynn B. 117　玛里琳·布鲁尔

Breyer, Friedrich 119　弗里德里希·布雷耶

Brunetti, Aymo 124, 144　艾莫·布鲁内蒂

Frey, Bruno S. 116, 117, 170, 233, 235, 251　布鲁诺·S. 弗雷

Buchanan, James M. 103, 164, 215, 216, 217, 218, 222, 223, 226, 240, 247　詹姆斯·M. 布坎南

Calderón, César A. 145　赛瑟尔·A. 卡尔德隆

Camerer, Colin F. 77　科林·F. 凯莫勒

Cameron, Lisa A. 62　丽莎·A. 卡梅伦

Carlsson, Fredrik 142　弗雷德里克·卡尔森

Chong, Alberto E. 145　阿尔佩托·E. 庄

Clague, Christopher K. 124, 142, 143　克里斯多佛·K. 克莱格

Clausing, Thorsten 206　托斯滕·克劳辛

Coase, Ronald H. 14, 23, 24, 41, 55, 57, 60, 61, 68, 78, 87, 97, 247　罗纳德·H. 科斯

Coleman, James S. 187, 188, 189　詹姆斯·S. 科尔曼

Colman, Andrew M. 191　安德鲁·M. 科尔曼

Commons, John R. 45　约翰·R. 康芒斯

Congleton, Roger D. 103　罗杰·D. 康格尔顿

Dahrendorf, Ralf G. 206　拉尔夫·R. 达伦道夫

Darwin, Charles R. 192　查尔斯·R. 达尔文

David, Paul A. 177　保罗·A. 大卫

Davis, Douglas D. 112　道格拉斯·D. 戴维斯

Dawkins, C. Richard 191　C. 理查德·道金斯

De Alessi, Louis 76　路易斯·德·阿莱西

Demsetz, Harold 81, 82, 83, 84, 157, 158, 213, 219, 247　哈罗德·德姆塞茨

Denzau, Arthur T. 256　亚瑟·T. 登曹

Dixit, Avinash K. 49, 183, 251　阿维纳什·K. 迪克西特
Douglas, Roger O. 243, 248　罗杰·O. 道格拉斯
Dreher, Axel 109　阿克瑟尔·德雷尔
Easton, Stephen T. 126　斯蒂芬·T. 伊斯顿
Ebeling, Michael W. 108　米歇尔·W. 埃贝林
Edwards, Sebastian 229　塞巴斯蒂安·爱德华兹
Eggertsson, Thráinn 93, 157, 240, 241　思瑞安·艾格特森
Eichenberger, Reiner 170　雷纳尔·艾辛贝格
Ellickson, Robert C. 68, 70　罗伯特·C. 埃里克森
Elster, Jon 112, 173, 184　乔恩·厄尔斯特
Engerer, Hella 259　赫拉·恩格勒
Ensminger, Jean E. 62　让·E. 恩斯明格
Enste, Dominik H. 77　多米尼克·H. 恩斯特
Erhard, Ludwig W. 248　路特维希·W. 艾哈德
Erlei, Mathias 48　马蒂亚斯·埃尔莱
Evans, Lewis T. 229, 244, 247　路易斯·T. 埃文斯
Ewers, Hans-Jürgen 77　汉斯-约根·艾维斯
Fank, Matthias 97　马蒂亚斯·范克
Feld, Lars P. 150　拉斯·P. 菲尔德
Ferguson, Adam 28　亚当·弗格森
Frank, Robert H. 63, 190　罗伯特·H. 弗兰克
Friedman, Milton 124, 190, 241　米尔顿·弗里德曼
Fritsch, Michael 77　米歇尔·弗里奇
Fudenberg, Drew 110　德鲁·富登伯格
Führich, Ernst R. 93　恩斯特·R. 弗里希
Furubotn, Eirik G. 44, 48, 76　埃里克·G. 费吕博腾
Gabisch, Günter 49　君特·加比施
Galanter, Marc 66, 67　马克·加兰特
Glaeser, Edward L. 145, 152　爱德华·L. 格莱塞
Gordon, David B. 107　大卫·B. 戈登
Grimes, Arthur 229, 244　亚瑟·格莱姆斯
Grünewald, Reinhard 203　莱因哈德·格吕内瓦尔德

Grüske, Karl D. 203　卡尔·D. 格律斯克

Güth, Werner 44, 61　凡尔纳·居特

Gustafsson, Bo 49　博·古斯塔夫松

Gwartney, James D. 126, 137, 227　詹姆斯·D. 格沃特尼

Haan, Jakob de 152　雅各布·德·哈恩

Hamilton, Alexander 220　亚历山大·哈密尔顿

Hamlin, Alan P. 119　艾兰·P. 哈姆林

Hardin, Russell 227　拉塞尔·哈丁

Hargreaves Heap, Shaun P. 49　肖恩·P. 哈格里夫·希普

Hayek, Friedrich A. von 14, 27, 189, 195, 216, 219, 220, 221, 222, 255　弗里德里希·A. 冯·哈耶克

Heinen, Edmund 97　埃德蒙·海能

Heiner, Ronald A. 23, 47　罗纳德·A. 海内尔

Henisz, Witold J. 124, 143, 144　维托尔德·J. 赫尼什

Henrich, Joseph 62, 77　约瑟夫·亨里希

Hirschman, Albert O. 169, 170　阿尔伯特·O. 赫希曼

Hitler, Adolf 149　阿道夫·希特勒

Hobbes, Thomas 159, 160　托马斯·霍布斯

Hodgson, Geoffrey M. 45　杰弗里·M. 霍奇森

Holcombe, Randall G. 137, 227　兰德尔·G. 霍尔库姆

Holt, Charles A. 112　查尔斯·A. 霍尔特

Hoppmann, Erich 196　埃里希·霍普曼

Hume, David 116, 189, 195, 212　大卫·休谟

Jensen, Michael C. 84　迈克尔·C. 詹森

Jolls, Christine M. 46　克里斯廷·M. 乔尔斯

Justesen, Mogens K. 142　摩根斯·K. 尤斯特森

Kahneman, Daniel 63　丹尼尔·卡内曼

Kant, Immanuel 168, 220　伊曼纽尔·康德

Kardinal de Retz 28　卡迪纳尔·德·雷茨

Keefer, Philip 142, 144, 227　菲利普·基弗

Kersting, Wolfgang 220　沃尔夫冈·克斯汀

Keynes, John M. 222, 241　约翰·M. 凯恩斯

Kiewit, D. Roderick 181　罗德里克·D. 吉维特
Kinder, Donald R. 181　唐纳德·R. 金德
Kirchgässner, Gebhard 48, 235, 251　盖普哈德·科尔西盖斯讷
Kirsch, Guy 119　盖伊·科尔施
Kirstein, Roland 183　罗兰·柯尔斯坦
Kisunko, Gregory 144　格雷戈里·基松柯
Kiwit, Daniel 80, 176, 183, 260　丹尼尔·基维特
Klein, Peter G. 97　彼得·克莱恩
Kleinewefers, Henner 223　海讷·克莱讷威佛斯
Kliemt, Hartmut 201　哈特穆特·克里姆特
Knack, Stephen 142, 144　斯蒂芬·科纳克
Knetsch, Jack L. 63　杰克·L. 科内奇
Knight, Frank H. 23　弗朗克·H. 奈特
Knight, Jack 179, 206　杰克·奈特
Knorr, Andreas 249, 250　安德里亚斯·科诺尔
Knudsen, Christian 49　克里斯蒂安·努森
Korobkin, Russell B. 46　拉塞尔·B. 科罗布金
Kramer, Roderick M. 117　罗德里克·M. 克莱默
Kreps, David M. 23, 48, 95, 112　大卫·M. 克雷普斯
Krueger, Anne O. 102　安妮·O. 克鲁格
Kuilen, Gijs Van de 77　吉斯·范·德·库伦
Kydland, Finn E. 107　芬·E. 凯德兰德
La Porta, Rafael 148, 151　拉斐尔·拉·珀尔塔
Laffer, Arthur B. 165　亚瑟·B. 拉弗
Lange, David R. 243　大卫·R. 兰格
Lawson, Robert 126　罗伯特·劳森
Ledyard, John O. 112　约翰·O. 莱迪亚德
Leipold. Helmut 46, 183　赫尔穆特·莱波尔德
Leschke, Martin 48　马丁·莱施克
Levy, Brian 69, 108, 109, 227　布莱恩·勒维
Lewis, David K. 189, 195　大卫·K. 刘易斯
Liebowitz, Stanley J. 183　史丹利·J. 利博维茨

Limongi, Fernando P. 125, 138 费尔南多·P. 利蒙吉
Lindenberg, Siegwart M. 201 西格瓦尔特·M. 林登贝格
Lipset, Seymour M. 152 西摩·M. 李普塞特
Littlechild, Stephen 188 斯蒂芬·利特柴尔德
Lopez-de-Silanes, Florencio 148, 151 弗洛伦西奥·洛佩斯—德—席兰思
Lundström, Susanna 142 苏珊娜·伦德斯特隆
Macher, Jeffrey T. 97 杰弗里·T. 马赫尔
Macneil of Barra, Ian R. 91 伊安·R. 麦克尼尔
Mäki, Uskali 49 乌斯卡里·麦基
Majeski, Stephen J. 195 斯蒂芬·J. 迈耶斯基
Margolis, Stephen E. 183 斯蒂芬·E. 马戈里斯
Marx, Karl H. 125, 159, 160 卡尔·H. 马克斯
Maskin, Eric S. 110 埃里克·S. 马斯金
Massell, Gregory J. 77 格利高里·J. 马瑟尔
Matthews, R. C. O. 255 R. C. O. 马修斯
McArthur, John W. 151 约翰·W. 麦克阿瑟
McGuire, Martin C. 165 马丁·C. 麦圭尔
Meckling, William H. 84 威廉姆·H. 梅克林
Miegel, Meinhard 77, 203, 204 迈因哈德·米格
Milgrom Paul R. 97, 112 保罗·R. 米尔格罗姆
Mitchell, Wesley C. 45 韦斯利·C. 米切尔
Moe, Terry M. 119 泰利·M. 莫
Montesquieu, Baron de 107, 168 查理·路易·孟德斯鸠
Moselle, Boaz 166, 167, 183 伯兹·摩塞尔
Mueller, Dennis C. 101, 104, 119, 169, 201 丹尼斯·C. 米勒
Muldoon, Robert D. 243, 250 罗伯特·D. 莫尔东
Mummert, Uwe 260 乌韦·姆梅尔特
Myrdal, K. Gunnar 212 冈纳·K. 缪尔达尔
Nalebuff, Barry 49 巴里·内尔伯夫
Niskanen, William A. 183 威廉·A. 尼斯卡南
North, Douglas C. 13, 14, 15, 24, 26, 30, 44, 48, 72, 73, 75,

79，124，159，160，161，162，163，164，176，178，183，228，256
道格拉斯·C. 诺思

O'Flaherty, Brendan 251　布伦丹·奥弗拉赫蒂

Ochel, Wolfgang 152　沃尔夫冈·奥赫尔

Olson, Mancur L. 14，103，142，165，170，171，183　曼瑟·L. 奥尔森

Oosterbeek, Hessel 77　赫塞尔·奥斯特贝克

Ordeshook, Peter C. 227　彼得·C. 奥德舒克

Ostrom, Elinor 26，27，112，115，119，226，228　埃莉诺·奥斯特罗姆

Otterpohl, Lars 206　拉尔斯·奥特普尔

Paredes, Ricardo D. 69　里卡多·D. 帕雷德斯

Park, Sang-Min 152　朴尚民

Park, Walter G. 126　沃尔特·G. 帕克

Pejovich, Svetozar 76　斯韦托扎尔·佩乔维奇

Pfaff, Dieter 97　迪特尔·法夫

Pfaffmann, Eric 97　埃里克·法夫曼

Picot, Arnold 97　阿诺德·皮卡特

Pigou, Arthur C. 56　亚瑟·C. 庇古

Pistor, Katharina 151　凯瑟琳娜·皮斯特

Plott, Charles R. 42　查尔斯·R. 普劳特

Polak, Benjamin 166，167，183　本杰明·波拉克

Polanyi, Michael 177　迈克尔·波兰尼

Popper, Karl R. 42，43　卡尔·R. 波普尔

Prescott, Edward C. 107　爱德华·C. 普雷斯科特

Przeworski, Adam 125，138　亚当·普泽沃斯基

Putnam, Robert D. 70，71，148　罗伯特·D. 普特南

Radnitzky, Gerard A. K. N. M. H. 223　杰拉德·A. 雷德尼兹基

Rawls, John 218　约翰·罗尔斯

Razzolini, Laura 119　劳拉·拉索里尼

Reagan, Ronald W. 165，248　罗纳德·W. 里根

Ricardo, David 125　大卫·李嘉图

Richardson, Ruth 248　鲁斯·理查德森
Richerson, Peter J. 191, 192　彼得·J. 理查森
Richman, Barak D. 97　巴拉克·D. 里奇曼
Richter, Rudolf 44, 48　鲁道夫·里希特
Roberts, John 97, 112　约翰·罗伯茨
Robinson, James A. 181　詹姆斯·A. 罗宾森
Rodrik, Dani 151　达尼·罗德里克
Röhn, Oliver 152　奥利弗·罗恩
Rousseau, Jean-Jacques 200　让—雅克·卢梭
Rutherford, Malcolm 45　马尔科姆·卢瑟福
Sachs, Jeffrey D. 151　杰弗里·D. 萨克斯
Salzberger, Eli M. 108, 260　埃利·M. 萨尔茨贝格
Sauerland, Dirk 48　德克·邵尔兰德
Schapiro, Morton O. 206　莫顿·O. 夏皮罗
Schelling, Thomas C. 106　托马斯·C. 谢林
Schiavo-Campo, Salvatore 230　萨尔瓦托·斯基亚沃—坎波
Schiller, J. C. Friedrich von 210　J. C. 弗里德里希·冯·希勒
Schlicht, Ekkehart 48　埃克哈特·施利希特
Schmittberger, Rolf 61　罗夫尔·史密特贝格
Schneider, Friedrich G. 77　弗里德里希·施耐德
Schoeck, Helmut 152　赫尔穆特·舒克
Schotter, Andrew 26　安德鲁·肖特
Schüller, Alfred 77　阿尔弗雷德·席勒
Schumpeter, Joseph A. 248　约瑟夫·A. 熊彼特
Schwarze, Bernd 61　贝恩德·施瓦茨
Schweizer, Urs 97　乌尔斯·施威策尔
Seiffert, Helmut 223　赫尔穆特·塞弗特
Shelanski, Howard A. 97　霍华德·A. 施兰斯基
Shepsle, Kenneth A. 105　肯尼斯·A. 谢普瑟
Shirley, Mary M. 227　玛丽·M. 雪莱
Shleifer, Andrei 148, 151　安德烈·施莱弗
Shugart, William F. 119　威廉·F. 舒加特

Siegenthaler, Hansjörg 251, 257　汉斯约格·西格塔勒

Simon, Herbert A. 14, 23, 175　赫伯特·西蒙

Sinn, Hans–Werner 169　汉斯–维尔纳·辛恩

Skipton, Charles D. 126　查尔斯·D. 斯基普顿

Sloof, Randolph 77　兰道夫·斯鲁夫

Smith, Adam 258　亚当·斯密

Smith, Anthony D. 257　安东尼·史密斯

Smith, Vernon L. 42　弗农·L. 史密斯

Soto, Hernando de 74　赫尔南多·德·索托

Spiller, Pablo T. 108, 109, 227　巴勃罗·T. 斯皮勒

Spolaore, Enrico 183　恩里克·斯伯劳雷

Steven, Marion 206　马里恩·史蒂文

Stigler, George J. 214, 251　乔治·J. 斯蒂格勒

Stiglitz, Joseph E. 259　约瑟夫·E. 斯蒂格利茨

Stone, Andrew 69, 70　安德鲁·斯通

Streit, Manfred E. 168, 212, 213, 220, 223, 260　史漫飞

Sturm, Jan–Egbert 152　杨–埃格伯特·斯图尔姆

Sugden, Robert 195, 231, 233　罗伯特·萨格登

Sumner, William Graham 195　威廉·格雷厄姆·萨姆纳

Sunde, Uwe 152　乌韦·森德

Sunstein, Cass R. 46　卡斯·R. 桑斯坦

Sutter, Daniel 167　丹尼尔·萨特

Tarski, Alfred 210　阿尔弗雷德·塔尔斯基

Teece, David J. 229, 244, 266　大卫·J. 提斯

Thaler, Richard H. 46, 63, 77　理查德·H. 泰勒

Thatcher, Margaret H. 248　玛格丽特·H. 撒切尔

Tiebout, Charles M. 168　查尔斯·M. 蒂伯特

Tocqueville, Alexis H. M. C. de 147　亚克力西斯·H. M. C. 德·托克维尔

Tullock, Gordon 164, 183, 247　戈登·塔洛克

Twight, Charlotte 180　夏洛特·泰特

Ulen, Thomas S. 46　托马斯·S. 尤伦

Ullman – Margalit, Edna 184, 198　艾德娜·乌尔曼—马格利特

Usher, Dan 166　丹·厄谢尔

Vanberg, Viktor J. 46, 48, 97, 169　维克多·J. 凡伯格

Veblen, Thorstein B. 45　托尔斯坦·B. 凡勃伦

Vilks, Arnis 206　阿尼斯·威尔克斯

Vishny, Robert W. 148, 151　罗伯特·W. 维什尼

Voigt, Stefan 15, 46, 77, 80, 108, 109, 118, 150, 152, 164, 176, 181, 183, 206, 223, 227, 259, 260　斯蒂芬·沃依格特

Walker, Michael A. 126　迈克尔·A. 沃克

Wallis, John J. 72, 73　约翰·J. 瓦利斯

Weber, Max C. E. 186, 189, 195, 210　马克斯·C. 韦伯

Weder, Beatrice Weder di　144　碧翠丝·威德尔·迪·威德尔

Weimann, Joachim 233　约阿希姆·韦曼

Wein, Thomas 77　托马斯·维恩

Weingast, Barry R. 15, 106　巴里·R. 温格斯特

Wicksell, J. G. Knut 215, 216　克努特·J. G. 维克塞尔

Wilkinson, Brice 229, 244　布莱斯·威尔金斯

Williamson, John 249　约翰·威廉姆森

Williamson, Oliver E. 31, 45, 87, 88, 90, 91, 219, 221, 222, 247　奥利弗·E. 威廉姆森

Wilson, Robert B. 112　罗伯特·B. 威尔森

Wiseman, Jack 188　杰克·怀斯曼

Wöhe, Günter 93　京特·沃赫

Woodward, Susan L. 84　苏姗·L. 伍德沃德

Zweifel, Peter 97　彼得·茨维费尔

术语索引

Abstimmungszyklus 104f　协调周期

adaptiver Egoismus 201　适应性利己主义

Agenturkosten 85　代理成本

Agrippas Trilemma 211　阿古利巴三难困境

Allmendegut 117　共有财产

Allmende – Problem 158　公地问题

Allokation 60f, 212ff, 230, 237　配置

Allokationsansatz 213　配置方式

als ob – Erklärung 107　似然解释

Anmaßung von Wissen 219　知识的僭妄

Anreiz 25ff, 34, 40, 47, 53, 72, 80ff, 82, 88, 93f, 100ff, 103, 105ff, 158, 165ff, 181, 201, 213, 232ff, 236　激励

Anreiz – und Überwachungs problem 247　激励及监督问题

asset specificity 88　资产专用性

Ausbeutungstheorie 159f　剥削理论

Außenhandel 130　对外贸易

Auszahlungsfunktion 37, 41　支付函数

Autokratie 122, 138, 156　专制

Bertelsmann Transformation Index（BTI）123　贝塔斯曼转型中国家指数

beschränkte Rationalität Rationalität　有限理性　理性

Besteuerung 127, 165　征税

Bestimmtheitsmaß 142　确定性尺度

Bestrafungsdilemma 167　惩罚的两难境地

Black Box 81　黑匣子

Bürokratie 69, 84, 101, 144, 213, 247　官僚机制

Business Environment Risk Intelligence（BERI）122　商业环境风险评估公司

Coase – Theorem 56ff, 179　科斯定理

Commitment – Ansatz 190　承诺分析方法

Corruption Perceptions Index（CPI）122　腐败感知指数

Crowding out 116f, 233, 247　挤出

Datenerhebung 123f, 255　数据调查

de facto Institutionen 70, 150, 227　事实制度

de jure Institutionen 70, 150, 227　法定制度

Demokratie 101, 122, 125, 138, 149, 164, 181　民主

– Demokratie und Marktwirtschaft 131, 137　民主与市场经济

– Demokratie und Wachstum 125f　民主与经济增长

– Demokratisierungsprozesse 156, 254　民主化进程

deskriptive Entscheidungstheorie 117　描述性决策理论

Dilemma des Determinismus 239ff　决定论之两难境地

Dilemma des starken Staates 105ff, 167, 190, 227, 258　强大国家的两难境地

Doing Business 123　从事商业

Economic Freedom Index　经济自由指数

Eigentumsrechte 13, 55ff, 60f, 73, 106, 121, 125ff, 137ff, 142, 146, 157, 179, 209　财产权

– Eigentumsrechtsansatz 54　产权分析法

– Eigentumsrechtstheorie 45　产权理论

– Eigentumsrechte und Anreize 53　产权与激励

– Entstehung von Eigentumsrechten 157ff, 161f, 164　产权的产生

– Sicherheit der Eigentumsrechte 126f　产权的安全性

Einkammersystem 249　一院制

Erkenntnisobjekt 22　认识客体

Erwartungssicherheit 177, 220　预期确定性

ethische Regeln 28, 31, 33, 113f, 185, 233　伦理规则

ethische Selbstbindung 185　自我道德约束

exit（Abwanderung）169f, 172, 234　退出

Experiment 62, 77, 108　实验

Explanandum 155　被解释变量

Explanans 155　解释变量

Exportregulierung 130　出口管制

ex post – Opportunismus 93, 232　事后机会主义

extensiver Wohlfahrtsstaat 204　广括型福利国家

Externalitäten 56f, 157f, 187f, 194　外部性

externe Effekte; siehe Externalitäten　外部效应，见外部性

Fairnessvorstellungen 62f, 113, 140, 181　公平观念

faktischer Konsens 217　事实同意

Firma 25, 53, 69, 78ff, 83f, 86, 88, 92, 95, 123, 233f　公司

Fixkosten 161, 177f　固定成本

Folk Theorem 110, 193, 198　无名氏定理

Fraser – Institute 122, 124　弗雷泽研究所

Freedom House 122　自由宫

funktionalistischer Trugschluss 25, 173　功能主义谬论

Gebote 15, 28, 55　准许

Gefangenendilemma 38ff, 77, 82, 99, 109, 111ff, 193, 199, 233f, 240　囚徒困境

Geldpolitik 107, 126f, 244　货币政策

Gerechtigkeit 32, 113, 160, 186, 211　公正，正义

Gerechtigkeitsvorstellungen 62f, 95, 114, 140, 174, 181f　公正观

Gewaltenteilung 107, 109, 118, 143　权力的划分

Gleichgewicht 37ff, 71, 77, 100, 105, 109ff, 113f, 193, 199f, 232, 240f　均衡

Global Competitiveness Report 122, 131　全球竞争力报告

Globalisierung 169, 255, 258f　全球化

governance 78ff, 89ff, 96, 179　治理

Heritage Foundation 122, 124　美国传统基金会

hidden action 86　隐蔽行动

hidden characteristics 85f　隐蔽特征

hidden information 86　隐藏信息

Hirschjagd – Spiel 198ff 猎鹿博弈

homo oeconomicus 19ff，33，42，186，189，193，197 经济人

homo sociologicus 187 社会人

Honeymoon – Hypothese 250 蜜月假说

Humankapital 14，88，93f，120，150 人力资本

hybride Vertragsformen 87 混合合同形式

hypothetischer Konsens 214f，217f 假说性同意

Ideologiekritik 212 意识形态批评

imperative Selbstbindung 28f，31f，113，185 命令式自我约束

implizites Wissen（tacit knowledge）177 隐含知识

Importregulierung 130 进口管制

Importsubstitutionspolitik 243，246 进口替代政策

Index of Economic Freedom 122，124ff，127，137f 经济自由指数

individuelle Einstellung 146ff，152，163，203 个人观点

infiniter Regress 189，211 无穷回归

Inflationsrate 104，127，129，140，241 通货膨胀率

Informationsfreiheitsgesetz 226 信息自由法

Informationsmenge 37 信息量

Informationsökonomik 237f 信息经济学

informeller Sektor 73ff 非正规部门

Innovation 42，169，191f 创新

Institutionen 19ff，25f，30，32ff，38，40f，45，73f，79，87，92ff，100ff，145f，219f，226，253f，257 制度

    – Entstehung von Institutionen 34，184 制度的产生

    – externe Institutionen 31，54f，91，121ff，155ff 外部制度

    – Funktion von Institutionen 25ff，226 制度的功能

    – interne Institutionen 31f，42，61ff，94ff，109ff，146ff，184ff，230ff 内部制度

    – Verhältnis zwischen externen und internen Institutionen 32f，63ff，68ff，115ff，149f，202ff 外部制度与内部制度间的关系

    – Wandel von Institutionen 67，155ff，163，167ff，184ff 制度变迁

    – Wettbewerb der Institutionen 80，168 制度竞争

instrumentalistischer Trugschluss 212　工具主义谬误

interdependente Nutzenfunktion 196f，200　相互依存的效用函数

International Country Risk Guide（ICGR）122，131，144　世界各国风险指南

Judicial Committee of the Privy Council（JCPC）108f　枢密院司法委员会

Kapitalgutcharakter 226　资本品特征

Kognition 255，257　认知

Kognitionswissenschaft 202　认知科学

Kollektivgut 35，99f，109，111f，115ff，139，150，161，165，171f，187f，218，231　集体产品，集体品

　– Kollektivgutproblem 30，189　集体产品问题，集体品问题

　– Kollektivgüterbündel 102，116，168ff，172　集体产品组合

Kommunikation 112，194，232，255f　沟通

Komparative Institutionenanalyse（KIA）36，41f，216，247　比较制度分析

Konflikt 36，65ff，184，198，200，203，232，239，256　冲突

Konsenstest 217f　同意检验

konstitutionelle Ebene 100f　立宪层面

Konstitutionenökonomik 46，100，164，174，215　宪则经济学

　– positive Konstitutionenökonomik 164　实证宪则经济学

Konsumpionier 147　消费先锋

Konvention 31，38，95，113f，185　公约

Koordinationsansatz 214　协调方法

Koordinationsspiel 28，36ff，184，198　协调博弈

Korruption 103，122，131，144，149　腐败

Kritischer Rationalismus 43f　批判理性主义

Laborevidenz 63　实验室证据

Laborexperiment 36，42f，75，111ff　实验室实验

Laffer – Kurve 165f　拉弗曲线

Lebenserwartung 136，140　预期寿命

Letztbegründungsproblem 211，215　最终依据问题

Lex Mundi 123　莱克斯·盟带律师事务所网络

lineares Kollektivgutexperiment 111　线性集体品实验
Mandats – Hypothese 250　授权假说
Marktversagen 213，230，246f　市场失灵
Meta – Normen 189　元规范
Methode der kleinsten Quadrate 141　最小二乘法
methodologischer Individualismus 21f，26，79f，215　方法论的个体主义
Mixed Motive – Spiel 36，38　混合动机博弈
Mobilität 130，147，169　流动性
moral hazard（moralisches Risiko）85f，230　道德风险
Moral suasion 231　道义劝告
Münchhausen – Trilemma 211　明希豪森三难境地
Nash – Gleichgewicht 37，109，199，240　纳什均衡
naturalistischer Trugschluss 212　自然主义谬误
natürliche Auslese 192　自然选择
Netzwerkeffekt 176　网络效应
nicht – tarifäre Handelshemmnisse 130，243　非关税壁垒
Nichtausschließbarkeit（öffentliche Güter）99　非排他性（公共品）
Nichtrivalität（öffentliche Güter）99　非竞争性（公共品）
Nichtwissen（konstitutionelles）219　无知（构成性无知）
Nirvana – Ansatz 213　涅槃分析法
Normative Theorie 34f，46f，164，209ff，252　规范理论
normative Institutionenökonomik 211　规范的制度经济学
normativer Individualismus 215　规范的个体主义
Normen 15，21，26f，32，42，53，61f，94ff，113ff，184ff，202ff，215　规范
　– Kooperationsnormen 61，114，198，200　合作规范
　– Verhaltensnormen 32，185，200，215　行为规范
normkonformes Verhalten 186，194，201ff　与规范一致的行为
Nullsummenspiel 36，239　零和博弈
Nutzenmaximierung 23，215　效用最大化
Objektive Datenerhebung→ Datenerhebung　客观数据调查→数据调查
Öffentliche Güter 99，114，171，231，233ff　公共品

Ökonometrie 136, 140ff 计量经济学

Ökonometrischer Test 43f 计量经济学检验

Ökonomische Analyse des Rechts 20, 46f, 55, 70 法律的经济分析

Ökonomische Freiheitsrechte 13, 124ff, 130, 134, 136ff, 156 经济自由权利

Ökonomische Theorie der Politik 19f, 24, 46f, 101, 164, 237ff 政治的经济理论

Ökonomische Verhaltensmodel 19f, 22, 33, 42, 47f, 75, 186, 193, 248 经济的行为模式

Ökonomischer Ansatz 14, 20, 22, 35, 156, 164, 173, 201f, 252 经济学分析方法

Opportunismus 71, 88ff, 93, 232 机会主义

optimale Allokation→Allokation 优化配置→配置

Ordinary Least Squares→Methode der kleinsten Quadrate 普通最小二乘法→最小二乘法分析法

Ordnungsökonomik 19, 45ff 秩序经济学

Organisation 45, 67, 71, 79ff, 90, 100, 106ff, 115, 122f, 148f, 159, 171, 177, 184, 215, 227, 246, 248f, 258f 组织

Organisationskosten 78, 94 组织成本

parametrische Unsicherheit→Unsicherheit 参数不确定性→不确定性

Pareto Kriterium 55, 46, 216 帕累托标准

Parlament 15, 102, 104, 167, 173, 243, 249f 议会

payoff function 37 支付函数

Pfadabhängigkeit 71, 174, 176ff, 198, 229f, 255f 路径依赖性

Pigou Steuer 56 庇古税

Political Risk Services Group (PRS Group) 122 政治风险服务公司

politischer Konjunkturzyklus 103f, 167 政治景气周期

Politische Transaktionskosten 24, 174, 179, 238 政治交易成本

politischer Unternehmer 181, 248 政治企业家

Polity IV 122 政体 IV

post konstitutionelle Ebene 100f 后立宪阶段

Postulat der wissenschaftlichen Wertfreiheit 210 科学的价值无涉假设

potenzieller Wettbewerb 247　潜在竞争

Präferenz 20f, 33, 47, 74, 106, 127, 143, 168, 170, 172, 181, 192, 195, 217, 232, 236f　偏好

— Gegenwarts präferenz 77, 104, 114, 235　现时偏好

Preisstabilität 126f, 129　物价稳定

Prinzipal Agent Theorie 84ff, 92, 98, 116, 161, 247, 235　委托代理理论

Privatautonomie 209　私人自治

Private Eigentumsrechte→Eigentumsrechte　私有产权→产权

Privateigentum 54, 204, 209　私有财产

Problem kollektiven Handelns 29, 60, 98, 109ff, 158, 163, 170f, 174ff, 178, 180f　集体行为的困境

Property Rights→Verfügungsrechte　产权→支配权

Prozessrecht 54, 127　程序法

Quasi-Rente 88　准租

race to the bottom 168　竞次

rational choice 201　理性选择理论

rational choice Soziologie 187　理性选择社会学

rationaler Egoismus 201　理性自私

Rationalität 22f, 62, 75, 88, 189f, 192, 221, 247　理性

— beschränkte Rationalität 22ff, 47, 88ff, 92, 174f, 219ff, 238, 242　有限理性

— vollständige Rationalität 23f, 41, 89　完备理性

Rechte (politische) 122　权利（政治）

Rechtsform 93　法律形式

Rechtsstaat 103, 137, 144, 149, 156, 254　法治国家

Rechtsstruktur 126f, 142, 162　法律结构

Regel 15, 21ff, 26ff, 36f, 43, 46f, 61, 64f, 74, 79, 95, 101, 103, 105, 108, 113ff, 143, 164, 167, 170, 174, 181, 183, 185, 194, 194, 215ff, 220f, 227f, 231, 233ff, 256ff　规则

— Eigenschaften von Regeln 27f　规则的特征

— Entscheidungsregel 104f　决策规则

– Regelkomponente 26，32，145　规则的组成成分

– Regelmäßigkeit 26，29，42，91f，194ff，201，256　有规则性

– Regelsystem 164，181，215，218　规则体系

– Regelverstoß 27，108，115　违反规则

– Verfassungsregeln 46，118，137，216　宪法规则

Regulierung des Arbeitsmarktes 131　劳动力市场的管制

Regulierung des Kreditmarktes 131　信贷市场的管制

relative Macht 174，180f　相对权力

Rent Seeking 102f　寻租

Reputation 30，60，108，193f，234ff　声誉

– Reputationsentzug 114，234　声誉摧毁

Residualeinkommen 83　剩余收益

Rigidität 94f　刚性

Risiko 23，115，144，147，198，213　风险

Sanktion 15，21，27，29ff，43，55，61，64，65，95，103，105，113ff，157，172，185，188f，196f，233ff，247　制裁

– Sanktionsdrohung 27f，201，258　制裁威胁

– Sanktionskomponente 26，101，147，201f　制裁的构成要素

Schattenwirtschaft 74　影子经济

Schleier des Nichtwissens 218　无知之幕

schöpferische Zerstörung 248　创造性毁灭

Schwarzmarkt 130　黑市

Sekundärtugenden 113f，147　次级道德

Selbstbindungsfähigkeit 106　自我约束能力

Selbstbindungsmechanismus 106　自我约束机制

selektive Bewährung 169　选择性保留

Solidaritätsnormen 113，204　团结规范

soziales Dilemma 231，234f　社会困境

soziale Marktwirtschaft 248　社会市场经济

soziale Wohlfahrtsfunktion 212f，235f　社会福利函数

spezifische Investition（asset specificity）88ff，178f　专用的投资（资产专用性）

Spieltheorie 28, 36, 41ff, 82, 109ff, 113, 164, 174, 184, 189f, 192f, 197ff, 232, 235, 239f　博弈论

　-Spiel 26, 36f, 61, 79, 82, 84, 99, 109ff, 112ff, 192, 197, 240 博弈

　-Spieler 36f, 62, 82, 105, 110f, 112, 143f, 192, 200, 235　博弈者

　→ Hirschjagd Spiel　猎鹿博弈

　→ Koordinationsspiel　协调博弈

　→ Mixed Motive Spiel　混合动机博弈

　→ Nullsummenspiel　零和博弈

　→ Ultimatumspiel　最后通牒博弈

Staat 159　国家

　- staatliche Kontrolle 21, 30ff, 35, 38, 46f, 57, 61ff, 66f, 74, 98ff, 109, 116, 125ff, 137, 139, 155, 157ff, 168, 176, 183, 213, 219, 222, 226, 230f, 235, 247, 257　国家控制

　- staatliche Intervention 15, 21, 31, 41, 54f, 64, 113, 185　国家干预

Staatsversagen 230, 247　国家失灵

—Rechts staat　法治国家

steigende Skalenerträge 75, 160　规模报酬递增效应

Störterm 141　误差项

Strategie 37ff, 63, 113f, 180, 190, 193f, 199　策略

　- dominante Strategie 28, 39, 71, 199, 232　占优策略

　- tit for tat 113f　针锋相对策略

strategische Unsicherheit→Unsicherheit　战略不确定性→不确定性

subjektive Datenerhebung→Datenerhebung　主观数据收集→数据收集

Subvention 56f, 102, 126f, 172, 229, 243f　补贴

sunk costs (versunkene Kosten) 88　沉没成本

Tausch 24ff, 34, 40, 45, 54f, 63, 72f, 77, 87, 130f, 157, 159f, 163, 170, 180, 190, 193, 209, 214f, 226, 232, 238, 240　交换

　- Tauschbeziehungen 24, 45, 55, 129, 159, 252　交换关系

　- Tauschhandlungen 22, 25, 53f　交换行为

technischer Fortschritt 158, 161　技术进步

technokratisch elitär 235f　技术官僚精英的

Teilnahmebedingung 85　参与条件

Theorie 14, 35, 41ff, 60, 78, 80ff, 89, 92, 110, 123, 137, 155ff, 159f, 162ff, 165f, 168, 173ff, 181f, 189, 204f, 209ff, 215, 219, 224f, 235ff, 246f, 248, 252ff, 255　理论

－Theorie der Ideologie 163　－意识形态理论

－Theorie der Wirtschaftspolitik 35, 205, 209, 224ff, 235ff, 241, 257　经济政策理论

－Theorie des Haushalts 80　家政理论

－Theorie des Zweitbesten 237　次优理论

－Ausbeutungstheorie　剥削理论

－Eigentumsrechtstheorie　产权理论

－Prinzipal Agent Theorie　委托代理理论

－Spieltheorie　博弈论

－Vertragstheorie　合约理论

－Wachstumstheorie　增长理论

－Wohlfahrtstheorie　福利理论

tit for tat→Strategie　针锋相对→策略

Transaktionen 22, 24, 34, 53ff, 61ff, 63ff, 69ff, 78, 81, 87, 90ff, 94, 105, 120, 130　交易

Transaktionskostenökonomik, 22f, 41f, 45, 47, 53ff, 60, 71, 72, 75, 78, 81, 87ff, 147, 161f, 187, 205, 227f　交易成本经济学

－politische Transaktionskosten 24, 158, 174, 179f, 182, 233, 238　政治交易成本

－positive Transaktionskosten 24, 47, 219ff,, 224, 238, 246　正交易成本

－Transaktionskostenbeschränkung 162　交易成本限制

－Transaktionskostenmessung 71f, 94　交易成本测量

Transferzahlungen 126　转移支付

Transformationsprozess 156, 254　转型过程

Transparency International (TI) 122　国际透明组织

Trittbrettfahrer Problem 82, 115, 162f, 175, 189, 234　搭便车问题

Überwachung 24, 28ff, 66, 90, 100, 112, 115, 184f, 234, 247　监控

Ultimatumspiel 61ff, 75　最后通牒博弈

Umfang der Regierungstätigkeit 126f　政府行为的范围

Unabhängigkeit der Justiz 127, 150　司法独立性

Universalisierbarkeit 220　普适性

- Universalisierbarkeit von Regeln 220f　规则的普适性

Unparteilichkeit der Gerichte 127　法院的无偏向性

Unsicherheit 23, 32, 36, 74, 90, 121, 129, 220, 226　不确定性

- parametrische Unsicherheit 25　参数不确定性

- strategischer Unsicherheit 25, 31, 41　策略不确定性

Unternehmenskultur 95f, 259　企业文化

unverzerrte übertragung 191　不扭曲的移植

Verbot 15, 28, 32, 55, 94, 220, 228　禁令

Verfahrensnorm 215　程序规范

Verfassung 13, 98, 101, 109, 116ff, 137, 144, 164, 215, 218, 227, 249, 253　宪法

- Verfassungsregeln 46, 118, 137, 216　宪法规则

Verfügungsrechte 45, 54, 121, 128, 142, 144, 146　支配权

Verhaltensannahmen 61, 88f, 201, 237　行为假设

Verhaltensmodell 19ff, 33, 42, 47, 75, 186f, 193, 201, 248　行为模型

Verhaltensökonomik 117　行为经济学

Vertrag 13, 24, 30, 40, 53ff, 61, 78ff, 83, 85ff, 98, 105ff, 127, 142, 144, 170, 180, 215, 233, 244　合约

- klassischer Vertrag 91　古典合约

- neoklassischer Vertrag 92　新古典合约

- Nexus von Verträgen 81ff　合约的网络

- relationaler Vertrag 92　关系合约

- Vertragsfreiheit 54, 209　契约自由

- vertragsintensives Geld 143　契约密集型货币

- Vertragstheorie 159f 合约理论

Vertrauen 71, 92, 148, 178f, 182, 199 信任

Verzerrte übertragung 191f 扭曲的移植

Vetospieler 143f 有否决权的博弈者

Voice (Widerspruch) 169f 呼声（矛盾）

Vollständige Rationalität→Rationalität 完备理性→理性

Wachstumstheorie 14 增长理论

- neue Wachstumstheorie 120, 150, 226 新增长理论

- traditionelle Wachstumstheorie 120, 150 传统增长理论

Wahlhandlungen 20, 44, 48, 80, 107, 131, 139, 170, 184f, 187, 189, 191f, 197, 201 选择行为

Weltbank 13, 108, 123, 227, 253 世界银行

Werte→Normen 价值→规范

Wertrationalität 186 价值理性

Werturteilsfreiheit 210 价值判断无涉

Westminster Modell 248 威斯敏斯特模式

Wettbewerbsbeschränkung 162 竞争限制

Wirtschaftliche Freiheitsrechte→ökonomische Freiheitsrechte 经济自由权利→经济自由权

Wissensmangel 220f 知识缺乏

Wohlfahrtsgewinn 209 福利收益

Wohlfahrtstheorie 212ff 福利经济学理论

World Competitiveness Yearbook (WCY) 122 世界竞争力年鉴 (WCY)

World Economic Forum (WEF) 122 世界经济论坛 (WEF)

Worldwide Governance Indicators 123 全球治理指标

Zeitinkonsistenzproblem 107 时间不一致问题

Zivile Freiheit 122 公民自由

Zivilgesellschaft 71, 148 公民社会

Zweckrationalität 186, 193 工具理性

Zweiparteiensystem 249 两党制